# L'Écriture poétique
chinoise

# Du même auteur

AUX MÊMES ÉDITIONS

Vide et Plein
Le langage pictural chinois
*1979*
*et « Points Essais », n° 224, 1991*

Souffle-Esprit
Textes théoriques chinois sur l'art pictural
*1989*

François Cheng

# L'Écriture poétique chinoise

suivi d'une anthologie
des poèmes des Tang

Éditions du Seuil

Nouvelle édition
refondue et corrigée par l'auteur

ISBN 2-02-029928-3
(ISBN de la précédente édition 2-02-004534-6)

© 1977, 1982, 1996, Éditions du Seuil

Le Code de la propriété intellectuelle interdit les copies ou reproductions destinées à une utilisation collective. Toute représentation ou reproduction intégrale ou partielle faite par quelque procédé que ce soit, sans le consentement de l'auteur ou de ses ayants cause, est illicite et constitue une contrefaçon sanctionnée par les articles L. 335-2 et suivants du Code de la propriété intellectuelle.

# Remerciements

Le présent livre a été une longue aventure. Depuis sa première version écrite jusqu'à son entrée dans la collection de poche, presque vingt années se sont écoulées. Durant ce temps, à l'occasion de chaque nouveau tirage et de chaque traduction en langue étrangère, je me suis efforcé d'améliorer le texte, y intégrant les réflexions nées de mon enseignement ou de mes échanges avec des collègues. C'est dire que l'ouvrage a fini par prendre un caractère quasi « collectif ». Ma reconnaissance, ici, va donc à tous, à mes maîtres comme à mes amis et mes étudiants, à ceux également qui ont rendu possible, matériellement, l'existence de ce livre.

Parmi mes maîtres, je voudrais nommer en particulier Paul Demiéville et Alexis Rygaloff pour la sinologie, Roland Barthes, Roman Jakobson et Julia Kristeva pour mes recherches sémiologiques. Comment ne pas mentionner aussi d'autres sinologues dont les conseils m'ont été infiniment profitables : Pierre Ryckmans, Viviane Alleton, Hans Frankel, James Liu, Stephen Owen, Yu-kung Kao, Shuen-fu Lin et Kang-i Sun Chang.

Je suis reconnaissant à François Wahl qui a présidé à la naissance de cet ouvrage, à Jean-Pie Lapierre dont la chaleureuse sollicitude m'a accompagné tout au long de la réécriture pour l'édition de poche. A Eugène Simion qui avait activement participé à la traduction des poèmes lors de leur première version.

A Nicole Lefèvre, Janine Lescarmontier, Daniel Glorel, Hélène Joguet, Annie Hamonic, Bénédicte Roscot, Brigitte Lussigny et tant d'autres qui, chacun à sa manière, ont assuré la réalisation du livre, conçu comme un véritable corps organique, je dis mon admiration pour leur métier et leur art.

Cet ouvrage n'aurait pas vu le jour sans la présence et l'aide constantes de ma femme, Micheline, et de ma fille, Anne, qui ont partagé le dur labeur mais également la joie d'un accomplissement commun.

PREMIÈRE PARTIE

# Introduction

Signes gravés sur les écailles de tortues et les os de buffles. Signes que portent sur leur flanc les vases sacrés et les ustensiles de bronze [1]. Divinatoires ou utilitaires, ils se manifestent avant tout comme des tracés, emblèmes, attitudes fixées, rythmes visualisés. Indépendant du son et invariable, formant une unité en soi, chaque signe garde la chance de demeurer souverain, et par là, celle de durer. Ainsi, dès l'origine, une écriture qui se refuse à être un simple support de la langue parlée : son développement est une longue lutte pour s'assurer une autonomie, ainsi que la liberté de combinaison. Dès l'origine se révèle ce rapport contradictoire, dialectique, entre les sons représentés et la présence physique tendue vers le mouvement gestuel, entre l'exigence de la linéarité et le désir d'une évasion spatiale. Y a-t-il lieu de parler de « défi insensé » de la part des Chinois à maintenir ainsi cette « contradiction », et cela durant environ quarante siècles ? Il s'agit, en tout cas, d'une aventure des plus étonnantes ; il est permis de dire que, par leur écriture, les Chinois ont tenu un pari, pari singulier dont les poètes ont été les grands bénéficiaires.

Grâce à cette écriture, en effet, un chant ininterrompu, depuis plus de trois mille ans, nous a été transmis [2]. Ce chant qui, à son début, était intimement lié à la danse sacrée et aux travaux des champs réglés au rythme des saisons, a connu bien des métamorphoses par la suite. A la source de ces métamorphoses, un des éléments déterminants est justement cette écriture même qui a engendré un langage poétique profondément original. Toute la poésie des Tang est un chant écrit, autant qu'une écriture chan-

---

[1]. Les premiers spécimens connus de l'écriture chinoise sont les textes divinatoires gravés sur les os et les écailles. A ceux-ci viennent s'ajouter les inscriptions sur les vases rituels de bronze. Ces deux formes d'écriture ont été utilisées durant la dynastie des Shang (XVIII$^e$-XI$^e$ siècle av. J.-C.).

[2]. Le *Shi-jing* (« Livre de Poésie »), premier recueil de chants qui inaugure la littérature chinoise, contient des pièces qui datent du I$^{er}$ millénaire av. J.-C.

tée. Au travers des signes, tout en obéissant à un rythme primordial, une parole a éclaté et a débordé de toutes parts son acte de signifiance. Cerner d'abord la réalité de ces signes, ce que sont les idéogrammes chinois, leur nature spécifique, leurs liens avec d'autres pratiques signifiantes (tels sont les propos de cette *Introduction*), c'est déjà faire ressortir certains traits essentiels de la poésie chinoise.

Il est de coutume, lorsqu'on parle des caractères chinois, d'évoquer leur aspect imagé. Qui ignore cette écriture se la représente volontiers comme un ramassis de « petits dessins ». Il est vrai que dans l'état le plus ancien que nous lui connaissons, nous pouvons y relever un nombre important de pictogrammes, tels que soleil (☉, par la suite stylisé en 日), lune (☽, stylisé en 月), homme (🧍, stylisé en 人) ; mais à côté d'eux figurent des caractères plus abstraits et qu'on peut déjà qualifier d'idéogrammes, tels que roi (王 : celui qui relie le ciel, la terre et l'homme), milieu (中 : un espace traversé par un trait en son milieu) et retourner (后, stylisé en 反 : main traçant un geste de retour sur soi). A partir d'un nombre limité de caractères simples, ont été forgés par la suite des caractères complexes : ceux-ci constituent la majeure partie des idéogrammes chinois en usage aujourd'hui. On obtient un caractère complexe en combinant deux caractères simples ; c'est ainsi que le mot clarté 明 est formé du soleil 日 et de la lune 月. Mais le cas le plus général d'un caractère complexe est du type « radical + signe phonétique », soit : un radical fait d'un caractère simple (désigné également sous le nom de clé, car le radical est censé indiquer la rubrique à laquelle appartient le mot ; l'ensemble des mots chinois est réparti en 214 rubriques, c'est-à-dire sous 214 clés : clé de l'eau, clé du bois, clé de l'homme, etc.), et une autre partie faite aussi d'un caractère simple qui sert de signe phonétique ; celui-ci, par sa propre prononciation, donne la prononciation du mot (autrement dit, le caractère simple servant de signe phonétique et le caractère complexe dont il fait partie ont la même prononciation). Citons comme exemple, le mot « compagnon » 伴 qui est un caractère complexe : il est formé d'une clé, la clé de l'homme 亻, et d'un autre caractère simple 半 qui se prononce *ban* et qui indique que le caractère complexe « compagnon » se prononce également *ban*. (Cela crée, bien entendu, de nombreux cas d'homonymie dont nous préciserons plus loin les implications.) Il est à signaler que le choix de ce caractère simple, qui n'exerce pourtant que la fonction de signe phonétique, n'est pas toujours gratuit. Dans l'exemple que nous venons de citer, le caractère simple 半 *ban* veut dire « moitié » ; combiné avec la clé de l'homme, il évoque l'idée de « l'autre moitié » ou de « l'homme qui partage » et contribue à souligner le sens précis du caractère complexe 伴 qui est « compagnon ». Cet exemple nous fait constater un fait important : si les caractères simples, qui cherchent à « signifier d'eux-mêmes », frappent par leur aspect gestuel et emblématique, ici, même lorsqu'il s'agit d'un élément purement phonique, on s'ingénie encore à le relier à un sens. Supprimer le gratuit et l'arbitraire à tous les niveaux d'un système sémiotique fondé sur une relation intime avec le réel, en sorte qu'il n'y ait pas de rupture entre signes et monde, et par là, entre homme et univers : tel semble être ce vers quoi tendent depuis toujours les Chinois. Cette constatation permet de pousser plus loin la réflexion sur la nature spécifique des idéogrammes.

Les idéogrammes sont composés de traits. En nombre très restreint, ces traits offrent cependant des combinaisons extrêmement variées ; et l'ensemble des idéogrammes se présente comme une combinatoire (ou une transformation) à partir de traits très simples, mais déjà signifiants en soi. Parmi les six idéogrammes suivants (tous, sauf le dernier, sont des caractères simples), le premier est composé d'un seul trait, le dernier de huit[1] :

一　人　大　天　夫　芙<br>
un　homo　grand　ciel　homme　lotus

Le premier idéogramme est fait d'un trait horizontal. Celui-ci, le plus important sans doute parmi les traits de base, peut être considéré comme le « trait initial » de l'écriture chinoise. Son tracé, selon l'interprétation traditionnelle, est un acte qui sépare (et unit en même temps) le ciel et la terre. Aussi le caractère 一 peut-il dire à la fois « un » et « unité originelle ». En combinant les traits de base et en s'appuyant, dans bien des cas, sur les « idées » qui les sous-tendent, on obtient d'autres idéogrammes.

---

Il ne s'agit pas ici d'une présentation basée uniquement sur l'étymologie. Notre point de vue est sémiologique : ce que nous cherchons avant tout à montrer, ce sont les liens graphiques signifiants qui existent entre les signes.

C'est ainsi qu'en combinant 一 « un » et 人 « homo », on obtient 大 « grand », de même qu'on obtient 天 « ciel » en ajoutant un trait au-dessus de 大 « grand ». En « dépassant » 天 « ciel » naît 夫 « homme » ; et le dernier caractère 美, caractère complexe, est une combinaison de « homme » (en tant que signe phonétique) et du radical de l'herbe 艹. Traits imbriqués dans d'autres traits, sens impliqués dans d'autres sens. Sous chaque signe, le sens codifié n'arrive jamais à réprimer tout à fait d'autres sens plus profonds, toujours prêts à jaillir ; et l'ensemble des signes, formés selon l'exigence de l'équilibre et du rythme, révèlent tout un faisceau de « traits » significatifs : attitudes, mouvements, contradictions recherchées, harmonie des contraires et, finalement, manière d'être.

Rappelons que la tradition établit un lien entre cette écriture et le système divinatoire appelé *ba-gua*; (les « Huit trigrammes »). Ce système qui, tout au long de l'histoire de la civilisation chinoise, n'a cessé de jouer un rôle important, tant sur le plan philosophique (idée de mutation) que dans la vie courante (horoscope, géomancie et autres pratiques divinatoires), aurait été inventé par Fu-xi, le roi légendaire, et perfectionné par le roi Wen-wang des Zhou (environ mille ans avant notre ère). Il s'agit d'un ensemble de figures dont les rapports internes sont régis par des lois de transformation, selon les principes d'alternance yin-yang. Chaque figure de base est composée de trois traits superposés, traits pleins représentant le yang et traits brisés le yin. C'est ainsi que l'idée du ciel est représentée par trois traits pleins ☰ et celle de la terre par trois traits brisés ☷ ; la figure ☵ symbolise l'eau, tandis que la figure ☲ le feu, etc. Dans la mesure où les idéogrammes sont également composés de traits, où les chiffres sont jusqu'à trois représentés par le nombre de traits correspondants (一 « un », 二 « deux », 三 « trois ») et où le caractère *shui* « eau », par exemple, s'écrivait à l'époque archaïque 水, d'aucuns croient déceler entre les deux systèmes un lien de parenté. En soulignant ce lien, on marque en tout cas que les signes idéographiques visent moins à copier l'aspect extérieur des choses qu'à les figurer par des traits essentiels dont les combinaisons révèleraient leur essence, ainsi que les liens secrets qu les unissent. Par la structure équilibrée, et comme nécessaire, qu marque chacun d'entre eux (ils sont tous de dimension iden tique, possédant chacun une architecture propre, immuable e harmonieuse), les idéogrammes se présentent non pas comm des marques arbitrairement imposées, mais comme auta d'êtres doués de volonté et d'unité interne. Cette perception, e

Chine, des signes en tant qu'unités vivantes est renforcée encore par le fait que chaque idéogramme est monosyllabique et invariable, ce qui lui confère une autonomie, en même temps qu'une grande mobilité quant à sa possibilité de se combiner avec d'autres idéogrammes. Dans la tradition poétique chinoise, on compare volontiers les vingt caractères qui composent un quatrain pentasyllabique à vingt « sages ». Leur personnalité à chacun et leur interrelation transforment le poème en un acte rituel (ou une scène), où gestes et symboles provoquent des « sens » toujours renouvelés.

*
* *

Un tel système d'écriture – et la conception du signe qui le sous-tend – a conditionné en Chine tout un ensemble de pratiques signifiantes telles que – outre la poésie – la calligraphie, la peinture, les mythes, et, dans une certaine mesure, la musique. L'influence d'un langage conçu non plus comme un système dénotatif qui « décrit » le monde, mais comme une représentation qui organise les liens et provoque les actes de signifiance, est ici décisive. Non seulement par le fait que l'écriture sert de véhicule à toutes ces pratiques ; elle est, bien plus, le modèle agissant dans le processus de leur constitution en système. Formant un réseau sémiotique à la fois complexe et uni, elles obéissent au même processus de symbolisation et à certaines règles d'opposition fondamentales. On ne peut tenter de dégager le langage de l'une d'entre elles sans se référer aux liens qui l'unissent aux autres, et à une pensée esthétique générale. En Chine, les arts ne sont pas compartimentés ; un artiste s'adonne à la triple pratique poésie-calligraphie-peinture comme à un art complet où toutes les dimensions spirituelles de son être sont exploitées : chant linéaire et figuration spatiale, gestes incantatoires et paroles visualisées. Aussi nous proposons-nous de préciser, dans les pages qui suivent, la relation qu'entretient l'écriture avec la calligraphie, la peinture, les mythes, ainsi qu'avec la musique, et, en même temps, chaque fois qu'il y aura lieu, ce qu'en ont tiré les poètes dans leur tentative de se forger un langage à leur usage [1].

---

Signalons d'ores et déjà qu'en Chine, à côté de la longue tradition de commentaires et exégèses, il a été établi, un peu plus tardivement, une autre tradition, non moins riche

*Calligraphie*

Ce n'est pas un hasard si, en Chine, la calligraphie qui exalte la beauté visuelle des idéogrammes est devenue un art majeur. En pratiquant cet art, tout Chinois retrouve le rythme de son être profond et entre en communion avec les éléments. A travers les traits signifiants, il se livre tout entier. Leurs pleins et leurs déliés, leurs rapports contrastés ou équilibrants lui permettent d'exprimer les multiples aspects de sa sensibilité : force et tendresse, élan et quiétude, tension et harmonie. En réalisant l'unité de chaque caractère, et l'équilibre entre les caractères, le calligraphe, tout en exprimant les choses, atteint sa propre unité. Gestes immémoriaux et toujours repris, dont la cadence, comme dans une danse à l'épée [1], se réalise instantanément au gré des traits, traits qui s'élancent, qui se croisent, qui planent ou plongent, qui prennent sens et en ajoutent d'autres à celui, codifié, des mots. En effet, touchant la calligraphie, il y a lieu de parler de sens ; car sa nature gestuelle et rythmique ne nous fait pas oublier qu'elle travaille sur des signes. Au cours d'une exécution, le signifié d'un texte n'est jamais tout à fait absent de l'esprit du calligraphe. Aussi le choix d'un texte n'est-il pas gratuit, ni indifférent.

Les textes préférés des calligraphes sont sans doute les textes poétiques (vers, poème, prose poétique). Lorsqu'un calligraphe aborde un poème, il ne se limite pas à un simple acte de copie. En calligraphiant, il ressuscite tout le mouvement gestuel et toute la puissance imaginaire des signes. C'est une manière à lui de pénétrer dans la réalité profonde de chacun d'entre eux, d'épouser la cadence proprement physique du poème et, finalement, de le recréer. Un autre type de textes, non moins incantatoires, attirent également les calligraphes : les textes sacrés. A travers eux, l'art calligraphique restitue aux signes leur fonction originelle, magique

---

et continue, celle de la rhétorique et de la stylistique. Toute une suite d'ouvrages et d'articles fournissent des réflexions sur la nature et le pouvoir des signes, sur les figures métaphoriques dont les combinaisons engendrent de nouveaux sens, etc. Nous nous référerons à ces textes chaque fois qu'ils pourront nous guider dans nos observations analyses, notamment dans le chapitre III, lorsque nous aborderons le niveau le plus ha du langage poétique, le niveau symbolique.
1. Rappelons à ce propos que Zhang Xu, le grand calligraphe des Tang, eut une révél tion décisive pour son art en assistant à la danse à l'épée exécutée par Gong-sun-l grande.

et sacrée. Les moines taoïstes voient l'efficacité des talismans (ou charmes) qu'ils tracent dans la qualité de leur calligraphie, qui assure la bonne communication avec l'au-delà. Les fidèles bouddhistes croient pouvoir gagner des mérites en copiant les textes canoniques ; les mérites seront d'autant plus grands que les textes seront mieux calligraphiés.

A cette fonction sacrée des signes tracés, le poète ne saurait demeurer insensible. Tout comme le calligraphe qui, dans son acte dynamique, a l'impression de relier les signes au monde originel, de déclencher un mouvement de forces harmonieuses ou contraires, le poète ne doute pas de dérober quelque secret aux génies de l'univers en combinant des signes, comme le montre ce vers de Du Fu :

> Le poème achevé, dieux et démons en sont stupéfaits[1] !

De cette conviction il résulte que chacun des signes qui composent un poème acquiert, nous l'avons dit, une présence et une dignité exceptionnelles. D'où également, lors de la composition d'un poème, la recherche quasi mystique d'un mot clé appelé *zi-yan* « mot-œil[2] » et qui, éclairant d'un coup tout le poème, livrerait le mystère d'un monde caché. D'innombrables anecdotes rapportent comment un poète se prosterne devant un autre, le vénérant comme son *yi-zi-shi* « maître d'un mot », parce que celui-ci lui a « révélé » le mot nécessaire et absolument juste qui lui permit d'achever un poème, et par là même, de « parachever la création[3] ».

Quant à l'aspect imagé des caractères, sans cesse mis en valeur et magnifié par l'art calligraphique, le poète ne se prive pas d'en exploiter le pouvoir évocateur. Wang Wei, adepte de la spiritualité *chan* (zen en japonais) décrit dans un quatrain[4] un magnolia sur le point de fleurir. Le poète cherche à suggérer que, à force de contempler l'arbre, il finit par faire corps avec lui et

---

[1] 詩 成 泣 鬼 神.
[2] L'image de l'œil est importante dans la conception artistique chinoise. Rappelons, touchant la peinture, l'anecdote du peintre qui omettait de dessiner l'œil du dragon. A celui qui lui en demande la raison, il répond : « A l'instant où j'ajouterais l'œil, le dragon s'envolerait ! »
[3] A ce propos, citons, par exemple, le vers de Li He : 筆 補 造 化 天 無 功 Le pinceau parachevant la Création, le Ciel n'a pas tout le mérite ! »).
[4] « Le Talus aux hibiscus », traduit dans la seconde partie. Voir p. 135.

qu'il vit de « l'intérieur » de l'arbre l'expérience de l'éclosion. Au lieu de manier un langage dénotatif pour expliquer cette expérience, il se contente, pour le premier vers du quatrain, d'aligner cinq caractères :

木　末　芙　蓉　花

*branche　bout　magnolia*[1] *fleurs*

Le vers se traduit : « Au bout des branches, fleurs de magnolia ». Un lecteur, même ignorant le chinois, peut être sensible à l'aspect visuel de ces caractères dont la succession s'accorde avec le sens du vers. En lisant les caractères dans l'ordre, on a, en effet, l'impression d'assister au processus d'épanouissement d'un arbre qui fleurit (1er caractère : un arbre nu ; 2e caractère : quelque chose naît au bout des branches ; 3e caractère : un bourgeon surgit, ⺾ étant le radical de l'herbe ou de la feuille ; 4e caractère : éclatement du bourgeon ; 5e caractère : une fleur dans sa plénitude). Mais derrière ce qui est montré (aspect visuel) et ce qui est dénoté (sens normal), un lecteur qui connaît la langue ne manquera pas de déceler encore, à travers les idéogrammes, une idée subtilement cachée, celle de l'homme qui s'introduit en esprit dans l'arbre et qui participe à sa métamorphose. Le troisième caractère 芙 contient en effet l'élément 夫 « homme », lequel contient l'élément 人 « homo » (ainsi, l'arbre représenté par les deux premiers caractères est désormais habité ici par la présence de l'homme). Le quatrième caractère 蓉 contient l'élément 容 « visage » (le bourgeon éclate en un visage), lequel contient l'élément 口 « bouche » (ça parle). Enfin, le cinquième caractère contient l'élément 化 « transformation » (l'homme participant à la transformation universelle). Par une économie de moyens sans avoir recours au commentaire extérieur, le poète fait revivre sous nos yeux une expérience mystique, dans ses étapes successives.

Dans l'exemple précédent, nous avons vu comment le processus du fleurissement qui va du simple vers le complexe est graphiquement évoqué. L'exemple suivant nous montre un processus en quelque sorte inverse, un processus de progressif épurement. Il s'agit d'un vers tiré d'un huitain de Liu Chang

---

1. Le poète utilise ici les caractères « lotus » pour désigner les fleurs de magnolia, ces dernières ayant une ressemblance avec le premier.

qing[1] dont le thème est la visite que rend le poète à un ermite. Après avoir suivi un sentier qui traverse un paysage de montagne, le poète aperçoit enfin la demeure de l'ermite dont la porte est cachée par de hautes herbes parfumées. Comme il approche de l'ermitage, il se sent gagné par l'esprit de dépouillement de l'ermite. De cet esprit, la porte paisiblement close est comme un fidèle reflet. Voici le vers 4 du poème :

芳 草 閉 閑 門

*parfumée herbe enfermer oisive porte*

Si l'on lit le vers en portant son attention sur le seul aspect graphique, nous voyons que la succession des mots suggère effectivement le processus d'épurement dont nous parlions. Les deux premiers caractères 芳草 comportent tous deux le radical de plante 艹. Leur répétition marque bien la présence luxuriante de la nature extérieure. Les trois caractères suivants 閉閑門 comportent, eux, le radical de porte 門. Alignés, ils figurent la vision de plus en plus claire, de plus en plus dépouillée du poète, à mesure qu'il approche de l'ermitage, et le dernier idéogramme, image de la porte nue, n'est autre que celle de la pureté de l'esprit dont l'ermite est habité. Le vers en son entier, apparemment descriptif, ne signifie-t-il pas en profondeur que, pour atteindre la véritable sagesse, il faut d'abord s'affranchir de toutes séductions du monde du dehors ?

Un troisième exemple montre le poète Du Fu usant dans deux vers d'un procédé cher aux prêtres taoïstes en leur tracé des formules magiques : procédé qui consiste à superposer des mots (parfois inventés) ayant le même radical (ou clé), comme pour accumuler un type d'énergie suggérée par ce radical. Non sans ironie, car les vers décrivent l'attente angoissante, et finalement déçue (la formule magique n'a donc pas agi) de la pluie, par un temps de chaleur torride. Le poète emploie une série de mots ayant tous pour radical pluie 雨 : 雷 霆 « tonnerre »-« éclair », 靂 « fracas de tonnerre », 雲 « nuage ». Puis, il fait apparaître enfin le mot pluie 雨 lui-même, mot contenu déjà dans tous les autres mots qui la promettent. Promesse vaine. Car ce mot, à peine apparu, est suivi du mot néant 無, qui termine le vers ; or,

---

« Cherchant le moine taoïste Chang », traduit dans la seconde partie. Voir 232.

ce dernier a pour radical feu 灬. Ainsi, la pluie avortée est aussitôt absorbée par l'air embrasé. Les deux vers, accompagnés d'une traduction mot à mot, se présentent ainsi :

雷霆空霹靂，雲雨竟虛無．[1]
*Éclair tonnerre en vain éclatant tonnant*
*Nuage pluie finalement illusoire néant*

L'ensemble de ces mots alignés, de par leur progression (nuages qui s'amassent, le tonnerre qui annonce la pluie, la pluie absorbée par le feu) et le contraste qu'ils provoquent, créent un effet visuel saisissant.

Citons un dernier exemple de l'utilisation des éléments graphiques par les poètes. Il s'agit de la première strophe d'un long poème[2] de Zhang Ruo-xu dans lequel le poète introduit d'emblée le thème du dualisme entre deux figures symboliques : le fleuve (espace-temps, permanence) et la lune (élan de vie vicissitude) :

春江潮水連海平
海上明月共潮生
灧灧隨波千萬里
何處春江無月明

Sans en dire explicitement le thème, le poète oppose une série de mots ayant pour radical celui de l'eau 氵 : 江 « fleuve » 水 « eau », 海 « mer », 灧 « scintillement », 波 « vague », et une autre série de mots contenant le mot lune 月 : 月, 明 « clarté », 隨 « suivre ». Au milieu d'eux apparaît deux fois le mot « marée » 潮, dont le radical est l'eau, mais qui contient aussi le caractère lune 月. Si nous représentons les mots du groupe fleuve par

---

1. *Re san-shou*, « La chaleur, trois poèmes ».
2. Il s'agit du *Chun-jiang hua-yue ye* « Nuit de lune et de fleur sur le fleuve printanier » que nous avons analysé dans notre ouvrage, *Analyse formelle de l'œuvre poétique d'un auteur des Tang : Zhang Ruo-xu*. Nous en avons donné, dans un autre ouvrage, *En source et nuage : la poésie chinoise réinventée*, une nouvelle traduction dont voici la première strophe :

> Au printemps, les marées du fleuve rallient la mer
> Sur la mer en remous jaillit la lune naissante
> De vague en vague, sans borne, elle répand sa clarté
> Est-il un coin du fleuve qui n'en soit éclairé ?

signe ╱, ceux du groupe lune par ╲ et le mot « marée », qui participe des deux, par ╲, les occurrences dans les quatre vers peuvent être figurées comme suit :

Le rapport à la fois d'opposition et de corrélation des deux figures est suggéré graphiquement de façon efficace.

*Peinture*

Si le lien entre la calligraphie et l'écriture poétique semble direct et naturel, celui qui unit cette dernière à la peinture ne l'est pas moins aux yeux d'un Chinois. Dans la tradition chinoise où la peinture porte le nom de *wu-sheng-shi* (« poésie silencieuse »), les deux arts relèvent du même ordre. De nombreux poètes s'adonnaient à la peinture, tandis que tout peintre se devait d'être poète. L'exemple le plus illustre est sans doute celui de Wang Wei, du début des Tang. Inventeur de la technique du monochrome et précurseur de la peinture dite « spirituelle », il était célèbre aussi par sa poésie. Son expérience de peintre a beaucoup influé sur sa manière d'organiser les signes dans la poésie, et inversement sa vision poétique n'a pas manqué d'approfondir sa vision picturale, de telle sorte que le poète Su Dong-po, des Song, a pu dire de lui que « ses tableaux sont des poèmes et ses poèmes des tableaux ». Ce qui relie au premier abord la poésie à la peinture, c'est justement la calligraphie. Et la manifestation la plus marquante de ce rapport trinitaire – qui forme la base d'un art complet – est la tradition qui consiste à calligraphier un poème dans l'espace blanc d'un tableau. Avant de préciser la signification de cette pratique, il faut souligner le fait que la calligraphie et la peinture sont toutes les deux des arts du trait, ce qui a rendu possible leur cohabitation.

L'art calligraphique, visant à restituer le rythme primordial et les gestes vitaux impliqués par les traits des caractères, a libéré l'artiste chinois du souci de décrire fidèlement l'aspect extérieur du monde physique et a suscité, très tôt, une peinture « spirituelle » qui, plutôt que de poursuivre la ressemblance et de calculer les proportions géométriques, cherche à imiter « l'acte du créateur » en fixant les lignes, les formes et les mouvements essentiels de la nature. Recherchant la même liberté souveraine dans l'exécution que celle d'un calligraphe, le peintre se sert du même pinceau que celui-ci. Après une très longue période au cours de laquelle il apprend à dessiner une grande variété d'éléments de la nature et du monde humain – l'ensemble de ces éléments est l'objet d'un lent processus de symbolisation ; devenus des unités signifiantes, ils offrent à l'artiste la possibilité de les organiser selon certaines lois esthétiques fondamentales –, comme pour apprendre « par cœur » l'univers visible, il commence à exécuter des œuvres à proprement parler. L'exécution se fait souvent en dehors du modèle (car l'œuvre doit être une projection intérieure), elle se déroule, tout comme la calligraphie, rythmiquement, comme si l'artiste était porté par un courant irrésistible. Ceci a été rendu possible justement par le fait que tous les éléments picturaux sont dessinés au trait. Par leur rythme continu, les traits permettent à l'artiste de suivre le mouvement inauguré par le trait initial[1]. Le monde réel surgit sous son pinceau, sans que le « souffle vital » soit jamais interrompu. Aux yeux du peintre chinois, les traits expriment à la fois les formes des choses et les pulsions du rêve ; ils ne sont pas de simples contours ; par leurs pleins et leurs déliés, par le blanc qu'ils cernent, par l'espace qu'ils suggèrent, ils impliquent déjà volume (jamais figé) et lumière (toujours changeante). Ainsi le peintre crée-t-il son œuvre en s'en tenant aux traits, traits qu[i] s'attirent ou s'opposent, traits qui s'incarnent en figures conçue[s] et maîtrisées à l'avance ; non pas en copiant ou en décrivant l[e] monde, mais en engendrant, de façon instantanée et directe, san[s] rajouts ni retouches, les figures du réel, à la manière du Da[o]

Pour en revenir à l'inscription d'un poème dans un tablea[u,] on voit qu'il n'y a pas de discontinuité entre les éléments écrits [et] les éléments peints, tous deux composés de traits et dessinés a[u] même pinceau. Ces idéogrammes inscrits font partie intégran[te] du tableau ; ils ne sont pas perçus comme un simple orneme[nt] ou un commentaire projeté du dehors. Participant à l'ordonna[n]cement de l'ensemble, les lignes du poème « trouent » véritabl[e]ment l'espace blanc, en y introduisant cependant une dimensi[on] nouvelle que nous qualifierons de temporelle dans la mesure [où] les vers, selon une lecture linéaire, révèlent, par-delà l'image sp[a]tiale, le souvenir qu'a le peintre de sa saisie (ses perceptions su[c]cessives) d'un paysage dynamique. Leur incantation rythmé[e]

---

1. La théorie de l'unique trait de pinceau, déjà contenue dans le *Li-dai ming-hua ji* [de] Zhang Yan-yuan (810-880 ?) sera développée par d'autres peintres, notamment Shi-tao (1671-1719) dans son *Hua-yu lu*.

qui se déroule dans le temps, apporte un démenti à l'appellation « poésie silencieuse » pour la peinture ; ils rendent véritablement l'espace ouvert, ouvert à un temps vécu, et sans cesse renouvelé. En harmonisant poésie et peinture, le peintre-poète chinois a réussi à créer un univers complet et organique, à quatre dimensions.

De cette symbiose de deux arts découlent des conséquences importantes pour l'un et pour l'autre. L'interpénétration de la spatialité et de la temporalité a exercé une influence décisive, d'une part sur la façon dont le poète concevait un poème (notamment par l'idée que le poème n'habite pas seulement un temps mais aussi un espace : non pas l'espace en tant que cadre abstrait, mais un lieu médiumnique, où signes humains et choses signifiées s'impliquent dans un jeu multidirectionnel continu. Tout comme dans un tableau chinois à « perspective cavalière », qui n'offre pas de point de vue fixe et privilégié et où le spectateur est sans cesse invité à pénétrer les lieux montrés ou cachés, les signes d'un poème ne se contentent pas d'être de simples intermédiaires ; par leur organisation spatiale, ils constituent un monde de présences où il est bon de demeurer et à travers lequel on peut circuler au gré des rencontres et des découvertes), et, d'autre part, sur la manière dont le peintre dispose les unités picturales dans un tableau (symbolisation systématique des éléments de la nature, éléments transformés en unités signifiantes ; structuration de ces unités sur le double axe d'opposition et de corrélation, etc.). C'est au point que les deux arts partagent les mêmes lois fondamentales de l'esthétique chinoise, à laquelle appartient également la calligraphie. Nous ne voulons insister ici que sur deux notions primordiales, notions que nous allons expliciter plus loin lorsque nous aborderons la cosmologie chinoise, celle du souffle rythmique (*qi* ou *qi-yun*) et celle de l'opposition Vide-Plein (*xu-shi*). L'expression de « souffle rythmique » figure dans la plupart des textes de critique littéraire et des traités de peinture[1]. Selon la tradition, une œuvre authentique (littéraire ou artistique) doit réta-

---

[1] Pour la littérature, citons l'affirmation de Cao Pi (187-225) : *Wen yi qi wei zhu* « En littérature, la primauté est accordée au souffle » dans son *Dian-lun lun-wen* (ce texte est considéré comme le premier en date de la littérature critique chinoise). Citons également le chapitre *Yang qi* « Nourrir le souffle », dans la *Wen-xin diao-long* de Liu Xie (465-522). Pour la peinture, rappelons simplement le célèbre canon : *Qi-yun sheng-dong* « Animer le souffle rythmique » formulé par Xie He (vers 500).

blir l'homme dans le courant vital universel, lequel doit circuler à travers l'œuvre et l'animer toute, d'où l'importance accordée au rythme qui parfois tient lieu de syntaxe. Quant à l'opposition Vide-Plein, il s'agit d'une notion fondamentale de la philosophie chinoise[1]. En peinture, elle marque l'opposition, dans un tableau, non seulement entre la partie « habitée » et celle « non-habitée », mais à l'intérieur même de la partie peinte où les éléments dessinés aux traits pleins alternent avec les éléments aux traits déliés ou rompus. Aux yeux d'un artiste chinois, exécuter une œuvre est un exercice spirituel ; c'est pour lui une occasion de dialogue entre le sujet et l'objet, le visible et l'invisible, c'est le surgissement d'un monde intérieur, l'élargissement sans fin du monde extérieur, régi par la loi dynamique de la transformation circulaire. Or la notion « Vide-Plein », les poètes des Tang l'ont introduite dans la poésie (cf. ci-dessous, chapitre 1). Elle préside à la manière dont ils se servent des « mots pleins » et des « mots vides ». Par l'omission des pronoms personnels et des mots vides et par le ré-emploi de certains mots vides en tant que mots pleins, le poète opère une opposition interne dans la langue et un dérèglement de la nature des signes. Il en résulte un langage épuré mais libre, dénaturé mais souverain, que le poète plie à son usage.

*Éléments mythiques*

Le domaine mythique est, en Chine, vaste et d'une extrême complexité. Il nous suffira, ici, d'indiquer les types de rapport qui peuvent exister entre mythes et poésie. Ce qui relie les deux, c'est, avant tout, encore l'écriture ; aussi est-ce à partir de celle-ci que nous commencerons notre observation.

Tout comme dans la poésie, l'écriture joue un rôle actif dans les mythes. De par sa spécificité graphique et phonique, sa nature concrète et imagée, ses aptitudes combinatoires, elle contribue d'elle-même à engendrer des images et des figures dont s'enrichissent ceux-ci. Nous avons vu à propos de la calligraphie que, dans certaines pratiques religieuses, on s'inspire de l'écriture pour tracer des talismans ou autres formules magiques qui sont souvent des dérivations graphiques à partir de caractères existants. De même, certains personnages mythiques, tel le *Wen-hi xing*, ont leur représentation faite d'un conglomérat de caractè

---

[1]. Plus particulièrement de la philosophie taoïste que nous développerons plus l lorsque nous aborderons la cosmologie chinoise.

comprimés en une figure humaine. Toutes ces utilisations, directes ou indirectes, dénotent de la part des pratiquants une croyance profonde en la puissance magique des caractères. Pour eux, certaines stèles portant l'inscription de formules consacrées conjurent réellement les mauvais esprits. D'autre part, dans certains temples, notamment ceux des confucianistes, l'objet sur l'autel qu'on vénère n'est ni une figure ni une iconographie, mais une tablette portant une suite de caractères : 天 地 君 親 師 « ciel-terre-roi-parents-maître ». Aux yeux des adeptes, non seulement chacun des caractères est une présence vivante, mais leur alignement établit véritablement le lien filial qui les relie à l'Univers originel. A ce niveau, certains idéogrammes sont, en tant qu'unités vivantes, des éléments constituants de mythes, au même titre que d'autres figures et personnages mythiques.

L'exploitation de l'écriture par les mythes ne se limite d'ailleurs pas au plan graphique. Tout un jeu phonique contribue aussi à créer des objets et des figures au pouvoir magique. Nous savons que, les caractères étant monosyllabiques et le nombre de syllabes en chinois étant limité, les cas d'homophonie, tant qu'il s'agit de mots simples, sont fréquents. Dans les religions populaires, on se sert beaucoup du procédé qui consiste à faire correspondre à un mot abstrait un mot désignant un objet concret, lorsque les deux ont la même prononciation. C'est ainsi, par exemple, que le cerf *lu*, devient le symbole de la prospérité, et la chauve-souris *fu* celui du bonheur, par le simple fait que les mots prospérité et bonheur se prononcent respectivement *lu* et *fu*. Parfois, on va jusqu'à combiner plusieurs objets pour créer des liens avec des expressions existantes. Ainsi, lors de certaines fêtes, on met côte à côte un instrument de musique appelé *sheng* et des jujubes *zao-zi* pour signifier le vœu d'avoir « tôt une nombreuse progéniture », ce qui se dit en chinois *zao-sheng-zi*. Une multitude d'objets et d'animaux, doués ainsi d'un pouvoir magique, viennent peupler l'univers imaginaire et alimentent les récits populaires. Ce procédé (sorte de charades) fondé sur le calembour s'applique également aux personnages mythiques.

Citons l'exemple du dieu du tonnerre : *Wen-tai-shi* 聞 太 師 « Le grand maître qui entend ». On écrit parfois le premier caractère de son nom *wen* « entendre » par une variante 文 « trace, écrit » qui se prononce également *wen*. En faisant correspondre, apparemment de façon arbitraire, les deux *wen*, les fidèles ajoutent un attribut de plus au dieu du tonnerre, il serait non seulement celui qui entend, mais celui qui en même temps trace et écrit : un œil qui entend ou une oreille qui voit.

Cette utilisation ingénieuse des ressources graphiques et phoniques de l'écriture dans les pratiques religieuses est celle même qu'on constate en poésie. Le poète, lui aussi, exploite la possibilité de susciter des images, souvent étranges et puissantes, à partir d'un rapprochement graphique ou phonique. Mais le rapport entre mythe et poésie ne se limite pas là. Nous verrons (au chapitre III, Homme-Terre-Ciel : les images) que, suivant le modèle de l'écriture, la poésie chinoise tend à une symbolisation systématique de la nature afin d'engendrer un jeu complexe sur le plan métaphore-métonymie. Cette symbolisation généralisée, on l'observe également dans le taoïsme et les religions populaires. Un nombre impressionnant d'éléments du cosmos, de la nature et du monde humain sont porteurs de sens symboliques ; ils tissent un vaste réseau mythique qui permet à l'esprit humain de s'unir, sans entrave, à l'ensemble du monde objectif. La symbolisation poétique et la symbolisation mythique, cependant, ne sont pas deux voies parallèles, sans rapport entre elles ; au contraire, ayant même origine, elles s'appuient l'une sur l'autre, s'interpénètrent et finissent par se joindre, comme les deux bras d'un fleuve. La poésie, tout en empruntant largement des figures symboliques aux mythes collectifs, enrichit ceux-ci de figures nouvelles qu'elle crée au cours des âges. De plus, poésie et mythes font usage du même système de correspondances (nombres, éléments, couleurs, sons, etc.), proposé par la tradition. Leur rapport est à ce point intime que le long développement de la poésie chinoise elle-même est à envisager comme la lente constitution d'une mythologie collective.

*Musique*

La poésie est unie à la musique d'une façon particulièrement durable en Chine. Faut-il rappeler à ce propos que les deux premiers ouvrages poétiques de la littérature chinoise, le *Shi-jing* et le *Chu-ci*[1], étaient tous deux des recueils de chants, les uns sacrés, de caractère rituel, les autres profanes, nés des circonstances de la vie ordinaire. A partir des Han, lors même que la poésie a acquis son autonomie, la tradition de chants populaires, sous l'appellation de *yue-fu*, ne s'est jamais interrompue

---

1. Nous présenterons, plus loin dans ce même chapitre, l'histoire de la poésie chinoise dans ses grandes lignes.

Et, dans le même temps, les poèmes relevant de la poésie dite « savante », composés par des poètes non anonymes, étaient toujours destinés à être psalmodiés. Vers la fin des Tang, aux environs du IXe siècle, prit essor une nouvelle forme de poésie, le *ci*, « poésie chantée ». Ces *ci*, dont les vers sont de longueur variable, selon des règles bien définies, étaient des « paroles » adaptées à des mélodies préexistantes. Ce genre qui deviendra majeur par la suite concrétisera, une fois de plus, cette symbiose de la poésie et de la musique.

Ce lien étroit entre les deux arts n'a pas manqué d'influencer, là non plus, la sensibilité de ceux qui les pratiquaient. Les poètes tendaient vers une vision musicale de l'univers, tandis que les musiciens, eux, cherchaient à intérioriser les images crées par les poètes. On connaît, dans l'éducation idéale d'un lettré, la place de la musique, dont l'importance était soulignée par Confucius lui-même. Un instrument de musique dans le studio d'un lettré dénote chez lui une dimension spirituelle. De nombreux poètes, parmi lesquels comptaient Wang Wei et Wen Ting-yun des Tang, Li Qing-zhao et Jiang Kui des Song, étaient de fins musiciens. D'autres, non des moindres – Li Bo, Du Fu, Meng Hao-ran, Qian Qi, Han Yu, Bo Ju-yi, Li He, Su Dong-po, etc. –, ont composé des poèmes pour exalter le jeu d'un musicien ou pour conserver, par la musicalité même de leurs poèmes, la résonance ressentie par eux lors d'une audition. De leur côté, les musiciens étaient enclins à composer des pièces qui portent les titres des poèmes existants, à recréer des « scènes » que ces poèmes suscitent.

A ce rapport général entre musique et poésie s'ajoutent des éléments inhérents à la langue même. On sait que d'un point de vue phonique, le chinois ancien est essentiellement monosyllabique, en ce sens que la prononciation de chaque mot de base, ou monème, est faite d'une seule syllabe. Ce monosyllabisme a été favorisé, d'une certaine manière, par l'écriture elle-même. Les idéogrammes, avec leur structure graphique de dimension identique et de forme invariable, tendent à être affectés d'un son égal et minimal. Le fait que chaque syllabe dont un idéogramme est doté constitue une unité vivante, unité de son et de sens, et que, de plus, le nombre de syllabes différenciées en chinois, en raison de multiples cas d'homophonie, est étonnamment réduit, donne à la syllabe une valeur phonique et « affective » hautement signifiante, proche de celle qu'on accorde à chaque son dans une interprétation musicale sur un instrument ancien. Et la combinaison des syllabes, dans la poésie, en un rythme concis et dense, n'est pas sans rappeler la grande rythmique du Dao composée du nombre Deux (Yang) et du nombre Trois (Yin) dont s'inspire également la musique. Toujours au sujet de la musicalité, rappelons encore que le chinois est une langue à tons. Chaque syllabe étant marquée par différents tons, la langue parlée est éminemment chantante. Cela a donné lieu, dans la poésie, à un agencement savant de contrepoint tonal – que nous étudierons dans le chapitre II – lequel prédisposait les poèmes à la psalmodie. Par la suite, dans la poésie chantée (sous les Song) comme dans le théâtre chanté (sous les Yuan), les mélodies tiendront compte du développement tonal des vers à chanter.

Ainsi, la poésie fait partie intégrante d'un ensemble organique de systèmes sémiotiques. Tirant parti de l'écriture idéographique (laquelle a permis la naissance d'une prose écrite appelée *wen-yan*, très éloignée de la langue parlée), la poésie a tôt fait d'engendrer un langage spécifique qui deviendra un initiateur pour les autres langages, tout en subissant leurs influences. Cette interaction entre les différents langages sera une source d'enrichissement pour chacun d'eux. Elle leur donnera à chacun la possibilité de s'inspirer des autres et de se libérer de ses contraintes spécifiques. Pour résumer, une fois encore, les traits caractéristiques communs à ces langages : symbolisation systématique des éléments de la nature et du monde humain, constitution des figures symboliques en unités signifiantes, structuration de ces unités selon certaines lois fondamentales étrangères à la logique linéaire et irréversible, engendrement d'un univers sémiotique régi par un mouvement circulaire où toutes les composantes sans cesse s'impliquent et se prolongent.

*
\* \*

Compte tenu de ce que nous venons de développer, nous devrions être à même d'aborder le langage poétique à proprement parler. Il nous paraît pourtant indispensable, un instant encore, de nous pencher sur un fait fondamental, à savoir la cosmologie chinoise, dans la mesure où, comme aux autres arts, cette dernière donne sa pleine signification à la poésie. Et surtout, elle est à la base même de la constitution de la poésie en tant que langage. En effet, aux différents niveaux de sa structure, le langage poétique en question use de concepts et de procédés – Souffle primordial, Vide-Plein, Yin-Yang, Ciel-Terre-Homme, Cinq Éléments, etc. – qui se réfèrent directement à la cosmologie. Rien d'étonnant à cela d'ailleurs, lorsqu'on songe au rôle sacré accordé à la poésie, celui de révéler les mystères cachés de la Création.

La cosmologie traditionnelle a connu un long développement, mais dont l'essentiel était contenu en germe dans l'ouvrage initial : le Yi-jing (« Livre des Mutations »). A l'époque des Printemps et Automnes, et des Royaumes combattants, aux environs du VIe siècle au IVe siècle avant notre ère, les deux principaux courants de pensée, le Confucianisme et le Taoïsme se sont référés à lui pour élaborer leur conception de l'univers. Par ailleurs, l'école du Yin-Yang, ainsi que l'école des Mélanges ont apporté, chacune à sa manière, leur contribution à la réalisation d'un système qui, consolidé sous les Han (IIe siècle av. J.-C.-IIe siècle apr. J.-C.), a fini par s'imposer à tous. Par la suite, il y eut deux époques importantes où les philosophes ont tenté de repenser le système en y apportant des compléments ou des réajustements : celle des Wei et Jin (IIIe-IVe siècle), dominée par les Néo-taoïstes, et celle des Song (XIe-XIIIe siècle) dominée, elle, par les Néo-confucéens.

Pour notre propos, nous nous contentons de citer Lao-zi, le fondateur du Taoïsme, qui, dans le chapitre 42 de « La Voie et sa Vertu » a formulé l'essentiel de cette cosmologie de façon brève mais décisive :

> Le Dao d'Origine engendre l'Un
> L'Un engendre le Deux
> Le Deux engendre le Trois
> Le Trois produit les Dix mille êtres
> Les Dix mille êtres s'adossent au Yin
> Et serrent sur leur poitrine le Yang :
> L'Harmonie naît au Souffle du Vide médian

En simplifiant beaucoup : le Dao d'Origine est conçu comme Vide suprême d'où émane l'Un, qui n'est autre que le Souffle primordial. Celui-ci engendre le Deux, incarné par les deux

Souffles vitaux que sont le Yin et le Yang, lesquels par leur interaction régissent et animent les Dix mille êtres. Toutefois, entre le Deux et les Dix mille êtres prend place le Trois qui a connu deux interprétations non pas divergentes mais complémentaires.

Selon le point de vue taoïste, le Trois représente la combinaison des Souffles vitaux Yin et Yang et du Vide médian (ou Souffle médian). Ce Vide médian qui procède du Vide suprême dont il tire tout son pouvoir est nécessaire au fonctionnement harmonieux du couple Yin-Yang ; c'est lui qui attire et entraîne les deux Souffles vitaux dans le processus du devenir réciproque ; sans lui, le Yin et le Yang demeureraient des substances statiques, et comme amorphes. C'est bien cette relation ternaire (la pensée chinoise n'est pas duelle mais ternaire ; au sein de tout couple, le Vide médian constitue le troisième terme) qui donne naissance et sert de modèle aux Dix mille êtres. Car le Vide médian qui réside au sein du couple Yin-Yang réside également au cœur de toutes choses ; y insufflant souffles et vie, il maintient toutes choses en relation avec le Vide suprême, leur permettant d'accéder à la transformation et à l'unité[1]. La pensée chinoise se trouve donc dominée par un double mouvement croisé que l'on peut figurer par deux axes : un axe vertical qui représente le va-et-vient entre le Vide et le Plein (le Plein provient du Vide ; le Vide continue à agir dans le Plein), et un axe horizontal qui représente l'interaction, au sein du Plein, des deux pôles complémentaires que sont le Yin et le Yang et dont procèdent toutes choses y compris, bien entendu, l'homme, microcosme par excellence.

C'est précisément la place de l'Homme qui caractérise la seconde interprétation du nombre Trois. Selon cet autre point de vue, relevant plutôt de la conception confucianiste, mais repri[se] par les taoïstes, le Trois, dérivé du Deux, désignerait le Cie[l] (Yang), la Terre (Yin) et l'Homme (qui possède en esprit les ver[tus] du Ciel et de la Terre, et en son cœur le Vide). Cette fois-ci c'est donc la relation privilégiée entre les trois entités Ciel-Terre-Homme qui sert de modèle aux Dix mille êtres[2]. L'Homme y es[t]

---

1. Pour l'interprétation du Trois dans l'optique taoïste, celle des grands commentateurs [à] différentes époques vont dans le même sens. Ainsi, à la suite de Huai-nan-zi, Wang Cho[ng] dans son *Lun Heng*, Wang Bi dans son *Lao-zi zhu*, He Shang-gong dans son *Lao-zi zh[u]*, Si-ma Guang, des Song, dans son *Dao-de-lun-shu-yao*, Fan Ying-yuan, des Song, dans s[on] *Dao-de-jing-gu-ben-ji-zhu* et Wei Yuan, des Qing, dans son *Lao-zi-ben-yi*.
2. La notion de *San Cai* (« Trois entités éminentes ») apparaît d'abord dans l[es] commentaires du *Yi-jing*. Elle sera reprise, implicitement ou explicitement, da[ns] le *Zhong-yong* et le *Xun-zi*. Elle connaîtra sa consécration sous les Han, grâce à [un] Dong Zhong-shu, un Liu Xin ou un Zheng Xuan.

élevé à une dignité exceptionnelle, puisqu'il participe en troisième à l'œuvre de la Création. Son rôle n'est nullement passif. Si le Ciel et la Terre sont doués de volonté et de pouvoir agissant, l'Homme, lui, par ses sentiments et ses désirs, et dans son rapport avec les deux autres entités aussi bien qu'avec les Dix mille êtres, contribuera au processus du devenir universel qui ne cesse de tendre vers le *shen* « essence divine » dont le Vide suprême est comme le garant, ou le dépositaire.

Vide-Plein, Yin-Yang et Ciel-Terre-Homme constituent donc les trois axes relationnels et hiérarchiques autour desquels s'est organisée une pensée cosmologique qui, fondée sur la notion du souffle, conçoit que le non-être est une dimension vitale de l'être, que ce qui se passe entre les entités vivantes est aussi important que les entités mêmes, que c'est bien lui, le souffle du Vide médian, qui permet le fonctionnement adéquat des deux entités fondamentales que sont le Yin et le Yang, et par suite l'accomplissement de l'esprit humain dans son rapport ternaire avec la Terre et le Ciel. Le langage poétique, explorant le mystère des signes écrits, n'a pas manqué de se structurer, à ses différents niveaux, selon ces trois axes. C'est ainsi qu'au niveau lexical et syntaxique, que nous avons analysé dans le chapitre I, se joue le jeu subtil entre les mots vides et les mots pleins ; qu'au niveau prosodique, que nous avons analysé dans le chapitre II, notamment dans le contrepoint tonal et les vers parallèles, qui sont des composantes essentielles de la forme du *lü-shi* « poésie régulière », s'instaure le rapport dialectique du Yin et du Yang ; qu'enfin au niveau symbolique, qui a fait l'objet d'étude du chapitre III, les images métaphoriques puisées dans la nature, par le transfert de sens et le mouvement de va-et-vient entre sujet et objet qu'elles impliquent, exploitent pleinement la relation ternaire Homme-Terre-Ciel. On trouve ici une preuve de plus que le langage poétique, ayant pris en charge le rouage de base de la pensée chinoise, a représenté l'ordre sémiotique par excellence.

Le corpus dont nous nous sommes servi est la poésie des Tang (VIIe-IX[e] siècle) qui constitue, aussi bien par sa fécondité et sa variété que par ses recherches formelles, le sommet de la poésie classique. Cette poésie est pourtant l'aboutissement d'une aventure déjà bien longue. Tentons d'en tracer ici, plus que sommairement, les grandes lignes. L'époque initiale est marquée par deux recueils de chants représentant deux styles différents : le *Shi-jing* (« Livre de Poésie ») et le *Chu-ci* (« Chants du pays de Chu »). Le *Shi-jing*, qui date du début jusqu'au milieu de la dynastie des Zhou, durant la première moitié du premier millénaire avant notre ère, est composé de chants rituels et de chants populaires provenant de divers pays situés principalement dans la plaine du Nord de la Chine parcourue par le fleuve Jaune. Ces chants nés au sein d'une société agraire et dont les thèmes constants sont les travaux des champs, les peines et les joies de l'amour, les fêtes saisonnières et les rites de sacrifices, frappent par leur rythme sobre et régulier, les vers étant dominés par le mètre quaternaire. Quant au *Chu-ci*, il apparaît plus tardivement, à l'époque des Royaumes combattants, vers le IVe siècle avant notre ère, dans le bassin du fleuve Yang-zi, au centre-sud de la Chine. Cette poésie contraste avec celle du *Shi-jing* autant par le contenu que par la forme. D'inspiration chamanique et de style incantatoire, avec un débordement de symbolisme végétal et floral aux implications magiques et érotiques, les vers sont de longueur inégale : généralement deux vers de six pieds reliés par une syllabe de mesure *xi*. C'est surtout de ce genre que par la suite les poètes s'inspireront pour exprimer les phantasmes suscités par leur imagination.

Sous les Han (206 av. J.-C.-219 apr. J.-C.), la continuation de la tradition du *Shi-jing* n'étant plus assurée, la plupart de poètes-lettrés s'adonnèrent à la composition de *fu* (« prose rythmée »), cependant que les chants populaires furent remis à l'honneur par le *yue-fu* (« Bureau de musique ») – institué par l'empereur Wu vers 120 – chargé de les accueillir. Ces chants, au lyrisme plus spontané et aux formes plus libres, exercèrent à leur tour une influence sur les poètes. Aussi, à partir des Han postérieurs jusqu'aux Tang, assista-t-on au développement parallèle d'une poésie populaire et d'une poésie savante, qui toutes deux étaient dominées par le mètre pentasyllabique. Durant les Trois Royaumes, les Jin (265-419) et les Dynasties du Nord et du Sud (420-589) qui succédèrent aux Han, à côté d'une poésie populaire toujours florissante, plusieurs générations de poètes parmi lesquels se distinguaient un Tao Yuan-ming, un Xie Lingyun, un Bao Zhao, un Jiang Yan – produisirent des œuvres de grande valeur, préparant la voie à l'avènement de la poésie des Tang. Au cours de cette longue période, de nouvelles formes prirent leur essor : quatrains, poèmes heptasyllabiques, longs poèmes narratifs, etc.

Dès le début des Tang, tous les genres et toutes les formes poétiques furent recensés et codifiés ; ils devaient se maintenir sans subir de changement, jusqu'à l'aube de notre siècle. C' bien dans la poésie Tang qu'on constate les tentatives les plus conscientes et les plus fructueuses pour explorer les limites du langage. Durant trois siècles, grâce à un concours de circonstances favorables[1], des poètes s'adonnèrent à une activité créatrice intense. Le *Quan-Tang-shi* « La poésie complète des Tang », ouvrage compilé au XVIII<sup>e</sup> siècle, sous la dynastie des Qing, ne contient pas moins de cinquante mille poèmes, écrits par quelque deux mille poètes[2]. Pour ce qui nous concerne, nous nous en tenons à la « meilleure part », c'est-à-dire à ceux qui sont reconnus par la tradition comme les plus représentatifs, à ceux aussi qui présentent un intérêt formel certain.

Notre ouvrage qui se propose d'étudier la poésie chinoise classique en tant que langage spécifique, permettant par là au lecteur d'apprécier cette poésie en profondeur, se divisera en deux parties : une partie théorique et une partie anthologique. La première sera donc composée, comme nous l'avons précisé, de trois chapitres qui étudieront, respectivement, les trois niveaux constitutifs du langage poétique. Poursuivant un but avant tout pratique, et compte tenu des obstacles que constitue

---

. Les conditions historiques dans lesquelles a été produite cette poésie se présentent ainsi : après les siècles de divisions internes et d'invasions qui avaient suivi la dynastie des Han, la dynastie des Tang refit l'unité de la Chine. L'état impérial, grâce à une administration améliorée, imposa son autorité à l'ensemble du pays. Toutefois, la formation des grandes villes, le développement des réseaux de communication et l'essor du commerce vinrent bouleverser, jusqu'à un certain degré, l'ancienne structure d'une société féodale. Par ailleurs, le système de recrutement de fonctionnaires par examens officiels engendra une plus grande mobilité sociale. Sur le plan culturel, d'une part l'unité retrouvée fit prendre conscience à la Chine de son identité et, d'autre part, le pays s'ouvrit largement aux influences extérieures venant de l'Inde et de l'Asie centrale. Ce fut le commencement de la cohabitation de trois grands courants de pensée – taoïste, confucéen et bouddhiste – lesquels, s'interpénétrant, enrichiront la pensée chinoise. Une société à la fois soucieuse de l'ordre et bouillonnante d'une extraordinaire effervescence créatrice. Signalons cependant un événement majeur qui vient, vers le milieu de la dynastie (755-763), bouleverser le destin du pays : la rébellion menée par An Lu-shan, un général d'origine barbare. Après cette rébellion, qui causa la mort d'un grand nombre et engendra des abus et injustices de toutes sortes, l'empire alla vers son déclin. Chez les poètes qui vécurent cette tragédie et chez ceux qui vinrent après, la confiance fit place à une conscience tragique ; leur attention portera désormais davantage sur la réalité sociale et les drames de la vie. Leur écriture même subit l'influence de la transformation de la société.

. Grâce à cette fiévreuse création, la poésie a été élevée, en Chine, à sa dignité première. Elle est devenue une des expressions les plus hautes des activités humaines. Non contente d'être le seul produit né de la solitude d'un poète perdu dans la nature ou dans le secret de son cabinet, elle exerce, outre son rôle sacré, une fonction éminemment sociale. Pas de mariage, de funérailles ou de fête sans que les poèmes composés pour la circonstance ne soient calligraphiés et affichés pour la contemplation de tous. Point de réunion d'amis lettrés sans que, pour la couronner, chacun des participants écrive un poème sur une rime choisie d'un commun accord. Les stèles gravées sont là pour perpétuer les hauts faits ; les pièces de soie sont là pour recueillir des martyrs leur dernière pensée exprimée en vers...

la langue chinoise même, notre analyse se veut la moins « abstraite » possible ; elle s'appuie à chaque pas sur des exemples concrets. La plupart des exemples sont tirés de la seconde partie, laquelle est faite d'un choix de poèmes classés d'après leur genre et accompagnés d'une traduction mot à mot, puis d'une traduction interprétée. A propos de traduction[1], il convient de préciser que celle que nous proposons vise surtout à faire saisir et sentir certaines nuances cachées des vers. Quant à la traduction mot à mot, utile pour le lecteur et indispensable pour les besoins de notre analyse, elle ne saurait donner qu'une image « caricaturale » du poème original ; on en tirerait l'impression d'un langage décousu et laconique, alors que rien n'y serait réellement traduit, ni la cadence du vers, ni les implications syntaxiques des mots, ni surtout la nature ambivalente des idéogrammes et la charge émotionnelle qu'ils contiennent. Dans un poème, les idéogrammes, libérés des éléments accessoires, ont une présence plus intense ; et les relations apparentes ou implicites qu'ils entretiennent entre eux orientent le sens dans de multiples directions. Ce qui est intraduisible, c'est, certes, ce que l'écriture n'a pu transcrire, mais également ce qu'elle a ajouté à la langue.

Tout en affirmant la valeur des recherches des poètes de Tang, nous n'ignorons pas que le corpus traité ici ne représente qu'un état de la langue. Une contradiction semble alors surgir : nous cherchons à cerner une réalité apparemment bien délimitée, et nous savons pourtant qu'elle est le résultat d'une pratique dynamique, qui contient en germe toutes les virtualités d'une altération ou d'une transformation. Cette contradiction est ressentie, d'une certaine manière, par les poètes Tang eux-mêmes. Nous en voyons une preuve dans la signification profonde du *lü-shi*, la forme la plus importante de la poésie classique chinoise (forme qui sera étudiée au chapitre II). Il s'agit essentiellement d'un système de pensée dialectique, fondé sur l'alternance, ou l'opposition, entre les vers parallèles et les vers non parallèles

---

[1]. Sur la difficulté de traduire les vers chinois, citons ces réflexions du marquis d'Hervey Saint-Denys : « La traduction littérale est le plus souvent impossible en chinois. Certains caractères expriment parfois tout un tableau qui ne peut être rendu que par une périphrase. » « Certains caractères exigent absolument une phrase tout entière pour être interprétés valablement. Il faut lire un vers chinois, se pénétrer de l'image ou de la pensée qu'il enferme, s'efforcer d'en saisir le trait principal et de lui conserver sa force ou sa couleur. La tâche est périlleuse ; pénible aussi, quand on aperçoit des beautés réelles qu'aucun langage européen ne saurait retenir. »

Pour ce qui est du parallélisme (dont nous analyserons les implications également dans le chapitre II), nous pouvons dès à présent affirmer que, par son organisation interne spatiale, il introduit un autre ordre dans la progression linéaire du langage : un ordre autonome, tournant sur soi, dans lequel les signes se répondent et se justifient, comme libérés des contraintes extérieures et demeurant hors du temps. Sa codification dans la poésie au début des Tang reflète, outre une conception spécifique de la vie, l'immense confiance qu'avaient les poètes à l'égard des signes. Ils croyaient réellement pouvoir, par leur truchement, recréer un univers selon leurs désirs. Mais, d'autre part, cette prétention était niée par le fait que, dans le *lü-shi*, les vers parallèles doivent obligatoirement être suivis de vers non parallèles. Ces derniers, qui terminent le poème, semblent l'introduire à nouveau dans le processus du temps, un temps ouvert, promis à toutes les métamorphoses. Métamorphosée, la langue dont se servaient les poètes des Tang le sera[1], à cause de l'usure du temps, comme le montrent, un millier d'années plus tard, vers 1920, la mort du *wen-yan* « langue écrite ancienne » et son remplacement par le *bai-hua* « langue moderne », qui entraîne la poésie dans d'autres aventures.

Mais ce n'est pas le moindre paradoxe de l'écriture poétique chinoise que, malgré l'affirmation d'un ordre sémiotique et de sa propre négation, demeure la permanence des signes, signes invariables et indépendants du changement phonique, grâce auxquels, par-delà les siècles, une poésie nous est donnée, infiniment « parlante », chargée du même pouvoir évocateur, dans tout l'éclat de sa jeunesse.

---

[1]. Consécutive au Mouvement du 4 mai (1919), la révolution littéraire étroitement liée à [l'hi]stoire de la révolution politique et sociale, remet en cause non seulement l'idéologie [tra]ditionnelle mais l'instrument même de l'expression littéraire.

# I

# Vide-Plein : les éléments lexicaux et syntaxiques

Notre objectif étant d'appréhender la poésie chinoise en tant que langage spécifique, nous observerons d'abord la relation qu'entretient le langage poétique avec le langage ordinaire. Ce qui frappe d'emblée, c'est l'écart très sensible qui sépare du langage ordinaire les formes les plus recherchées inventées par les poètes des Tang. Cet écart, toutefois, n'est pas basé sur une opposition foncière. Les poètes ont cherché surtout à tirer parti de certaines virtualités d'une langue à écriture idéographique et à structure isolante. Leur tâche a été facilitée par l'existence du *wen-yan*, langue essentiellement écrite et de style concis. C'est donc par rapport à la langue parlée (telle que nous la connaissons par la littérature populaire) aussi bien qu'au *wen-yan* que sera situé le langage poétique.

Sur le plan lexical et syntaxique, le fait le plus important qui préoccupe les poètes est, comme il a été indiqué dans l'Introduction, l'opposition entre les mots pleins (les substantifs et les deux types de verbes : verbes d'action et verbes de qualité) et les mots vides (l'ensemble des mots-outils qui indiquent des relations : pronoms personnels, adverbes, prépositions, conjonctions, mots de comparaison, particules, etc.). Cette opposition se fait sur deux niveaux. A un niveau superficiel, il s'agit d'alterner judicieusement mots pleins et mots vides, afin de rendre plus vivants les vers. Mais les poètes ne tardent pas à se rendre compte de l'importance, dans la poésie, du rythme (lié à la notion philosophique du souffle vital) qui peut assurer le rôle de démarcation et de liaison entre les mots (rôle qui revient aux mots vides dans le langage ordinaire). Aussi, à un niveau plus profond, procèdent-ils à une série de réductions de mots vides (notamment les pronoms personnels, les prépositions, les mots de comparaison, les particules), en ne conservant, parmi les mots vides, que certains adverbes et conjonctions ; cela afin d'introduire dans la langue une dimension en profondeur, celle justement du vrai « vide », mû par le souffle médian. Ce vide qui – rappelons-le une fois encore –, ici comme ailleurs, est considéré par la pensée chinoise comme le lieu où les entités vivantes ou les signes s'entrecroisant, s'échangeant de façon non univoque, lieu par excellence où se multiplie le sens.

Dans certains cas, les poètes vont jusqu'à remplacer un mot plein (le plus souvent un verbe) par un mot vide, toujours dans le souci d'insérer le vide dans le plein, mais cette fois-ci par substitution. A ce propos, signalons qu'au sein même des mots pleins il existe d'autres distinctions telles que mots morts/mots vivants (*si-zi/huo-zi*) et mots statiques/mots dynamiques (*jing-zi/dong-zi*) qui marquent la différence soit entre substantif et verbe, soit surtout entre les deux types de verbes : verbes de qualité (adjectifs) et verbes d'action. Ainsi, aux yeux des poètes qui tentent de saisir l'action secrète des choses, un verbe peut connaître trois états : dynamique (lorsqu'il est utilisé comme un verbe d'action), statique (lorsqu'il est utilisé comme un verbe de qualité) et enfin vide (lorsqu'il est remplacé par un mot vide)[1].

---

1. La pensée prégrammaticale chinoise s'est exprimée dès les Han mais plus particulièrement à partir des Tang dans une longue série d'études d'ordre lexicographique. Le problème de la nature des mots est au centre de leur préoccupation. Signalons que l'histoire de ces études a fait l'objet de trois importants ouvrages contemporains le *Zhong-guo yu-fa-xue xiao-shi* de Wang Li-da (Pékin, Shang-wu Yin-shu-guan, 1963) le *Zhong-guo yu-fa-xue ci-hui lei-bian* de Zheng Dian et Mai Mei-qiao (Pékin, Zhong-hu shu-ju, 1965) et le *Han-yu shi-gao* de Wang Li (Pékin, Zhong-hua shu-ju, nouvelle édition, 1980). Parmi tous les grands noms qui ont jalonné cette tradition lexicographique tels que Lu De-ming (*Jin-dian shi-wen*) des Tang, Zhang Yan (*Ci-yuan*) et Chen Ku (*Wen-zi*) des Song, Lu Yi-wei (*Zhu-yu ci*) et Zhang Zi-lie (*Zheng zi tong*) des Ming, Liu Ci (*Zhu-zi bian-lue*), Wang Ying-zhi (*Jing-zhuan shi-ci*) et Ma Jian-zhong (*Ma-shi wen-tong*) des Qing, nous voulons distinguer, pour notre propos, celui de Yuan Ren-lin, des Qing qui dans son ouvrage *Xu-zi shuo* a entrepris une étude systématique des mots vides. accorde un statut en quelque sorte métaphysique aux mots vides, dans la mesure ou dans son avant-propos, il identifie le jeu dialectique des mots pleins et des mots vide au mouvement dynamique du Plein et du Vide dont l'univers est animé. A propos ju tement du terme « métaphysique », qui se dit en chinois *xing-er-shang* « physique-et dessus », il fait remarquer que tout le pouvoir suggestif de ce terme réside dans le *er*, e mot vide qui se trouve au milieu. Selon lui, si l'on avait formé le terme par *xing-sha* « physique-dessus », on se serait situé toujours dans l'ordre de la physique ; alors q grâce à l'élément médian *er* qui y introduit le Vide médian, on est invité, lorsqu'on li terme en entier composé de trois caractères, à faire une sorte de saut qualitatif et à acc der à un autre ordre. Pour ce qui touche la poésie à proprement parler, citons enc cette réflexion de Yuan Ren-lin : « Par l'économie de sa forme la poésie est appelée à passer de mots vides. Avec le contexte, il n'est pas nécessaire que ceux-ci y figurent ré lement. Sans être présents, ils sont pourtant là. On peut les prononcer ou ne pas prononcer, c'est cela justement qui fait le charme mystérieux d'un poème. Il en va même pour un texte en prose très concis. Jadis, le maître Cheng (Cheng Yi, des Sor lorsqu'il récitait un poème, se contentait d'ajouter de lui-même un ou deux mots vi et tout le poème prenait vie, soudain articulé et chargé de transformations internes. maître Zhu (Zhu Xi, des Song) procédait de la même manière. Ainsi, le poète anc

La suite de ce chapitre sera donc consacrée à l'observation des procédés par lesquels les poètes enlèvent du langage ordinaire certains éléments existants. Nous verrons que cette suite d'ellipses ne relève pas de la seule stylistique. Celles-ci ont pour effet particulier de restituer aux idéogrammes leur nature ambivalente et mobile, permettant l'expression d'une subtile symbiose de l'homme et du monde (symbiose exprimée, dans la poétique chinoise, par la combinaison de deux termes : *qing* « sentiment intérieur » et *jing* « paysage extérieur », notion que nous étudierons dans le chapitre III, à propos des images).

*Ellipse des pronoms personnels*

Si, dans le *wen-yan* déjà, l'absence de pronoms personnels est fréquente, il faut souligner qu'elle est plus flagrante en poésie et pratiquement totale dans le *lü-shi* (« poésie régulière[1] »). Cette volonté d'éviter autant que possible les trois personnes grammaticales montre un choix conscient ; elle donne naissance à un langage qui situe le sujet personnel dans un rapport particulier avec les êtres et les choses. En s'effaçant, ou plutôt en faisant « sous-entendre » sa présence, le sujet intériorise les éléments extérieurs. Cela apparaît plus évident dans des phrases qui comporteraient normalement sujet personnel et verbe transitif, et où un complément circonstanciel de lieu, de temps, ou même de manière, en l'absence de marques qui le déterminent, semble constituer le sujet réel.

> Sommet du mont Coupe d'encens
> Y avoir haut ermite demeurer
> Soleil crépusculaire descendre du Mont
> Lune claire remonter au sommet.

Pour les deux derniers vers du quatrain, le lecteur rétablit la phrase « normale » : « Au coucher du soleil, il (l'ermite) descend de la montagne ; et il remonte au sommet quand se lève la lune. » Mais, on saisit sans mal l'intention du poète qui est

---

ménageait des vides dans ses poèmes ; au lecteur de les combler en ponctuant par le rthme de la psalmodie. L'art des mots vides en poésie n'est pas tant dans leur emploi el que dans leur absence, laquelle préserve tout leur pouvoir virtuel. » A côté de ces ivrages lexicographiques, d'autres relevant de la catégorie des *shi-hua* « Propos sur la ésie » nous ont également guidé dans notre étude.
Cette forme sera analysée dans le chapitre suivant.

d'identifier l'ermite aux éléments cosmiques ; le soleil et la lune ne sont plus de simples « compléments de temps ». Et la promenade quotidienne de l'ermite est présentée, de ce fait, comme le mouvement même du cosmos.

> Montagne vide / ne percevoir personne
> Seulement entendre / voix humaine résonner
> Soleil couchant / pénétrer forêt profonde
> Un instant encore / illuminer mousse verte.

Ce quatrain[1] a été composé par Wang Wei, le peintre-poète, adepte du Chan. Il y décrit une promenade dans la montagne, qui est en même temps une expérience spirituelle, expérience du vide et de la communion avec la nature. Les premiers vers devraient s'interpréter ainsi : « Dans la montagne vide, je ne rencontre personne ; seuls me parviennent quelques échos de voix de promeneurs. » Mais par la suppression du pronom personnel et des éléments locatifs, le poète s'identifie d'emblée à la « montagne vide », qui n'est plus un « complément de lieu » ; de même, dans le vers 3, il *est* le rayon de soleil couchant qui pénètre dans la forêt. Du point de vue du contenu, les deux premiers vers présentent le poète comme « ne voyant pas » encore ; dans ses oreilles résonne encore l'écho des voix humaines, les deux derniers vers sont centrés sur le thème de la « vision » : voir l'effet doré des rayons du couchant sur la mousse verte. Voir signifie ici illumination et communion en profondeur avec l'essence des choses. Par ailleurs, le poète a souvent recours au procédé de l'omission du pronom personnel pour décrire des actions en chaîne, où les gestes humains sont reliés aux mouvements de la nature. Citons encore les vers suivants[2] :

> Nuages blancs / se retourner contempler s'unir
> Rayons verts / pénétrer chercher s'évanouir

Ici, au cours d'une promenade solitaire, le poète se retourne pour contempler les nuages en mouvement jusqu'à ce qu'ils se fondent – et le poète avec eux – en un tout indivisible (idée de communion totale) ; il avance vers le rayon vert que dégage la nature luxuriante, celui-ci devient invisible à mesure qu'il pénètre dans son espace lumineux (idée d'illumination dans le non-être).

---

1. Voir seconde partie, p. 136. (Le signe / marque la césure.)
2. Voir seconde partie, p. 198.

Les deux vers sont terminés chacun par trois verbes successifs : les deux premiers verbes de chaque vers ont pour sujet le poète, le dernier la nature. Les vers ainsi composés suggèrent avec force le processus de la fusion de l'homme et du cosmos.

> Sommeil printanier / ignorer aube
> Tout autour / entendre chanter oiseaux…
> Nuit passée / bruissement de vent-pluie ;
> Pétales tombés / qui sait combien…

Ce quatrain[1] décrit l'impression d'un dormeur se réveillant un matin de printemps (alors que l'aube est déjà là) : le lecteur est invité à entrer de « plain-pied » dans l'état de conscience du dormeur (ou plutôt, dans son état de semi-conscience, puisque, à peine éveillé, tout reste confus encore dans son esprit). Le vers 1 ne place pas le lecteur devant quelqu'un qui dort, mais le situe au niveau de son sommeil, un sommeil qui se confondrait avec celui même du printemps. Les trois autres vers, superposés, « représentent » les trois couches de la conscience du dormeur : présent (gazouillis d'oiseaux), passé (bruissement du vent et de la pluie), futur (pressentiment d'un bonheur trop fugitif et vague désir de descendre au jardin pour contempler les pétales jonchant le sol). Qu'un traducteur maladroit, par souci de « clarté », use d'un langage dénotatif, en précisant, par exemple : « lorsque je dors au printemps… », « Tout autour de moi, j'entends… », « je me rappelle que… », « et je me demande… », et nous verrons alors un auteur parfaitement réveillé, sorti de cet état bienheureux, en train de « commenter » du dehors ses sensations.

Les exemples cités jusqu'ici ont tous un sujet singulier (un « je » ou un « il »). Dans des poèmes qui impliquent plusieurs personnes, l'ambiguïté due à l'absence de pronoms personnels ne nuit pas toujours à la compréhension, mais ajoute souvent des nuances subtiles.

L'exemple suivant nous montre le poète rendant visite à un ermite (un moine taoïste). Le poème[2] implique un « je » et un « tu », sans que ces deux pronoms soient jamais utilisés :

---

[1]. Voir seconde partie, p. 132.
[2]. Voir seconde partie, p. 232.

> Un chemin / traverser maints endroits
> Lichens-mousses / percevoir sabots traces
> Nuages blancs / entourant îlot calme
> Herbes folles / enfermant porte oisive
>
> Pluie passée / contempler pins couleur
> Colline longée / atteindre eau source
> Ruisseau fleur / révéler Chan esprit
> Face à face / déjà hors parole.

Pour se rendre à l'endroit où demeure l'ermite (vers 3 et 4 : îlot entouré de nuages, porte fermée par les herbes folles), le visiteur traverse un paysage sinueux tout habité par la présence de l'ermite. En n'étant pas nommé par un « tu », l'ermite n'est pas présenté comme un « objet » de visite, isolé de ce qui l'environne ; et en ne se nommant pas non plus par un « je », le poète se fond dans les éléments du paysage – il se fait tour à tour mousse, nuages, pluie, pins, colline, source – qui n'est autre que le paysage intérieur de l'ermite. Le cheminement matériel devient ici un cheminement spirituel. Lorsque enfin, au terme de sa randonnée, en l'absence de l'ermite, il se trouve face à face avec la fleur du ruisseau, il est de fait en pleine présence de l'esprit de l'ermite, et gagné soudain par l'Éveil. La suppression des indicateurs pronominaux fait que le discours objectif, descriptif, coïncide avec le discours intérieur, qui dans le même temps est un dialogue incessant avec l'autre. C'est au cœur de cette coïncidence qu'on atteint l'état hors de la parole.

Citons enfin un poème[1] de Du Fu qui implique plusieurs personnes. Il s'agit du « Second envoi à mon neveu Wu-lang », que Du Fu adresse à son neveu Wu-lang, à qui il a laissé sa propriété. Le poète demande à son neveu de ne pas planter de haies à l'ouest du jardin ; cet acte effaroucherait la voisine de l'ouest, une femme très pauvre qui a l'habitude de venir cueillir là des jujubes pour se nourrir. Le poème se présente ainsi :

> Chaumière devant secouer jujubier / laisser voisine d'ouest,
> Sans nourriture sans enfant / une femme esseulée
> Si point de misère / pourquoi donc recourir à ceci
> A cause de honte / d'autant plus être bienveillant.

---

1. Voir seconde partie, p. 219.

> Se méfier de hôte étranger / bien que superflu
> Planter haies même clairsemées / néanmoins trop réel
> Se plaindre corvées-impôts / dépouillée jusqu'aux os
> Penser ravages de guerre / larmes mouiller habits.

Le poème met en scène trois protagonistes : le poète (je), le neveu (tu) et la femme (elle). Le terme « protagoniste » est impropre car, en omettant les pronoms personnels, le poète cherche justement à créer une conscience « intersubjective » où l'autre n'est jamais en vis-à-vis. De vers en vers, le poète s'identifie à l'un et à l'autre des personnages (les vers 3, 5 et 7 se rapportent à « elle », les vers 4 et 6 à « tu », et le dernier vers à « je » ou à « nous »), comme s'il possédait plusieurs points de vue à la fois. Le poème se présente ainsi comme le débat intérieur d'un être au pluriel, à travers lequel le discours et l'histoire sont subtilement confondus.

Les poèmes que nous venons d'analyser font partie de la poésie dite régulière. Il serait intéressant d'observer un exemple de poésie à l'ancienne où l'on constate parfois la présence du pronom personnel de la première personne.

> Parmi les fleurs un pichet de vin
> Seul à boire sans un compagnon
> Levant ma coupe, je salue la lune :
> Avec mon ombre, nous sommes trois
> La lune pourtant ne sait point boire
> C'est en vain que l'ombre me suit
> Honorons cependant ombre et lune
> La joie ne dure qu'un printemps !
> Je chante et la lune musarde
> Je danse et mon ombre s'ébat
> Éveillés, nous jouissons l'un de l'autre
> Et ivre, chacun va son chemin…
> Retrouvailles sur la Voie lactée :
> A jamais, randonnées sans attaches !

Le poème[1] de Li Bo, d'inspiration taoïste, que nous donnons en traduction interprétée, est intitulé « Buvant seul sous la lune ». Malgré l'apparente simplicité du ton, le poète y aborde plusieurs thèmes : celui de l'illusion et de la réalité, du soi-même et de l'autre, de l'attachement et du non-attachement, etc. Sans être

---

Voir seconde partie, p. 239.

dupe de l'illusion, il invente ses compagnons de vin : son ombre et la lune qui projette cette ombre. A travers ces êtres, à la fois divisés et interdépendants, il prend conscience de son propre être (vers 6 : « mon corps ») en tant que sujet agissant (vers 9 et 10 : « je chante et je danse »). Son chant et sa danse, qui trouvent écho en ses compagnons lui permettent de goûter la joie partagée. Joie provisoire certes. Et le poète rêve de la véritable union (ensemble mais libres – « non-attachement ») dans la Voie lactée où lumière et ombre seront indistinctes. Au cours du poème, il y a d'abord une « émergence » du « je » et, par la suite, sa « refonte » dans le Tout ; cela est justement souligné par l'emploi du « je » au milieu du poème, alors que le sujet personnel est absent dans les vers du début et de la fin.

L'ensemble des poèmes étudiés, pour la plupart très courts, nous a montré comment, par le procédé de l'ellipse des pronoms, l'homme parle à travers les choses. Le poète en use souvent avec ingénuité ou malice. Nous citerons encore, pêle-mêle quelques exemples extraits de plus longs poèmes. Du Fu, durant la révolte de An Lu-shan (en 757), se présenta en haillons devant l'empereur en exil. Pour accentuer le contraste entre l'état lamentable auquel il était réduit et la solennité de la circonstance, au lieu de dire « portant de pauvres sandales je me présente devant l'empereur », il dit simplement et non sans ironie :

Sandales de pailles / visiter Fils du Ciel [1]

Par ailleurs, il termine ainsi un long poème décrivant la souffrance en temps de guerre de ceux qui, à force de pleurer, n'ont plus que des yeux creux et sans larmes :

Yeux desséchés / alors voir os
Ciel et Terre / être sans pitié [2] !

Ces vers, sans sujet personnel, tirent leur force d'une ambiguïté qui voit ? Ou bien c'est le poète qui, à travers les yeux desséchés des pauvres, voit leurs visages réduits à l'état de squelette, ou bien ce sont les yeux des pauvres mêmes qui enfin voient « fond des choses » : un ciel et une terre sans pitié pour les hommes voués à la mort. On assiste ainsi à une scène vue à

---

1. 麻鞋見天子 (Shu huai).
2. 眼枯即見骨，天地終無情 (Xin-an li).

fois du dehors et du dedans. Dans d'autres exemples encore, c'est toujours la communion directe avec la nature que les poètes cherchent à exprimer. Ainsi Li Bo, s'adressant à un ami ermite, au lieu de dire « lorsque tardivement je viendrai te tenir compagnie, nous chevaucherons un dragon blanc dans le ciel bleu », écrit :

> Tard dans l'année / peut-être en compagnie
> Ciel bleu / chevaucher dragon blanc [1]

Le poète n'est plus *dans* le ciel bleu, mais il fait corps avec lui : rêve taoïste par excellence. De même, Wei Zhuang signifie qu'il n'est pas seulement *dans* sa barque, mais qu'il devient la barque entre ciel et eau, lorsqu'il chante :

> Eaux printanières / plus émeraudes que le ciel
> Barque peinte / écoutant pluie s'endormir [2]

### Ellipse de la préposition

A suivre l'ellipse des pronoms personnels, nous avons pu déjà constater l'effet de l'omission de la préposition dans les compléments locatifs (de lieu, de temps) ; lesquels, en l'absence de mots tels que : à, sur, dans, etc., redeviennent des substantifs de plein droit (« montagne vide » au lieu de « dans la montagne vide » ; « mousses tendres » au lieu de « sur les mousses tendres » ; « sommeil printanier » au lieu de « lorsqu'on dort au printemps »), ce qui leur permet d'apparaître comme sujets de la phrase. Ici, c'est au niveau du prédicat que nous allons observer ce même effet. Il s'agit essentiellement du cas où l'omission de prépositions du type *yu*, « à », combinée avec l'omission du sujet personnel, enlève au verbe toute indication de direction, suscitant par là un langage réversible, où sujet et objet, dedans et dehors, se trouvent dans un rapport de réciprocité.

Réciprocité fondée sur l'« intersubjectivité » comme dans ces vers du poème « Nuit de lune et de fleur sur le fleuve printanier [3] » de Zhang Ruo-xu :

[1] 或晚或相訪，青天騎白龍 (*Song Yang-shan-ren gui Song-shan*).
[2] 春水碧於天，畫船聽雨眠 (*Pu-sa man*).
[3] Poème dont nous avons analysé la première strophe dans l'Introduction. : p. 20.

> Qui voguer, cette nuit / en sa barque légère,
> Et où donc penser / pavillon sous la lune [1]

Les vers relatent le drame de deux amants séparés, le second vers peut s'interpréter de deux manières :
1. Où donc est celui qui pense au pavillon sous la lune ?
2. Où donc est *celle* qui pense *en* son pavillon sous la lune ?

L'ambiguïté de cette phrase est voulue, car les amants séparés pensent l'un à l'autre, en même temps, dans la nuit.

Réciprocité entre sujet et objet, comme dans le distique suivant :

> Montagne lumière / s'enchanter oiseau nature
> Étang ombre / se vider homme cœur

Ces deux vers sont tirés du poème « Visite au monastère Po-shan [2] » de Chang Jian. Ce poème a été maintes fois traduit en différentes langues occidentales ; et les deux vers, par leur ambiguïté, ont donné lieu, comme les vers précédents, à de interprétations fort diverses [3].

Prenons le second vers, le verbe « vider » (qui signifie atteindre la vacuité spirituelle) n'étant pas marqué par une préposition, le vers, en ses constituants immédiats, a au moins trois acceptions :

---

[1]. 誰家今夜扁舟子，何處相思明月樓. Il est intéressant de donner ici les traductions qui existent de ces deux vers. Le marquis d'Hervey Saint-Denis : « Nul ne s même qui je suis, sur cette barque voyageuse / Nul ne sait si cette même lune éclaire, loin, un pavillon où l'on songe à moi. » Ch. Budel : « In yonder boat some traveller s tonight / Beneath the moon which links his thoughts with home. » W.J.B. Fletch « To-night who floats upon the tiny skiff? / from what high tower yeans out upon night / the dear beloved in the pale moonlight... » Dans *Anthologie de la poésie chin classique* : « A qui donc appartient la petite barque qui vogue en cette nuit ? / Où d retrouver la maison dans le clair de lune où l'on songe à l'absent ? »
[2]. Voir seconde partie, p. 231.
[3]. H.A. Giles : « Around these hills sweet birds their pleasure take / Man's heart as from shadow as this lake. » W. Bynner : « Here birds are alive with mountain-light / the mind of man touches peace in a pool. » W.J.B. Fletcher : « Hark! the birds rejoi in the mountain light / Like one's dim reflection on a pool at night / Lo! the hea melted wav'ring out the sight. » R. Payne : « The mountain colours have made the b sing / the shadows in the pool empty the hearts of men. » Le marquis d'Hervey Sa Denis : « Dès que la montagne s'illumine, les oiseaux, tout à la nature, se réveilla joyeux ; / L'œil contemple des eaux limpides et profondes, comme les pensées l'homme dont le cœur s'est épuré. »

1. Dans l'ombre de l'étang le cœur de l'homme se vide ;
2. L'ombre de l'étang se vide dans le cœur de l'homme ;
3. L'ombre de l'étang fait vider le cœur de l'homme.

Ces différentes structures syntaxiques, les « arbres » ci-dessous en montrent mieux l'aspect mobile et réversible :

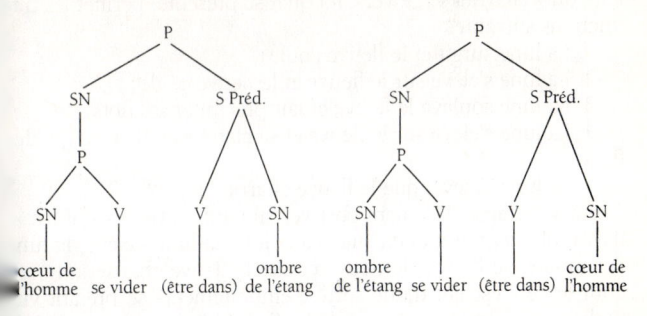

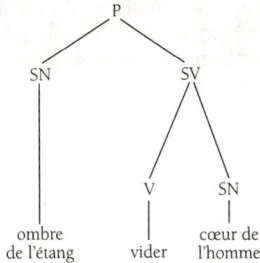

Citons, en dernier exemple, deux vers[1] par lesquels Du Fu cherche à faire ressortir les relations et les interactions entre les éléments terrestres et ceux du cosmos, avec lesquels est aux prises le destin humain :

> Étoiles suspendre / sauvage plaine s'élargir
> Lune jaillir / grand fleuve s'écouler [2]

---

[1]. Voir seconde partie, p. 224.
[2]. Nous donnons les traductions existantes. J. Liu : « The stars drooping, the wild plain vaste / the moon rushing, the great river flows. » W.J.B. Fletcher : « The wideflung stars overhang all vasty space / the moonbeams with the Yangtze's current race. » Rexroth : « Stars blossom over the vaste desert of waters / Moonlight *flows* on the surging rivers. »

Les deux vers étant parallèles, dans chacun on constate une succession régulière de noms et de verbes. En l'absence de marques formelles, les verbes sont à la fois intransitifs et transitifs. Dans le second vers, par exemple, le premier verbe *yong* peut se traduire par « surgir » ou « soulever », et le second verbe *liu* par « couler » ou « charrier ». Le vers, tel qu'il se présente, permet les traductions suivantes :

1. La lune surgit et le fleuve coule ;
2. La lune s'élève sur le fleuve et le fleuve coule ;
3. La lune soulève le fleuve et fait précipiter ses flots ;
4. La lune s'élève sur le fleuve et sa clarté « coule » au gré des flots ;
5. La lune s'élève, que le fleuve charrie.

Ainsi, l'ellipse d'élément post-verbal rend les verbes « libres » ils s'appliquent aux deux sujets à la fois (la lune s'élève, la lune fait monter le fleuve ; le fleuve coule, le fleuve charrie la lune). Tout le vers est fait d'une sorte d'emboîtements se prêtant virtuellement à une lecture circulaire. Il s'établit un rapport dialectique entre les deux images : la lune (élan de vie, destin humain) et le fleuve (espace infini et temps sans fin) que nous tentons de figurer par l'arbre suivant :

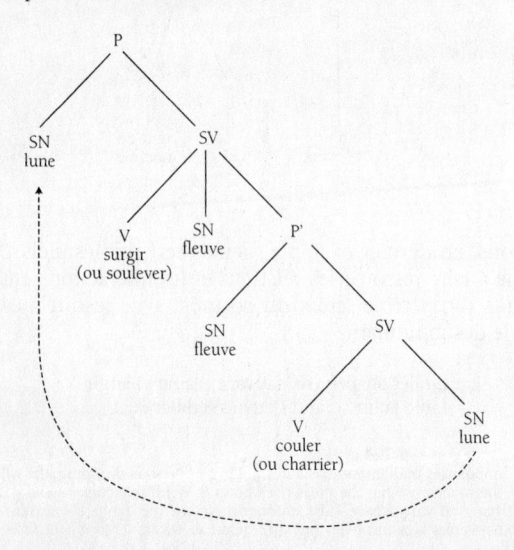

```
                    P
                   / \
            SN       SV
            lune    /|\
                   / | \
                  V  SN  P'
              surgir fleuve /\
           (ou soulever)   /  \
                          SN   SV
                       fleuve  /\
                              /  \
                             V    SN
                          couler  lune
                       (ou charrier)
```

*Compléments de temps*

Le chinois étant une langue non flexionnelle, le temps du verbe est exprimé par des éléments accolés au verbe, tels qu'adverbes, suffixes ou particules modales. Souvent, dans l'intention de créer un état ambigu, où le présent et le passé se mêlent et où le rêve se confond avec la réalité, le poète a recours soit à l'omission des éléments indiquant le temps, soit à la juxtaposition de temps différents qui rompt la logique linéaire.

On en rencontre de nombreux exemples chez les poètes des Tang. Parmi eux, Li Shang-yin semble avoir le plus consciemment recherché l'ambiguïté des temps : temps du vécu et temps de l'évocation, comme le montrent ces vers qui terminent le poème « La cithare ornée de brocart[1] », dont le thème est l'expérience d'un amour :

> Cette passion pouvoir durer / devenir poursuite-mémoire
> Seulement à l'instant même / déjà dépossédé

Le poète se place à la fois au moment même (vers 1) où cette passion est vécue et au moment (vers 2) où il croit retrouver cette passion dans le souvenir, tout en se demandant si celle-ci a été réellement vécue.

Le second exemple est le poème intitulé « Ma-wei[2] ». Ce poème évoque l'amour malheureux de l'empereur Xuan-zong : épris de sa favorite Gui-fei, il négligea les affaires de l'État. Lors de la révolte de An Lu-shan, sur la route de l'exode, il dut laisser tuer sa favorite par les soldats en colère. Après le drame, l'empereur, inconsolé, n'eut de cesse qu'il n'eût envoyé des moines taoïstes à la recherche de l'âme de son amante, par-delà les mers, dans le monde des immortels :

| | | |
|---|---|---|
| I | 1 | Outre-mer apprendre en vain / Neuf Contrées changer |
| | 2 | L'autre vie non prédite / cette vie achevée |
| II | 3 | Pour rien entendre tigres-gardes / battre cloches de bois |
| | 4 | Plus jamais voir coq-homme / annoncer point du jour |
| III | 5 | Aujourd'hui Six Armées / ensemble arrêter chevaux |
| | 6 | L'autre nuit Double Sept / rire de Bouvier Tisserande |
| IV | 7 | Pourquoi donc quatre décades / être Fils du Ciel |
| | 8 | Ne point valoir seigneur Lu / posséder Sans Souci |

Voir l'analyse de ce poème dans chapitre III, p. 112-119.
Voir seconde partie, p. 229.

Le poème se compose de quatre distiques. Malgré l'absence de pronoms personnels, on peut supposer que le sujet est l'amant infortuné, bien que certains vers semblent suggérer également le point de vue de l'amante. Le distique I ne comporte aucune indication de temps ; seul le vers 2 parle de « cette vie » et de « l'autre vie ». Mais est-on dans « cette vie » ou déjà dans « l'autre », ou encore entre les deux ? Rien ne permet de le préciser. Il y a une indication de lieu dans le vers 1 (« par-delà les mers... »), mais là, on se trouve également devant une ambiguïté : se trouve-t-on par-delà les mers ou sur cette terre ? Selon une tradition chinoise antique, la terre serait composée de Neuf Contrées, mais celles-ci ont leur correspondance par-delà les mers, dans un autre monde, lequel est divisé également en Neuf Contrées. En sorte que le vers 1 peut s'interpréter de deux manières : « On apprend en vain que par-delà les mers les Neuf Contrées ont changé » ou « Par-delà les mers où l'on se trouve, on apprend que sur terre les Neuf Contrées ont changé ». Pour les amants séparés, toutes transformations, ici ou ailleurs, sont vaines.

Vaine également est la succession des jours et des nuits. Le distique II exprime l'idée de l'écoulement du temps, mais un temps indifférencié. La nuit (vers 3) n'est qu'un écho monotone et le jour (vers 4) n'a plus de sens, que ce soit en « cette vie » ou dans « l'autre ».

Au sein de ce discours, au temps imprécis (ou indécis), le distique III introduit, de façon presque incongrue, les compléments de temps « aujourd'hui » et « l'autre nuit », qui font surgir un « présent » autour duquel se fixe une pensée obsédée (le vers 5 évoque la scène du meurtre, tandis que le vers 6 la nuit d'amour où les amants heureux rient du Bouvier et de la Tisserande, deux étoiles qui se trouvent de part et d'autre de la Voie lactée et qui, selon la légende, ne peuvent se réunir qu'une fois par an, dans la nuit du septième jour du septième mois). Nous avons déjà fait remarquer, à propos de pronoms personnels, que l'absence de *shifter*[1] crée un langage ambigu. Ici, dans un langage tout aussi ambigu, l'irruption d'un *shifter* (aujourd'hui) introduit brutalement le discours personnel et marque fortement le caractère irréductible du drame humain qui ne se laisse pas « absorber » par le temps.

Le dernier distique replace le discours dans une perspective

---

[1]. Ce terme, que R. Jakobson a employé dans son texte : « Shifters, verbal categories a the russian verb », a été traduit par *embrayeur* par N. Ruwet.

objective. L'image du Fils du Ciel fait écho à l'interrogation initiale du poème : est-on de la terre ou du ciel ? Si le bonheur a jamais été réalisé sur terre, c'est peut-être dans une vie antérieure (le jeune Lu et sa bien-aimée Sans Souci ont vécu heureux huit cents ans auparavant, sous les Han), ou le sera-t-il encore, mais dans une vie ultérieure ?

*Ellipse de mots de comparaison et de verbes*

Dans des vers qui comportent une comparaison, on constate l'absence non seulement de mots conjonctifs (tel, comme), mais aussi de verbes (ressembler à, évoquer) et de copule. Ce procédé, nous l'assimilons à celui qui consiste à omettre le verbe principal d'une phrase.

L'omission de mots de comparaison n'est pas due à un simple souci d'économie : en permettant le rapprochement « brutal » de deux termes, elle crée entre eux un rapport de tension et d'interaction. Si, de plus, dans une phrase existentielle ou comparative, le poète utilise l'inversion, il est souvent difficile d'assigner à chacun des deux termes le statut de sujet ou d'objet ; par ce procédé, qui n'est pas seulement une mise en équivalence, le poète relie « organiquement » les faits humains à ceux de la nature. Nous citons, pour illustrer nos propos, deux exemples, l'un de Li Bo, l'autre de Du Fu.

   (1) Nuage flottant / errant homme humeur
     Soleil couchant / ancien ami sentiment.

Ces vers sont tirés d'un poème[1] décrivant une scène d'adieu où, avant que le voyageur ne monte sur son cheval, les deux amis s'attardent un instant encore dans un paysage crépusculaire. La nature n'est pas décor extérieur mais partie prenante du drame. L'absence de mots de comparaison met, dans chaque vers, les deux termes dans une relation réciproque. C'est ainsi que le vers 1 peut aussi bien se lire : « L'humeur du vagabond est comme le nuage flottant », que « Le nuage flottant a l'humeur d'un vagabond ». Dans la seconde interprétation, la nature n'est pas seulement une « fournisseuse d'images métaphoriques », elle est impliquée dans le même drame que l'homme. Cette idée d'une nature participante est renforcée par le fait que les deux

---

Voir seconde partie, p. 207.

vers sont parallèles. Les deux éléments de la nature : nuage flottant et soleil couchant, en vis-à-vis, entretiennent une relation de contiguïté et d'opposition. Tous les deux, en effet, planent un instant ensemble, mais tandis que l'un s'élance vers le ciel, l'autre descend vers la terre. Ils connaissent aussi les affres de la séparation. Cette relation « signifiante » fait qu'ils ne sont pas perçus comme des éléments fortuits de comparaison. Les quatre termes, dans les deux vers ainsi « accolés », créent entre eux des liens fondés sur une nécessité interne. Le drame de l'homme est inséparable de celui de la nature.

Tout se passe comme si, par l'absence d'une prédication, le poète voulait dépasser la procédure métaphorique en y introduisant un ordre proprement métonymique.

(2)  Soleil-lune / oiseaux en cage
Ciel-terre / lentilles sur l'eau [1]

Dans ces vers, l'ellipse du mot de comparaison permet une double lecture, en ce sens que pour le premier vers, le terme de comparaison peut être soit « soleil-lune », soit un « je » sous-entendu. Le vers peut ainsi se traduire par : « Le soleil et la lune sont eux-mêmes comme des oiseaux en cage » ou par « Au sein du temps qui passe (en chinois : soleil-lune), je suis prisonnier comme un oiseau en cage ». De même, le second vers peut être envisagé de deux manières : « Entre ciel et terre, je suis comme des lentilles sur l'eau » ou « L'univers (en chinois : ciel-terre) lui-même est changeant et incertain comme des lentilles sur l'eau ».

Participant du même type de recherche, est l'omission du verbe dans une phrase. Par ce procédé, le poète vise à privilégier certains éléments en leur donnant une nuance définitive ou fixer un état où les éléments coexistent formant une sorte de constellation.

Mer d'émeraude ciel d'azur / nuit-nuit cœur [2]

C'est ainsi que Li Shang-yin chante le destin de la déesse Chang-O emprisonnée dans la lune. Entre le ciel et la mer brille toutes les nuits, ce cœur aimant qui souffre. Le vers, tel qu'il

---

1. 日月籠中鳥，乾坤水上萍 (Du Fu : *Heng-zhou song Li tai-fu*).
2. Voir seconde partie, p. 191.

présente en chinois, a une force de présence bien plus grande que s'il était accompagné d'une indication verbale.

Toutefois ce type de vers où, à force de suppressions de mots vides, il ne reste que des mots pleins portés par le seul rythme est difficile à réussir. Nous citons trois autres exemples parmi les plus connus :

(1) Chant de coq / auberge de chaume lune
   Trace de pas / pont de bois givres [1].

(2) Fleuve sidéral / automne seule oie sauvage
   Linges battus / minuit mille foyers éclairés [2]

(3) Cinq lacs / trois hectares cabane
   Dix mille li / un seul revenant [3].

### Emploi de mots vides à la place d'un verbe

Jusqu'ici, nous avons observé comment, par suppression de certains mots vides, le poète crée une sorte de vide entre les mots. Il faut signaler maintenant un procédé particulier par lequel le poète met intentionnellement un mot vide à la place d'un mot plein (généralement un verbe), afin, là encore, d'introduire dans le vers le « vide », mais cette fois « par substitution ». Dans les exemples suivants, nous soulignons les mots vides qui exercent une fonction verbale :

(1) Grand âge / *souvent* route-chemin
   Jour tardif / *à nouveau* mont-fleuve [4]

(2) Feuilles jaunes / *toujours* vent-pluie
   Pavillon vert / *en soi* échos de musique [5]

(3) Pays dévastés / *seuls* serpent-sanglier
   Ciel-terre / *encore* tigre-loup [6]

(4) En face de la vie vécue / *quel* visage honteux
   Au fond de la tristesse / *de plus* fin d'année [7]

---

. Voir seconde partie, p. 235.
. 星河秋一雁，砧杵夜千家.
. 五湖三畝宅，萬里一歸人 (Wang Wei : *Song Wei-di gui Shan-dong*).
. 老年復道路，遲日復山川 (Du Fu : *Xing-ci gu-cheng*).
. 黃葉仍風雨，青樓自管弦 (Li Shang-yin : *Feng-yu*).
. 幽薊餘蛇豕，乾坤尚虎狼 (Du Fu : *You gan*).
. 生理何顏面，憂端且歲時 (Du Fu : *De di xiao-xi*).

(5)   Fragile nuage / ciel *avec* lointain
      Longue nuit / lune *ensemble* solitude [1]

(6)   Bois antique / *nulle* trace sentier
      Montagne profonde / *où* donc cloche [2]

(7)   Une fois quitter Terrasse Pourpre / *à même* désert blanc,
      Seul demeurer Tombeau Bleu / *vers* crépuscule jaune [3].

*
* *

La conséquence la plus immédiate de ces ellipses est le relâchement des contraintes syntaxiques, réduites à quelques règles minimales. Si les vers au mètre plus long sont plus proches du *wen-yan* (« prose écrite »), les vers courts, pentasyllabiques, n'observent pratiquement que deux règles constantes : dans un syntagme, le déterminant précède le déterminé ; dans une phrase dont le prédicat est à verbe transitif, on respecte le schéma S + V + O. Signalons ici le rôle primordial que joue le rythme, qui marque le regroupement des mots. Parmi les mots, les substantifs et les verbes (verbes d'action et verbes de qualité), ainsi que certains adverbes, acquièrent une grande mobilité combinatoire. Les vers pentasyllabiques, du fait de leur concision, se présentent parfois comme une « oscillation » entre l'état nominal et l'état verbal (certaines combinaisons sont prédictibles : avant la césure, NN, NV, VV, VN ; après la césure, NVN, NNV, VNV, VNN). Cette oscillation se constate d'ailleurs dans bien des cas, à l'intérieur même d'un mot. Les mots étant invariables, la nature d'un mot n'est pas signalée morphologiquement, encore que dans la langue ordinaire l'usage leur assigne une classe définie. Dans une construction de phrase, la nature d'un mot est déterminée par les éléments qui l'environnent (prépositions, conjonctions, particules, etc.) et l'absence de ces éléments rend son identification souvent plus difficile Cela sert le propos du poète aux yeux de qui, dans un mot plein, le nominal et le verbal sont deux états virtuellement présents. C'est pour cette raison que les mots, de nature ambivalente et mis en contact direct, confèrent au vers un devenir et une charge émotionnelle puissante.

---

1. Voir seconde partie, p. 223.
2. Voir seconde partie, p. 202.
3. Voir seconde partie, p. 222.

Compte tenu de tous les faits dégagés au cours de ce chapitre, nous pouvons affirmer que le poète chinois, par le processus de réduction, cherche non pas à simplifier le langage à l'extrême, mais à multiplier le jeu nominal-verbal et à introduire dans la langue une dimension impliquée qu'est le vide. Sur l'axe paradigmatique et sur l'axe syntagmatique, le vide (créé par l'omission de pronoms personnels, de mots vides et même de verbes, et par le réemploi de certains de ces mots vides à la place du verbe) engendre des rapports complexes de substitution (↔) et de combinaison (......) que nous tentons de représenter par la figure ci-dessous.

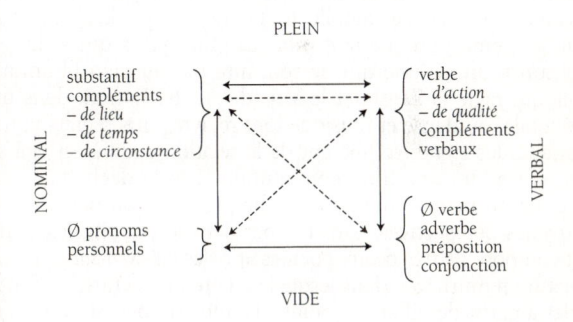

PLEIN

NOMINAL

substantif
compléments
– *de lieu*
– *de temps*
– *de circonstance*

verbe
– *d'action*
– *de qualité*
compléments
verbaux

VERBAL

Ø pronoms
personnels

Ø verbe
adverbe
préposition
conjonction

VIDE

L'aspect ordonné, apparemment statique, de cette représentation ne doit pas nous faire oublier que nous sommes en présence d'un langage dynamique dont les éléments composants s'impliquent les uns les autres. Langage éclaté qui remet en jeu le rapport entre le dit et le non-dit, l'action et la non-action et, en fin de compte, le sujet et l'objet. Pour les poètes, seul ce langage, mû par le vide, est capable d'engendrer la parole où circule le « souffle », et par là, de *trans-écrire* l'indicible. C'est ici qu'il convient de rappeler, une fois encore, l'importance de la notion du vide dans la pensée esthétique chinoise. L'homme possédant la dimension du vide efface la distance avec les éléments extérieurs ; et la relation secrète qu'il saisit entre les choses est celle même qu'il entretient lui-même avec les choses. Au lieu d'utiliser un langage descriptif, il procède par « représentation interne », en laissant les mots jouer pleinement leurs « jeux ». Dans un discours, grâce au vide, les signes, dégagés (jusqu'à un certain degré) de la contrainte syntaxique rigide et unidimensionnelle, retrouvent leur nature essentielle d'être à la fois des existences particulières et des essences de l'être. Impliqués dans le processus du temps, ils sont pourtant comme hors du temps. Quand le poète nomme un arbre, c'est aussi bien l'arbre particulier qu'il a en vue que l'Arbre en son essence. De plus, les signes deviennent multidirectionnels dans leurs relations avec les autres signes ; et c'est à travers ces relations que transparaît le sujet, à la fois absent et « profondément présent ».

Ainsi, discours objectif et discours personnel coïncident, formant le dehors et le dedans d'un même discours. Ce qui en résulte, c'est le langage mobile, tout entier mû par le rythme (qui joue le même rôle que le *qi-yun* « souffle rythmique » dans la peinture), un rythme qui ne se limite pas au plan phonique mais qui règle la nature et le sens des mots. Entrant dans une fête totale, où danse et musique font revivre leurs secrets immémoriaux, les signes se libèrent de la relation codifiée et établissent entre eux une libre communion. Parole déchaînée dans laquelle on peut « circuler » ; à chaque point on découvre de nouvelles perspectives. Sans tomber dans le pur jeu, les poètes ont composé de très beaux poèmes appelés *hui-wen-shi* « poèmes à lecture retournée », dans lesquels différentes lectures sont possibles à partir de différents points. Le plus simple est un type de poème qu'on peut lire dans le sens normal et dans le sens exactement inverse, en partant de la fin :

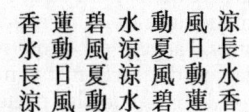

香蓮碧水動風涼
水動風涼夏日長
長日夏涼風動水
涼風動水碧蓮香

Parfum lotus émeraude eau / agiter vent frais
Eau agiter vent frais / été journée longue
Longue journée été frais / vent agiter eau
Frais vent agiter eau / émeraude lotus parfum.

Ce type a été possible du fait justement de la réduction des règles syntaxiques et de l'absence des mots vides. Les mots ne révèlent leur vraie nature que par la place qu'ils occupent dans la phrase ; ils acquièrent une fonction selon un certain ordre ; si l'on inve cet ordre, ils prennent une autre fonction. Dans le poème cité ci-dessus, des mots placés les uns après les autres, on peut tirer, suivant les lectures normale ou inverse, un sens très précis :

>parfum lotus = lotus parfumés
>lotus parfum = les lotus sont parfumés
>frais vent = vent frais
>vent frais = le vent est frais
>eau agiter = l'eau qui s'agite
>vent agiter eau = le vent agite l'eau

Et les vers du poème (dans les deux sens) peuvent être traduits comme suit : « Sur l'eau d'émeraude, parmi les lotus parfumés, se lève un vent frais / L'eau s'agite, le vent apporte la fraîcheur, la journée d'été est longue / Longue journée, l'été est frais, le vent agite l'eau / Un vent frais agite l'eau, les lotus verts envoient leurs parfums. »

D'autres poèmes, plus élaborés, constituent de véritables labyrinthes de signes où, à partir de n'importe quel point, on s'engage dans un itinéraire différent qui offre des découvertes pleines de surprises. Nous nous contentons d'en reproduire ici un exemple ; au lecteur de s'y perdre et de s'y retrouver :

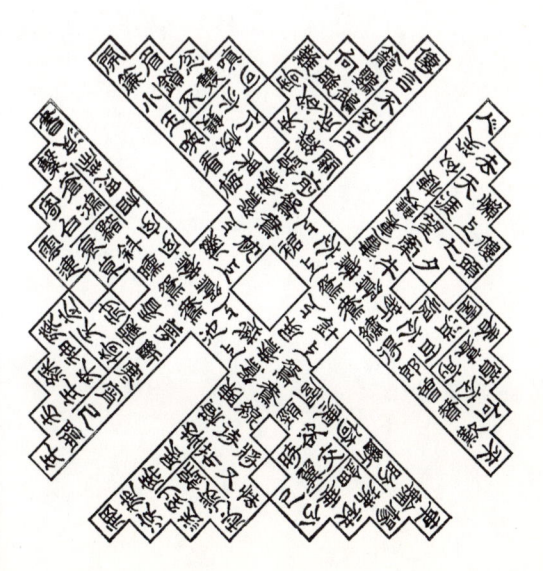

## II
# Yin-Yang : les formes et les prosodies

Si nous plaçons l'étude des formes poétiques sous le vocable du Yin-Yang, c'est que le procédé le plus original que les poètes des Tang aient mis en valeur – procédé qui exploitait le « génie » de l'écriture idéographique – se trouve être le parallélisme. Celui-ci, nous le verrons, est fondé sur le principe d'opposition et de complémentarité qu'incarne justement le binôme Yin-Yang. De même, l'opposition entre les vers parallèles et les vers non parallèles, à leur tour, est également régi par ce couple.

De la période précédant les Tang, nous avons fait une présentation historique assez succincte dans l'Introduction[1]. Au début des Tang, parce que les recherches formelles avaient atteint un haut degré de raffinement, et également pour les besoins de l'examen impérial, tous les genres en usage furent recensés et codifiés. Cette fixation des formes dans la synchronie est un fait important. Dans la conscience d'un poète des Tang, l'ensemble de ces formes, qui lui permet de faire valoir les multiples registres de sa sensibilité, constitue un système cohérent, dans lequel les unes se situent par rapport aux autres.

On fait une première distinction entre *jin-ti-shi* (« poésie de style nouveau »), régie par de strictes règles de prosodie, et *gu-ti-shi* (« poésie de style ancien »), qui se signale par l'absence de contraintes, ou, plus souvent, par la déformation intentionnelle de ces mêmes règles. Au sein du *gu-ti-shi,* deux courants, l'un populaire *yue-fu,* l'autre savant *gu-feng,* s'alimentent mutuellement. Quant à la poésie de style nouveau, la forme la plus importante en est le *lü-shi* (« huitain régulier ») ; c'est par rapport à lui que se définissent le *jue-ju* (« quatrain »), considéré comme un *lü-shi* amputé, ainsi que le *chang-lü* (« *lü-shi* long ») qui,

---

[1]. Voir p. 31-33.

comme son nom l'indique, est un *lü-shi* prolongé, à multiples strophes. Dans les deux styles, le mètre d'un poème peut être de cinq ou de sept pieds. A côté d'eux, mentionnons encore une forme de poésie chantée, appelée *ci*, dont les vers sont de longueur variable. Ce genre prend son essor vers la fin des Tang et connaît la vogue sous la dynastie suivante, les Song.

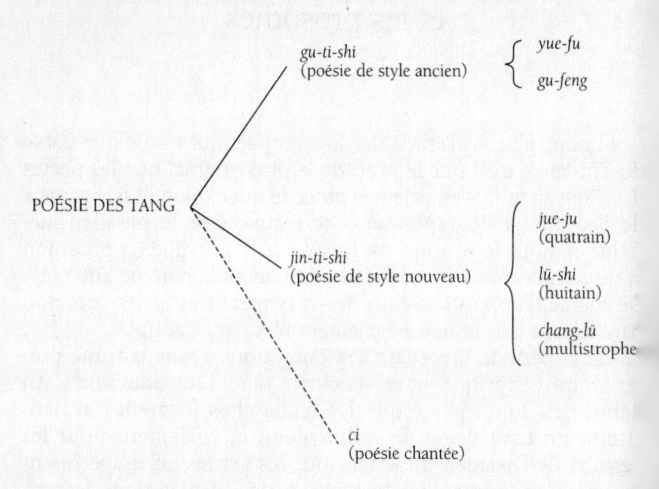

```
                    gu-ti-shi              ┌ yue-fu
                    (poésie de style ancien)└ gu-feng

POÉSIE DES TANG
                                           ┌ jue-ju
                                           │ (quatrain)
                                           │
                    jin-ti-shi             │ lü-shi
                    (poésie de style nouveau)│ (huitain)
                                           │
                                           │ chang-lü
                                           └ (multistrophe)


                    ci
                    (poésie chantée)
```

Dans ce réseau de formes, le *lü-shi* (« huitain régulier ») peut être pris comme la référence à partir de laquelle toutes les autres prennent sens. Cette forme qui est l'aboutissement de plusieurs siècles de recherches ne met pas seulement en valeur les traits spécifiques d'une langue, mais représente, à sa manière, une certaine conception philosophique, essentielle aux Chinois. Nous sommes en présence d'un système dont les différents niveaux sont faits d'éléments oppositionnels internes et dont la progression obéit à une loi dialectique fondamentale. A cet égard, l'analyse du *lü-shi* offre, entre autres intérêts, celui de mettre en évidence le processus par lequel une forme engendre le sens.

## A) LE LÜ-SHI

D'emblée, le *lü-shi* frappe par son aspect « économique ». Il constitue, aux yeux du poète chinois, une sorte de « minimum complet ». Un *lü-shi* se compose de deux quatrains et chaque quatrain de deux distiques. Le distique est donc là l'unité de base. Des quatre distiques d'un *lü-shi*, le deuxième et le troisième sont obligatoirement formés de vers parallèles, le premier et le dernier, de vers non parallèles. Ce contraste entre les vers parallèles et les vers non parallèles ainsi que celui qui existe à l'intérieur du parallélisme est caractéristique du *lü-shi,* système composé d'éléments oppositionnels à tous les niveaux (phonique, lexical, syntaxique, symbolique, etc.). Entre ces niveaux s'établit un réseau de correspondances dans lequel ils se soutiennent et s'impliquent mutuellement.

Nous commencerons par le niveau phonique en observant successivement la cadence, la rime, le contrepoint tonal et les effets musicaux.

### Cadence

Dans un *lü-shi*, un vers peut être pentasyllabique ou heptasyllabique ; cela revient à dire qu'un vers est composé soit de cinq, soit de sept caractères, puisqu'en chinois chaque caractère compte invariablement pour une syllabe (et les mots eux-mêmes, en chinois ancien, se composent souvent d'un seul caractère). En poésie, où la syllabe est l'unité de base, il n'y a pour ainsi dire pas de décalage entre le niveau des signifiants et celui des signifiés, chaque syllabe ayant toujours un sens. La césure se trouve, dans un vers pentasyllabique, après la deuxième syllabe ; et après la quatrième syllabe dans un vers heptasyllabique. De part et d'autre de la césure, il existe ainsi une opposition entre les nombres pairs (deux ou quatre syllabes) et les nombres impairs (trois syllabes), opposition accentuée par la cadence qui, fait remarquable, est iambique avant la césure et trochaïque après (● syllabe accentuée) :

pentasyllabique :  ○  ●  /  ●  ○  ●

heptasyllabique :  ○  ●  ○  ●  /  ●  ○  ●

Ce rythme, où les syllabes paires et impaires sont tour à tour accentuées, est fait, en quelque sorte, d'entrechoquements. Pour utiliser une image, la césure est comme une paroi contre laquelle viennent frapper les vagues rythmées : ○  ● ; il s'ensuit un choc en retour, engendrant un rythme contraire : ●  ○ ● Cette prosodie contrastive suscite tout le mouvement dynamique du vers. Au sujet de l'opposition entre les nombres pair-impair, il y a lieu de préciser encore qu'elle est sous-tendue par l'idée du *yin* (nombre pair) et *du yang* (nombre impair) dont l'alternance, comme on sait, représente pour les Chinois le rythme fondamental de l'univers.

Outre la fonction rythmique qu'elle remplit, la césure joue encore un rôle syntaxique[1] en regroupant les mots d'un vers en segments distincts qui s'opposent ou qui entretiennent des liens de cause à effet. Dans son poème « Printemps captif[2] », Du Fu se sert de la césure pour marquer le contraste entre certaines images : « Pays briser / mont-fleuve demeurer » (le pays est effondré, mais fleuve et mont demeurent) ; « regretter temps / fleurs verser larmes » (regrettant le temps qui fuit, *même* les fleurs versent des larmes). En revanche, Wang Wei, par la césure (qui suggère le vide), souligne les liens subtils qui existent entre images apparemment indépendantes : « Homme se reposer / fleurs de cannelier tomber ; nuit se calmer / mont printanier vide[3]. »

*Rime*

Pour ce qui est de la rime, une simple précision : à l'exception du premier vers, qui peut éventuellement entrer en ligne de compte, la rime tombe toujours sur les vers pairs. Cela implique que les vers impairs ne sont pas rimés – c'est là un trait important de la poésie chinoise – créant ainsi une opposition structurelle de plus, entre vers pairs et vers impairs. Il n'y a pas de changement de rime à l'intérieur d'un *lü-shi* ; une seule rime, de vers pair en vers pair, « parcourt » tout le poème. Ajoutons que pour la rime, le poète doit choisir un mot au ton dit « plat », ton le plus uni (et long) parmi les quatre tons que possède le chinois ancien. Ce qui nous amène à aborder un autre point important de la poésie chinoise : le contrepoint tonal.

---

1. Cela se vérifie encore dans la langue parlée moderne.
2. Voir seconde partie, p. 211.
3. Voir seconde partie, p. 139.

*Contrepoint tonal*

Le chinois étant une langue à tons, la musicalité que donnent les combinaisons tonales a été, très tôt, sensible au poète [1]. Un *lü-shi* est régi, au niveau phonique, par des règles tonales rigoureusement définies. Pour cela, le poète propose une distinction entre le ton « plat » (le premier des quatre tons) et les tons « obliques » (les trois autres tons : ton « montant », ton « partant » et ton « rentrant »). Cette distinction est basée, en principe, sur la différence entre le premier ton, qui est uni et à syllabe longue, et les autres tons, qui sont modulés ou à syllabe brève [2]. Le contrepoint tonal prévoit, pour les *lü-shi* pentasyllabiques et heptasyllabiques, des schèmes d'alternance entre ces deux types de tons. Le poète est tenu de choisir les mots dont le ton est conforme aux schèmes obligatoires qui sont les suivants (– représente le ton plat et / les tons obliques) [3] :

1. Schème commençant par un ton oblique :

```
/ / — — /
— — / / —
— — — / /
/ / / — —
```

2. Il existe une variante pour la première ligne de ce schème, au cas où le premier vers comporterait la rime ; la rime étant obligatoirement de ton plat, il faut que le premier vers soit terminé par ce ton :

```
/ / / — —
— — / / —
— — — / /
/ / / — —
```

3. Schème commençant par un ton plat :

```
— — — / /
/ / / — —
/ / — — /
— — / / —
```

---

Bien avant que Shen Yue (441-513) ait défini les quatre tons, les poètes se servaient jà, instinctivement, de la distinction tonale.
Selon l'interprétation de Wang Li. Voir son *Han-yu shi-lü xue*.
Nous donnons les schèmes de la première moitié d'un *lü-shi* pentasyllabique (l'autre moitié étant identique).

4. Il existe également une variante pour la première ligne du précédent schème, au cas où le premier vers du poème serait rimé :

```
— — / /
/ / / —
/ / — —
— — / /
```

Chacun de ces schèmes peut être pris comme un jeu de signes abstrait et faire l'objet d'analyses sur le plan numérique ou combinatoire. Nous n'oublions pas cependant, qu'il est au service du langage poétique ; seuls les faits qui nous paraissent pertinents seront donc relevés ici. Nous prenons comme exemple le premier schème (1), dans lequel nous marquons deux divisions internes prévues par la prosodie :

```
 / /  | — —  / /
 — —  |  / /  —
————————————————
 — —  |  —  / /
 / /  |  /  — —
```

La ligne verticale marque la césure, tandis que la ligne horizontale marque la séparation entre les deux distiques. De part et d'autre de la ligne verticale, on constate un contraste de nombre pair/impair : avant la césure, deux syllabes au ton identique ; après la césure, trois syllabes dont deux au ton identique mais différent de celui d'avant la césure. Cette disposition des tons est conforme à la cadence de vers chinois qui, comme nous l'avons déjà indiqué, est faite de groupes de deux syllabes plus une syllabe isolée. Ainsi, dans le contrepoint tonal, sont bannies la combinaison — / ou / — avant la césure et la combinaison / / / ou — — après la césure. L'opposition tonale se fait non seulement à l'intérieur d'un vers, mais entre les deux vers d'un distique, de façon régulièrement symétrique, comme nous pouvons le constater aisément d'après la figure ci-dessus. Cette symétrie, toutefois, est légèrement « dérangée », lorsqu'il s'agit de la variante (2) :

```
 / /  | / ⌐— —⌐ —
 — —  | / / / | —
————————————————
 — —  |  —  / /
 / /  |  /  — —
```

Ici, dans le premier distique, après la césure, l'opposition entre les deux lignes n'est pas symétrique, mais « réfléchie » ; pour reprendre la définition de R. Jakobson[1], la figure de la première ligne trouve son reflet, comme dans un miroir, dans celle de la seconde ligne.

Quant au schème (3), commençant par un ton plat, il suffit, pour l'obtenir, d'inverser l'ordre des deux distiques qui forment le schème (1), autrement dit, de commencer par le second distique du schème (1) et de terminer par le premier distique de celui-ci.

D'après ces analyses, et compte tenu des contraintes imposées par la prosodie, à savoir que la cadence d'un vers est basée sur les groupes de deux syllabes plus une syllabe isolée, ainsi que de l'obligation pour la rime d'être au ton plat et de tomber sur un vers pair, nous pouvons proposer un schème unique[2] pour représenter les quatre schèmes des variantes :

|   |   |     |   |     |
|---|---|-----|---|-----|
| A | A | A/B | B | B/A |
| B | B |  /  | A |  —  |
| B | B |  —  | A |  /  |
| A | A |  /  | B |  —  |

Ce schème pourrait donner l'impression d'une composition statique, alors que le contrepoint tonal est avant tout un système dynamique dans lequel un élément se développe et se transforme, attirant son semblable, appelant son contraire, selon les règles de corrélation et d'opposition. Une figure circulaire le suggérerait mieux :

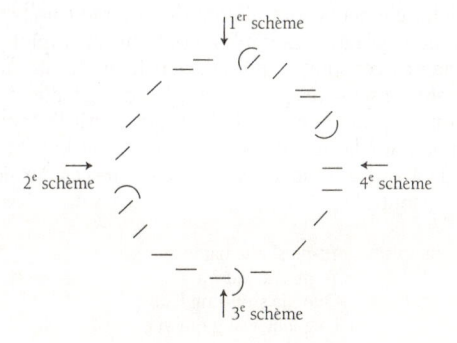

[1] Voir son article « Le dessin prosodique dans le vers régulier chinois ».
[2] Ce schème a été proposé pour la première fois par G.B. Downer et A.C. Graham dans leur article : « Tone patterns in chinese poetry ».

En tournant dans le sens des aiguilles d'une montre, pour retrouver chacun des quatre schèmes variants, il suffit de partir d'un point donné du cercle, comme l'indiquent les flèches. Pour les schèmes (2) et (4), faire abstraction des premiers éléments entre parenthèses.

Tout se passe donc comme si, sous le réseau des syllabes – la syllabe est, rappelons-le, l'unité de base du chinois, à la fois phonique et signifiante –, comme pour les contester, se déroulait un mouvement inquiet, oscillant entre un pôle statique ou stable (le ton plat) et un pôle dynamique (les tons obliques). Le contrepoint tonal constitue ainsi le premier des multiples niveaux du système à oppositions internes qu'est le *lü-shi*.

### Effets musicaux

Avant d'aborder l'aspect syntaxique du *lü-shi*, il nous reste à indiquer, de façon nécessairement succincte – les effets musicaux étant à rechercher essentiellement dans des œuvres particulières –, quelles sont les principales valeurs phoniques exploitées par les poètes.

Dans l'écriture chinoise, chaque caractère ayant une prononciation monosyllabique, toute syllabe est signifiante et l'ensemble des syllabes est inventoriable. Certaines syllabes, et, liées à elles certaines consonnes initiales et finales, du fait des mots qu'elles incarnent, ont une puissance évocatrice particulière. Pour les consonnes initiales, signalons d'abord une figure phonique appelée *shuang-sheng* dans la rhétorique traditionnelle : un binôme dont les deux éléments sont allitératifs, comme *fen-fang* « odorant, parfumé ». D'autres exemples montrent un emploi particulier de certaines consonnes qui « déclenchent » toute une série de mots ayant un sens très proche : ainsi dans le quatrain « Complainte du perron de jade » de Li Bo[1], qui décrit l'attente vaine d'une femme dans la nuit sur son perron, et où le poète utilise une suite de *l-* qui signifie successivement : rosées, larmes, froidure, cristal, solitude :

> Yu-jie sheng bai *lu*
> Ye-jiu qin *luo* wa
> Que xia shui-jing *lian*
> *Ling-long* wang qiu yue

[1]. Voir chapitre III, à propos des images métaphoriques, p. 119-122 ; et, seconde partie, p. 158.

Pour ce qui est des finales, signalons également la figure phonique appelée *die-yun* : un binôme dont les éléments riment entre eux, comme *pai-huai* « faire les cent pas, hésiter ». Dans un exemple plus « parlant », le poète Li Yu utilise une suite de *-an* pour renforcer l'idée d'obsession tourmentée et de soupirs mélancoliques :

> Lian-wai yu *can-can*
> Chun-yi *lan-san*
> Luo-jin bu-sheng wu-geng *han*
> Meng li lu zhi shen shi ke
> Yi-xiang *tan-huan*[1]

Les valeurs phoniques ne sont pas isolées. C'est souvent en s'opposant les unes aux autres qu'elles se manifestent. C'est ainsi que la finale : *-an*, dont on vient de dire qu'elle suggère la mélancolie, fait contraste avec *-ang*, laquelle a une nuance triomphale et évoque des sentiments d'exaltation ; comme si *-ang*, ayant une ouverture plus grande, avait « surmonté » la mélancolie incarnée par *-an*. Il n'est donc pas fortuit que Du Fu, dans un poème célèbre[2], ait choisi une suite de *-ang* pour chanter la joie de la délivrance.

De même, pour les consonnes initiales, la rhétorique traditionnelle propose différentes oppositions :

1. Non-aspirée / aspirée : par exemple, *bao* (encercler) / *pao* (s'enfuir).

2. *Kai-kou* (sans *u* prévocalique) / *he-kou* (avec *u* prévocalique) : ainsi, *hai* (enfant) / *huai* (porter au sein).

3. *Jian-yin* (non palatalisée) / *tuan-yin* (palatalisée) : par exemple, *qi* (tristesse) / *ti* (tomber en goutte). Plus tard, sous les Song, dans un poème célèbre[3], la poétesse Li Qing-zhao (1084- ?), s'inspirant des recherches des poètes des Tang, fait contraster ces deux types de sons pour marquer sa tristesse en écoutant la pluie qui tombe.

L'effet que produit l'opposition tonale n'échappe pas non plus à l'attention musicale du poète, notamment celle entre le premier ton le plus égal des quatre, et le quatrième ton, le plus fermé et

---

[1] Première strophe du poème « Lang-tao-sha ». Il existe une traduction dans l'*Anthologie de la poésie chinoise classique* : « Derrière les rideaux, la pluie sans fin clapote. La vertu du printemps s'épuise. Sous la housse de soie, l'intolérable froid de la cinquième veille ! Quand je rêve, j'oublie que je suis en exil. Doux réconfort tant attendu ! »
[2] Voir seconde partie, p. 213.
[3] « Sheng-sheng man. »

abrupt. Ce dernier, répété plusieurs fois, suggère souvent une impression d'étouffement, voire même le sanglot. Toujours dans la « Complainte du perron de jade [1] », pour clore le poème, Li Bo utilise une suite de mots au premier ton qu'il termine brutalement par un mot au quatrième ton afin de renforcer l'idée d'une longue attente finalement déçue.

*Niveau syntaxique (vers parallèles / vers non parallèles)*

Sur le plan syntaxique, le fait le plus important est l'opposition entre les vers parallèles et les vers non parallèles. On l'a dit parmi les quatre distiques qui composent un *lü-shi*, le deuxième et le troisième sont obligatoirement faits de vers parallèles ; en revanche, le dernier distique est obligatoirement non parallèle tandis que le premier est en principe non parallèle, bien qu'éventuellement il puisse être fait de vers parallèles. Ainsi, un *lü-shi* se présente selon la progression suivante : non parallèle — parallèle — parallèle — non parallèle. Pour saisir la signification de cette transformation formelle à l'intérieur d'un *lü-shi*, il nous faut observer, tout d'abord, ce que sont, en réalité, les vers parallèles.

Le parallélisme linguistique occupe en Chine une place importante aussi bien dans la littérature que dans la vie courante. Comme en témoignent ces sentences parallèles inscrites sur les colonnes des temples, ou de part et d'autre de la porte d'entrée des maisons ou des boutiques, comme le montre aussi l'usage qu'on en fait dans les dictons et les mots d'ordre, dans les fêtes, les pratiques religieuses. S'il est le reflet d'une pensée qui privilégie, nous l'avons dit, l'idée de réciprocité entre entités formant couple, son existence n'en est pas moins liée à la nature spécifique des idéogrammes. Dans les deux vers d'un distique, on peut disposer terme à terme, de façon absolument symétrique, des mots faisant partie du même paradigme grammatical, mais ayant un sens opposé (ou complémentaire), puisque chaque mot, en chinois ancien, est constitué d'un seul caractère. Les deux vers présentés ainsi côte à côte offrent, d'un point de vue esthétique, une beauté visuelle certaine ; ils forment une structure de correspondance et de solidarité où chaque élément est renvoyé simultanément à son partenaire en sorte qu'il y a échange constant en

---

1. Voir seconde partie, p. 158.

eux et que chacun se définit comme sujet en face de l'autre sujet.

Pour illustrer le parallélisme, nous citerons quelques exemples, tous tirés des *lü-shi* de Wang Wei :

> Claire lune / pins milieu briller
> Pure source / rochers dessus couler [1]

Avec ces deux vers entre lesquels s'établit une correspondance (lune claire ↔ source pure, pins ↔ rochers, briller ↔ couler), le poète crée un paysage complet où lumière et ombre (décrites par le vers 1) répondent au son et au toucher (suggérés par le vers 2).

> Immense désert / fumée solitaire droite
> Long fleuve / soleil couchant rond [2]

Poète-peintre, Wang Wei propose un tableau en faisant contraster différents éléments d'un paysage. Le contraste se fait aussi bien à l'intérieur de chaque vers (le désert qui s'étend à l'infini et la fumée qui monte solitaire ; le fleuve qui coule au loin et le soleil qui se fixe un instant) qu'entre les deux vers (le désert statique et le fleuve dynamique, la fumée qui monte et le soleil qui sombre, la ligne verticale et la rondeur, le noir et le rouge, etc.).

> Marcher, atteindre / eau s'épuiser endroit
> S'asseoir, regarder / nuages s'élever moment

Ces deux vers sont tirés d'un poème ayant pour thème la randonnée du poète dans la nature. Nous les avons traduits de la manière suivante : « Marcher jusqu'au lieu où tarit la source ; et attendre, assis, que se lèvent les nuages [3]. » Or, cette traduction n'a rendu compte que de l'aspect linéaire et temporel. Si l'on se reporte à la traduction mot à mot et que l'on lise les deux vers simultanément, on constatera que les mots mis en parallèle, par leur combinaison en couple, révèlent chaque fois une signification cachée. C'est ainsi que « marcher-s'asseoir » signifie état dynamique et état de quiétude ; « atteindre-regarder » signifie action et contemplation ; « s'épuiser-s'élever » signifie mort et

---

[1] Voir seconde partie, p. 199.
[2] Voir seconde partie, p. 200.
[3] Voir seconde partie, p. 197.

renaissance ; « endroit-moment » signifie espace et temps (lieu opportun et heure propice) ; et enfin le couple du milieu « eau-nuage » affirme la transformation universelle en mouvement circulaire (l'eau s'évapore pour former des nuages ; les nuages retombent en pluie pour alimenter l'eau). Riches de cette suite de significations, les deux vers représentent de fait les deux dimensions de toute vie. Plutôt que de se tenir exclusivement à l'une ou l'autre, la vraie manière de vivre suggérée par les deux vers n'est-elle pas d'accéder au Vide médian qui seul permet à l'homme de ne pas séparer action et contemplation, ni espace et temps, et de participer, de l'intérieur, à l'indispensable mutation

> Mouvement du fleuve / par-delà ciel et terre
> Couleur de montagne / entre être et non-être [1]

Le poète introduit ici l'idée d'une expérience spirituelle (du Chan). Entre les deux vers, il y a, plus que le contraste, une sorte de « dépassement ». Si, dans le premier vers, en suivant le mouvement du fleuve, on rejoint le mouvement cosmique, on reste encore dans le règne de l'espace ; dans le second vers, où tout se fond dans la couleur de la montagne, on passe subtilement de l'être au non-être. Tout ceci, bien entendu, n'est pas dit explicitement, mais signifié par la place des mots les uns par rapport aux autres.

Ces quatre exemples sont des extraits de *lü-shi*. Citons, pour terminer, un quatrain [2] entièrement fait de vers parallèles, c'est-à-dire, de deux distiques parallèles (un quatrain, étant défini à l'époque des Tang, comme la moitié d'un *lü-shi*, peut être formé soit de deux distiques parallèles, soit de deux distiques non parallèles, soit encore d'un distique parallèle et d'un distique non parallèle) :

> Soleil blanc / longer montagne cesser
> Fleuve Jaune / pénétrer mer couler
> Vouloir épuiser / mille stades vue
> Encore monter / un degré étage

Dans le distique I (vers 1 et 2), le poète fixe un paysage grandiose (qu'il admire du haut d'un pavillon surélevé) par ses deux pôles qui, de par leur opposition (montagne-mer, feu du soleil-

---

1. 江流天地外，山色有無中 (*Han-jiang lin fan*).
2. « Du haut du pavillon des Cigognes » de Wang Zhi-huan. Voir seconde partie, p. 129.

du fleuve, céleste-terrestre) et leur mouvement contraire (le soleil se retirant vers l'ouest et le fleuve coulant vers l'est) suscitent chez l'homme un sentiment d'exaltation et de déchirement. Le distique II, tout en étant lui aussi parallèle, est différent du premier (la rhétorique distingue d'ailleurs plusieurs types de parallélisme) en ce qu'il exprime des idées à la fois opposées (vue de mille li – un étage supérieur) et continues (si désirer… alors monter…), car il s'agit pour le poète de souligner, d'une part, le contraste entre l'espace infini et la présence solitaire de l'homme et, de l'autre, le désir de l'homme de dépasser le monde divisé (« mille » du vers 3 symbolise les multiples choses) et d'atteindre son unité (« un » du vers 4 symbolise l'unité). Les quatre vers superposés semblent représenter visuellement la scène vécue :

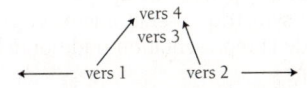

```
              vers 4
             ↗      ↖
           vers 3
      ←── vers 1    vers 2 ──→
```

À l'époque des Tang, l'art du parallélisme est exploité avec un affinement extrême, il devient un jeu complexe qui fait appel à toutes les ressources de la langue : phonique, graphique, imaginaire, idiomatique, etc. Mais tel qu'on a pu le voir à travers les exemples cités, le parallélisme n'est pas un simple fait de répétition. C'est une forme signifiante dans laquelle chacun des signes sollicite son contraire ou son complément (son autre) ; l'ensemble des signes, en s'harmonisant ou en s'opposant, entraîne le sens. Du point de vue linguistique, on peut dire que le parallélisme est une tentative d'organisation spatiale des signes dans leur déroulement temporel. Dans un distique, il n'y a pas de procession suivie (ou logique) d'un vers à l'autre ; les deux vers expriment, sans qu'il y ait aucune transition entre eux, des idées opposées ou complémentaires. Le premier vers s'arrête, suspendu dans le temps ; le second vient, non pas pour le continuer, mais pour confirmer, comme par l'autre bout, l'affirmation contenue dans le premier, et finalement pour en justifier l'existence même. Ces deux vers, qui se répondent ainsi, forment un ensemble autonome : un univers en soi, stable, soumis à la loi de l'espace et comme soustrait à l'emprise du temps. En disposant symétriquement des mots appartenant au même paradigme, le poète a créé un langage « complet » où sont présents deux ordres : la dimension paradigmatique (spatiale) n'étant pas effacée au fur et à mesure que progresse le discours linéaire et temporel, comme dans le langage ordinaire. Ce langage à double lecture (on lit simultanément à l'horizontale et à la verticale) peut être représenté par la figure suivante :

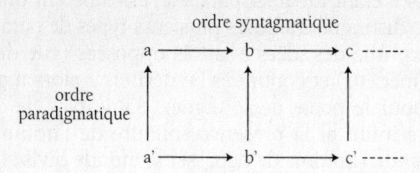

```
              ordre syntagmatique
         a ——————→ b ——————→ c ------
         ↑          ↑          ↑
  ordre
paradigmatique
         a'—————→ b'—————→ c' ------
```

Cette figure, toutefois, ne rend pas compte tout à fait de la réalité d'un système où les deux constituants principaux se suivent en même temps qu'ils se complètent. Ce développement à la fois linéaire et symétrique serait mieux suggéré par une autre figure, inspirée de la représentation traditionnelle chinoise de la mutation *yin-yang* :

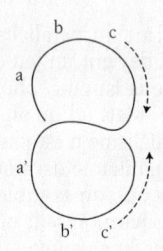

```
            b   c
         a  ⟲
            a'
            b'  c'
```

On assiste là à un mouvement qui tourne sur lui-même et, en même temps, s'ouvre à l'infini. Chaque élément une fois su « renvoie » aussitôt à son contraire situé à l'autre extrémité. de poursuite (ou poursuite d'un *je* toujours autre ?) à la fois a dedans et au-dehors, dans le temps et hors du temps. Ce structure spatiale, fondée sur une justification réciproque en les deux vers, permet au poète de briser, jusqu'à un cert degré, les contraintes linéaires. Nombreux sont les cas où l'o curité d'un vers, due à un emploi spécifique des mots (un n pour un verbe, un mot vide pour un mot plein, etc.) ou à u anomalie syntaxique, est dissipée par son partenaire. C'est b dans le parallélisme qu'on constate les transgressions les p audacieuses dont les conséquences débordent le domaine d poésie. A l'époque des Tang, les recherches des poètes ont enr le langage ordinaire en en bouleversant les structures s taxiques[1]. Par le parallélisme, le poète crée un univers particulier dans lequel il parvient à imposer un autre ordre verbal[2].

Univers en devenir cependant. Nous n'oublions pas que le *lü-shi* comporte, non pas un mais deux distiques de vers parallèles (2e et 3e) ; et que ces deux distiques sont à leur tour replacés

---

1. Wang Li a traité longuement de ce problème dans son *Han-yu shi gao*.
2. Nous ne pouvons pas nous attarder longuement sur le problème des transgressions syntaxiques permises par le parallélisme sans rompre le fil de notre présentation de la forme du *lü-shi*. Le lecteur connaissant le chinois peut consulter très utilement l'étude de Wang Li dans son *Han-yu shi-lü xue*. De façon sommaire, nous tentons de résumer les recherches des poètes des Tang, pour inventer d'autres ordres verbaux, en trois types suivants :

I) *Ordre perceptif*. Le poète organise les mots, non pas selon la syntaxe habituelle, mais dans une séquence qui veut être le reflet de ses perceptions successives (d'un paysage, d'une sensation, etc.). Les vers suivants nous montrent le poète Du Shen-yan en voyage (il se rend à l'aube au sud du fleuve Yang-ze près de l'embouchure de celui-ci). L'ordre des mots suggère les images que le poète capte au fur et à mesure de son mouvement : images de l'aurore naissante et des plantes dont la couleur marque le changement de saison, de part et d'autre du fleuve :

> Nuages lumière / apparaître mer aurore　　雲霞出海曙
> Pruniers saules / franchir fleuve printemps　梅柳渡江春

Parfois, le poète choisit comme point de départ de la phrase, sans que rien auparavant ne l'annonce, une image saillante : une scène, une couleur, une saveur qui « déclenche » une suite de sensations et de souvenirs, comme si ceux-ci étaient nés d'elle. Les exemples suivants sont tous tirés des poèmes de Du Fu :

> (a) Temple se rappeler / jadis visiter lieu　　　　　　寺憶曾游處
>     Pont aimer / à nouveau traverser moment　　　　橋憐再度時
> (b) Vert regretter / monts et collines dépasser　　　　青惜峰巒過
>     Jaune pressentir / forêt d'orangers approcher　　　黃知橘柚來
> (c) Velouté savourer / riz aux champignons « torsadés »　　香聞錦帶羹
>     Parfum humer / soupe aux herbes « brodées »　　　滑憶雕胡飯

Dans d'autres cas, ce que cherche à fixer le poète n'est pas une succession d'images, mais un état fixe :

> Saules tendres ⌈devant le seuil⌋ branches　　白花簷外朵
> Fleurs blanches ⌊par-delà auvent⌉ calices　　青柳檻前梢

Dans ces deux vers, les éléments hors de ⌐ ¬ constituent les signifiants discontinus. Au milieu d'eux, le poète insère les images du seuil et de l'auvent pour marquer visuellement l'intrusion de la présence humaine dans la nature (ou inversement, l'envahissement du cadre humain par la nature). Par l'arrangement des mots, le poète restitue une scène telle qu'elle s'offre à sa vue.

II) *Ordre inversé*. Ici, l'ordre consiste à inverser, dans une phrase, le sujet et l'objet. Plus que la simple recherche d'un effet de style, on peut voir dans ce procédé le désir de déranger l'ordre du monde, de créer un autre rapport entre les choses.

> Riz parfumé picoter finir / perroquet graines　　香稻啄餘鸚鵡粒
> Platane vert percher vieilli / phénix branches　　碧梧棲老鳳凰枝

En lisant ce distique très célèbre de Du Fu, le lecteur comprend vite que ce n'est point le riz qui picote le perroquet ni le platane qui est perché sur le phénix. Soulignons que c'est bien dans les vers parallèles que le poète « ose » ce genre de distorsion ; la justification mutuelle entre les vers s'efforce de ce qui peut paraître comme « fortuit » ou « arbitraire ».

> Voyageur malade / conserver en raison des médicaments　客病留因藥
> Printemps tardif / acheter à cause des fleurs　　　　　　春深買爲花

73

dans un contexte linéaire, puisqu'ils sont encadrés de distiques non parallèles (1er et 4e). Ainsi, le distique parallèle dont nous venons d'étudier la structure ne tire pas son sens de sa seule existence ; il est pris dans un système dialectique fondé sur la temporalité et la spatialité impliquant une transformation interne. Si le parallélisme est caractérisé par sa nature spatiale, les vers non parallèles, qui respectent la syntaxe normale, sont soumis à la loi temporelle. La composition d'un *lü-shi* se présente traditionnellement de la façon suivante : le premier et le quatrième distique, non parallèles, assurent le développement linéaire et traitent de thèmes temporels ; ils forment aux deux

---

Les vers, en fait, veulent dire : « Je conserve les médicaments dans mon exil, étant souvent malade ; j'achète des fleurs comme pour retenir le printemps qui s'en va. » L'inversion du sujet et de l'objet donne aux vers une nuance désabusée teintée d'humour

Longtemps regretter fleuve-lac / retourner cheveux blancs　永憶江湖歸白髮
Toujours errer ciel-terre / pénétrer barque légère　欲回天地入扁舟

Au lieu des images de cheveux blancs (de l'exilé) qui « s'éparpillent » parmi fleuves e lacs, et de barque légère perdue entre ciel et terre, le poète Li Shang-yin, par un proces sus inverse, marque avec force l'action du monde extérieur sur l'homme.

III) *Ordre désagrégé*. Dans cet ordre, en mélangeant cause et effet, en organisant le mots d'une façon apparemment arbitraire, le poète tente de créer une image « totale où tous les éléments sont confondus et où il n'existe plus, pour ainsi dire, de point pr vilégié. Phrase dynamique, où le signe se trouve dans un réseau sans cesse en transfo mation et qui, suivant chaque changement, prend un sens nouveau.

Terrain pénétrer montagne ombre balayer　地侵山影掃
Feuilles entacher rosée traces inscrire　葉帶露痕書

Pour retrouver un sens saisissable à ces vers de Jia Dao, nous appliquons une transfo mation en chaîne au premier vers :

　　Terrain pénétrer montagne ombre balayer ⟶
　　Pénétrer montagne ombre balayer terrain ⟶
　　Montagne ombre balayer terrain pénétrer ⟶
　　Ombre balayer terrain pénétrer montagne ⟶
　　Balayer terrain pénétrer montagne ombre

La dernière phrase ayant un sens normal nous renseigne sur ce que veut dire le poè en balayant le terrain devant son logis, il pénètre dans l'ombre que projette la mo tagne. Si l'on fait subir au second vers la même transformation, on obtiendra :

　　Inscrire feuilles entacher rosées traces

Le poète inscrit des vers sur des feuilles (probablement d'un bananier) toutes tachées rosée.

Dans le même esprit, pour décrire un paysage où dans le vent se cassent les tend pousses de bambous qui laissent pendre leurs feuilles vertes et où les fleurs de pru toutes imbibées d'eau de pluie ouvrent leurs pétales roses (remarquons la connota érotique de la scène), Du Fu change l'ordre naturel des mots afin d'enlever toute d'antériorité et de postériorité, restituant par la une vue instantanée et totale :

Vert suspendre vent se casser bambous　綠垂風折筍
Rouge éclater pluie s'épanouir prunus　紅綻雨肥梅

bouts du poème des signifiants discontinus. Au sein même de cette linéarité, le deuxième et le troisième distique introduisent un ordre spatial. Si la « linéarité » est perçue en deux temps, la « spatialité », représentée par deux distiques, comporte, elle aussi, deux étapes. Visant à l'éclatement du « cours normal des choses », le poète introduit cette dimension nouvelle par l'affirmation (2e distique) d'un ordre dans lequel des faits opposés ou complémentaires se trouvent en vis-à-vis et forment un ensemble autonome. Cet ordre, toutefois, n'est pas statique : dans le 3e distique, également composé de vers parallèles, il est réaffirmé, mais subit un changement, comme si, consécutif à ce nouvel ordre, un autre rapport entre les choses était né, rapport que le poète entend exploiter à fond afin d'en saisir les lois dynamiques. Cette transformation interne entre les deux distiques parallèles se remarque non seulement au niveau du contenu, mais à celui de la syntaxe. Il est de règle, en effet, que les deux distiques soient faits de phrases de deux types syntaxiques différents et que, de plus, cette différence soit fondée sur une dérivation, c'est-à-dire que, syntaxiquement, le troisième distique soit dérivé du deuxième.

Cependant, l'idée même de transformation fait pressentir le triomphe prochain du temps métamorphosé, ouvert. Car, après les deux distiques parallèles vient le dernier distique, qui est obligatoirement non parallèle ; celui-ci réintroduit la narration linéaire dans le discours. L'ordre du temps qui inaugure le poème reprend, en fin de poème, ses « droits ». Tout se passe comme si le poète, tout en étant conscient de son pouvoir sur le langage, doutait de la permanence d'un univers de certitude forgé par lui. Ainsi, cette affirmation d'un ordre sémiotique (par les vers parallèles) contient sa propre négation.

Dans cette optique, le *lü-shi* se présente comme la représentation d'une pensée dialectique. Un drame à quatre temps semble se dérouler sous nos yeux, drame dont le développement obéit à la loi dynamique de l'espace-temps :

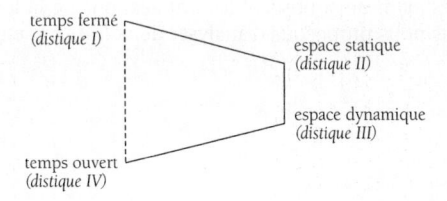

temps fermé
(*distique I*)

espace statique
(*distique II*)

espace dynamique
(*distique III*)

temps ouvert
(*distique IV*)

Ou, pour reprendre la figure de la page 72, qui représente le parallélisme comme un système tournant sur lui-même, on peut dire que ce système est traversé par le déroulement temporel qui préfigure son éclatement :

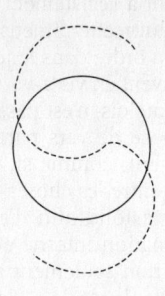

Cette dernière figure nous suggère par ailleurs qu'il ne s'agit pas d'un développement linéaire, mais en spirale. A partir d'un temps vécu, le poète tente de le dépasser en instaurant un ordre spatial où il retrouve son intime tête-à-tête avec les choses (son désir de « vivre entre soi »). Et si, en fin de compte, le poète replonge dans le temps, il s'agira d'un temps éclaté, promis d'autres métamorphoses. Il existe de rares exemples où, contrairement à la règle, le poète termine un lü-shi par un distique parallèle, comme pour maintenir un ordre spatial jusqu'au bout. Dans le poème de Du Fu « En apprenant que l'armée impériale repris le He-nan et le He-bei[1] », composé de trois distiques parallèles successifs, le dernier distique, en anticipant le voyage de retour que le poète ferait en compagnie de ses amis, entend prolonger un état d'euphorie.

*Exemples*

Après avoir ainsi observé les implications de la forme du lü-shi, nous nous proposons d'analyser deux lü-shi en entier.

---

1. Voir seconde partie, p. 213.

Du Fu : *Évocation du passé* [1]

> Multiples monts dix mille ravins / parvenir à Jing-men
> Naître grandir Dame Lumineuse / encore y avoir village
>
> Une fois quitter Terrasse Pourpre / à même désert blanc
> Seul demeurer Tombeau Vert / face à crépuscule jaune
>
> Tableau peint de près reconnaître / brise printanière visage
> Amulettes de jade en vain retourner / nuit lunaire âme
>
> Mille années pi-pa / émettre barbares accents
> Clairs-distincts griefs regrets / en son chant résonner

Ce poème évoque l'histoire célèbre d'une dame de la cour des Han, sous le règne de l'empereur Yuan-di. Cette dame est connue aussi bien sous son nom de jeune fille, Wang Zhao-jun, que sous son nom honorifique, Ming-fei « Dame Lumineuse ». La coutume voulait que l'empereur accordât sa faveur à telle dame de sa cour, après en avoir vu le portrait exécuté par le peintre de la cour. Wang Zhao-jun, au-dessus des intrigues et sûre de sa beauté, n'avait jamais daigné soudoyer le peintre Mao Yan-shou, comme le faisaient la plupart des courtisanes pour en obtenir un portrait flatteur. Elle n'avait jamais été, de ce fait, reçue par l'empereur. En revanche, celui-ci fixa son choix sur elle, toujours d'après le portrait, lorsqu'il s'agit d'envoyer une « princesse » au chef des Barbares à qui l'empereur avait promis un mariage en signe d'alliance. C'est seulement lors de la présentation de la « princesse » à l'envoyé du chef barbare que l'empereur vit la Dame Lumineuse. Il fut frappé par son éclatante beauté. Mais, en dépit de son désir, il lui était déjà impossible de la garder.

Ce que le poète fixe ici, outre l'idée d'un destin contrarié, est la fragilité humaine face à une nature hostile et, à travers cet affrontement, la communion avec un univers autre, où se mêlent le regret et le merveilleux. Le début et la fin du poème (distiques I et IV) ont trait à la vie de l'héroïne dans son déroulement chronologique. Le premier distique retrace sa vie de jeune fille dans son village natal, le dernier sa vie posthume, vie métamorphosée, perpétuée dans le temps. L'enchaînement linéaire est souligné par l'expression « dix mille ravins », dans le premier vers, reprise en écho par le « mille ans » de l'avant-dernier vers.

Les deux distiques du milieu (II et III), faits de vers parallèles, « fixent » par quelques images saillantes les événements « tra-

---

Voir seconde partie, p. 222.

giques » qui marquèrent le destin de Ming-fei. Ces images se font face, s'opposant ou se permutant. Entre ces deux distiques existe cependant une relation de transformation (statique ⟶ dynamique).

Le distique II est composé de vers commençant tous deux par une forme verbale (« une fois quitter » et « seul demeurer ») suivie d'une préposition (« à même » et « vers »). Cette structure syntaxique donne aux phrases un ton passif et fixe une orientation en sens unique A ⟶ B, qui rend bien compte du destin de Wang Zhao-jun, déterminé par des forces étrangères à sa volonté.

Dans le distique III, le verbe de chaque proposition est placé au milieu, reliant ainsi les termes ; l'omission du pronom personnel et de la préposition supprime toute idée de direction. « Tableau peint » et « visage de vent printanier » (premier vers du distique), de même que « amulettes de jade » et « âme de clarté lunaire » (second vers) sont mis sur un plan d'équivalence A ⇆ B, dans une relation de va-et-vient continu. D'où la possibilité d'une double lecture :

> Dans le tintement de jade, on retrouve l'âme de la Dame Lumineuse.
> La Dame Lumineuse fait tinter encore ses amulettes de jade.

Corollairement à la transformation syntaxique qui a lieu entre les deux distiques parallèles (II et III), l'organisation des images suit, elle aussi, un processus transformationnel. Dans le distique II, les quatre éléments colorés : Terrasse Pourpre (= palais royal), désert nordique, Tombeau Vert (on raconte que la tombe de Wang Zhao-jun, perdue dans le désert, reste toujours verte), crépuscule jaune, s'opposent en même temps qu'ils s'harmonisent entre eux et forment un tableau qui ouvre sur le distique III, lequel commence justement par le mot : tableau. On sait le rôle fatal qu'a joué un tableau peint dans la vie de Wang Zhao-jun, mais au lieu d'un tableau artificiel, sa vie même est devenue l'image d'une légende dorée. A l'aide d'images conventionnelles (« brise printanière » = visage de femme ; « amulette de jade » = présence féminine ; « âme lunaire » = la déesse Chang-O emprisonnée dans la lune), toutes faites d'éléments de la nature, le poète intègre subtilement la présence de la Dame Lumineuse dans un univers plein de solitaires grandeurs, où se mêlent le naturel et le surnaturel. Ainsi le passé et le présent, l'ici et l'ailleurs semblent se fondre dans un espace dynamique qui refuse de céder au cours inexorable du temps.

Le dernier distique réintroduit cependant l'idée de temps. Mais en fin de compte, de la vie ou du temps, lequel des deux triomphe ? Plus le temps passe, plus la vie se métamorphose. Le regret et la rancune mêmes se muent en un chant (durant sa vie chez les Barbares Wang Zhao-jun devint une excellente joueuse de pí-pa, instrument originaire d'Asie centrale) dont les échos parviennent jusqu'à nous.

<blockquote>

Cui Hao : *Le pavillon de la Grue Jaune*[1]

Les Anciens déjà chevauchant / Grue Jaune partir
Ce lieu conservera vide / Grue Jaune pavillon

Grue Jaune une fois partie / plus jamais ne revenir
Nuages blancs mille ans / planant lointains-paisibles

Rivière ensoleillée claire-distincte / Han-yang arbres
Herbe parfumée dense-touffue / Ile aux perroquets

Soleil couchant pays d'origine / où donc se trouver
Sur le fleuve flots brumeux / noyer homme triste

</blockquote>

Le pavillon de la Grue Jaune, site célèbre, est bâti sur un lieu surélevé qui domine le fleuve Yang-ze, dans l'actuelle province du Hu-bei. Du pavillon, on jouit d'une vue panoramique du fleuve qui coule vers l'est, en direction de la mer. Ce lieu hante depuis toujours les poètes et beaucoup d'entre eux y ont composé des poèmes, notamment sur le thème de l'adieu à un ami partant au loin. Des anecdotes abondent, dont l'une concerne le présent poème. Il est rapporté que Li Bo monta un jour dans le pavillon et eut envie de chanter la magnificence du paysage. Il allait composer lorsque son regard fut attiré par un poème inscrit sur le mur. C'était précisément celui de Cui Hao. Après l'avoir lu, il s'exclama : « Je ne saurai faire mieux ! » et, de dépit, jeta son pinceau. Par la suite, frustré, Li Bo n'eut de cesse qu'il n'eût composé, en un autre haut lieu, un poème d'égale qualité. L'occasion lui fut donnée à Nankin où il écrivit un très beau *lü-shi* intitulé : « Terrasse du Phénix ».

Pour revenir au poème, nous constatons que le parallélisme paraît, comme le tolère la règle, dès le premier distique ; toutefois, il n'est pas complet, ni pour celui-ci, ni d'ailleurs pour le distique suivant, en ce sens que les vers, dans ces deux distiques,

---

voir seconde partie, p. 196.

ne sont parallèles que pour la partie précédant la césure. Le poète semble vouloir accentuer d'emblée le contraste entre l'ordre humain et un « au-delà ». Le parallélisme incomplet signifierait que les deux ordres sont dans un rapport inégal. D'un côté, un ordre « céleste », avec sa splendeur inaccessible (nuages blancs), de l'autre, l'ordre humain délaissé par cette splendeur même qui l'avait autrefois habité. Dans le premier quatrain constitué par ces deux distiques, l'image de la Grue Jaune apparaît trois fois, fait d'autant plus frappant que la répétition des mots est en principe interdite dans le *lü-shi*. On constate, à ces trois occurrences, un glissement de sens qui reflète un thème en transformation :

1. Un véhicule qui permet d'atteindre l'au-delà (selon le mythe taoïste).
2. Un nom vide auquel s'accroche le monde humain.
3. Un symbole de l'immortalité perdue.

Cette image de la Grue Jaune suscite celle des nuages blancs (contraste entre le mouvement de l'oiseau et l'insouciance des nuages ; contraste des couleurs aussi). Les nuages blancs sont doués de multiples connotations, notamment celle du rêve, celle de la séparation et celle de la vanité des choses terrestres. La Grue Jaune absente, il reste un univers délaissé, un monde coupé, où tout désir, dès lors, se révèle vain (le mot *kong* « vide, vain » apparaît deux fois, aux vers 2 et 4).

Reste néanmoins une consolation : le monde présent qui demeure dans l'Espace (que réchauffe encore le reflet du soleil). Cette idée d'une forme de vie qui dure malgré les forces contraires du Temps se reflète sur le plan de la syntaxe.

On remarque en effet que le distique III reprend le type de phrase du vers 4 en le transformant légèrement. La phrase du vers 4 s'analyse ainsi :

| *thème* | *complément de temps* | *qualificatifs redoublés* |
|---|---|---|
| nuages blancs | mille ans | paisibles paisibles |

Dans les vers 5 et 6, la partie avant la césure est faite du même type de phrase, avec le complément de temps en moins :

| *thème* | *qualificatifs redoublés* |
|---|---|
| rivière ensoleillée | distincte distincte |
| herbe parfumée | touffue touffue |

Cette phrase, faite d'un groupe nominal et d'un qualificatif redoublé (et trois fois répété : vers 4, 5 et 6) renforce l'idée d'un état de choses qui persiste.

Quant à la partie après la césure des vers 5 et 6, elle est faite d'une unique forme nominale « arbres de Han-yang » et « Ile aux perroquets ». Scène statique. Il y a omission de formes verbales, telles que « coulant le long de », pour le vers 5, et « poussant sur », pour le vers 6. La nature vivante que décrit la partie avant la césure semble aboutir abruptement à une image fixe. Han-yang (ville située sur l'autre rive du fleuve) et l'Ile aux perroquets (île au milieu du fleuve) sont des noms de lieu. Leur apparition ici, pour circonstancielle qu'elle soit, n'en comporte pas moins une nuance symbolique. Le *yang* de Han-yang est bien le même terme qui désigne l'un des principes du couple yin-yang, le principe de la vie active. Le nom Han-yang qui veut dire « le côté *yang* du fleuve Han » évoque un monde en activité, encore dans l'éclat du jour. Quant aux perroquets, on ne peut s'empêcher, à travers eux, de penser à la Grue Jaune du début. Après la disparition de l'oiseau immortel, il ne reste plus à ce monde que des oiseaux ornementaux et imitateurs. Ceux-ci ne sauront que répéter, à l'infini, les paroles apprises.

A l'infini ? Mais voici déjà le dernier distique. Il rappelle le thème du Temps, annoncé dès le début du poème (les Anciens...). Le temps dont le pouvoir, en fait, n'a jamais cessé de s'exercer mais a seulement été un instant nié. Le soleil couchant laisse pressentir l'avènement du principe *yin*. Du point de vue syntaxique, les phrases reviennent au style « parlé », comme le confirment les expressions « où donc se trouver » (vers 7) et « en sorte que » (non traduite dans le vers 8, après la césure). Elles reprennent le fil linéaire du discours. Discours ouvert, cependant. L'interrogation finale marque une nostalgie irrépressible. Les vagues brumeuses qui recouvrent et confondent tout inspirent à l'homme le sentiment de tristesse, mais lui donnent en même temps l'illusion de pouvoir rejoindre son lieu d'origine.

### B) LE GU-TI-SHI

On pourrait terminer ici l'analyse des procédés actifs par lesquels le poète chinois forge un langage poétique. Toutefois, comme pour rejoindre le début de ce chapitre où nous avons présenté l'ensemble des formes poétiques, notre attention se portera un instant du côté d'une autre forme qui s'oppose à la belle ordonnance du lü-shi : le gu-ti-shi « poésie de style ancien ». Nous l'avons dit, il n'entre pas dans notre intention d'étudier le gu-ti-shi en tant que forme spécifique ; il nous suffit de rappeler qu'il s'oppose au jin-ti-shi « poésie de style nouveau » (dont le lü-shi est la forme principale), par son absence de contraintes, son allure plus libre et sa dimension parfois plus « épique ». Il serait intéressant d'enchaîner, après l'étude du lü-shi, sur un exemple concret de poésie à l'ancienne, afin de montrer l'opposition, mais également la corrélation, entre les deux formes, telles qu'elles étaient pratiquées à l'époque des Tang. Il s'agit d'un poème narratif de Du Fu dont nous venons justement d'étudier un lü-shi. Ce poète, qui est considéré par la tradition comme le plus grand maître du lü-shi, n'en excella pas moins dans la poésie à l'ancienne (les autres grands maîtres de ce genre sont Li Bo, Li He et Bo Ju-yi). Chez lui certains choix de formes eurent une signification profonde. Du Fu vécut dans sa jeunesse la période de grande prospérité des Tang, période qui vit la montée de toute une génération de poètes de génie. Cette prospérité dut connaître un brutal arrêt avec la rébellion de An Lu-shan. Cette révolte, qui précipita la Chine dans une tragédie effroyable, marqua profondément la vie des poètes qui en furent les témoins ou les victimes. Du Fu connut tour à tour la souffrance de l'exode et celle d'être prisonnier des rebelles. C'est durant la révolte et peu après qu'il composa – comme l'a très justement fait remarquer A. Waley – une série de poèmes à l'ancienne, poèmes réalistes aux accents véhéments où il décrit des scènes tragiques et dénonça les injustices de la guerre. Par rapport aux lü-shi, qu'il avait composés avec une rigueur formelle exemplaire, ces poèmes surgirent comme une véritable explosion. La rupture de société se traduit, ici, par une rupture de forme.

*Le recruteur de Shi-hao*[1]

Je passe la nuit au village de Shi-hao
Un recruteur vient s'emparer des gens

Passant par le mur, le vieillard s'enfuit
Sa vieille épouse va ouvrir la porte

Cris de l'officier, combien coléreux
Pleurs de la femme, si pleins d'amertume

---

1. Voir seconde partie, p. 252-253. Nous en donnons ici la traduction interprétée.

Elle parle enfin. Je prête l'oreille :
« Mes trois enfants sont partis pour Ye-cheng

L'un d'eux a fait parvenir une lettre
Ses frères viennent de mourir au combat

Le survivant tentera de survivre
Les morts hélas jamais ne reviendront

Dans la maison il n'y a plus personne
A part le petit qu'on allaite encore

C'est pour lui que sa mère est restée
Pas une jupe entière pour se présenter…

Moi je suis vieille ; j'ai l'air faible
Je demande à vous suivre. Déjà

Aux corvées de He-yang, je pourrai
Préparer le repas du matin ! »

Au milieu de la nuit les bruits cessent
On entend comme un sanglot caché

Le jour point, je reprends ma route :
Au vieillard, seul, j'ai pu dire adieu

D'un point de vue formel, le poème, bien qu'écrit selon le style ancien, comporte des traces de la poésie de style moderne et plus précisément du parallélisme (au sens large du terme) qu'on constate dès le distique II et qui se poursuit jusqu'au-delà du milieu du poème. L'ensemble, fait d'une suite de distiques parallèles, lesquels sont encadrés par des distiques non parallèles, fait penser à un *lü-shi* élargi, déformé et comme éclaté.

Dans la progression du poème, composé de douze distiques, on peut proposer une coupure après le distique VI (divisant ainsi le poème en deux parts égales), coupure justifiée aussi bien par le contenu que par une raison formelle. Dans la première partie (distiques I - VI), la vieille femme essaie de tenir tête à l'officier recruteur, en invoquant le fait que ses trois fils sont déjà partis pour la défense de Ye-cheng et que deux sont récemment morts. Pour souligner cette tentative de résister à un ordre menaçant, le poète utilise une série de vers parallèles.

Le parallélisme « flanche » cependant et devient « boiteux » dans le distique VII (pour qu'il soit complet, il faudrait dire : dans la maison ne plus y avoir personne / sous le sein seul y avoir enfant »). En effet, c'est à partir de ce distique que la vieille femme, devant l'intransigeance de l'officier, s'engage dans un processus implacable de « substitution ». Qui doit partir à la place de qui ? Si le vieillard a réussi à se sauver (car le recruteur recherche en principe des hommes), il reste dans la maison, outre elle-même, la bru et le petit-fils. Remarquons ici la pauvre « ruse » dans la plaidoirie de la vieille femme pour épargner sa bru : elle dit d'abord, dans le distique VII, qu'il n'y a plus personne dans la maison, sauf... un bébé qui a besoin d'être allaité avant de révéler l'existence de la mère, sans oublier d'ajouter aussitôt que celle-ci n'est guère présentable, puisqu'elle ne possède même pas une jupe entière. Dans les distiques suivants (IX et X), le ton du poème change et le rythme s'accélère. On assiste à l'irruption du discours personnel (« je »). Car finalement la vieille femme se décide à se substituer à tous en proposant de suivre l'officier. Tout, désormais, se précipite d'une façon inexorable. Le distique X donne encore le faible écho d'un parallélisme « boiteux » ; c'est celui justement où la vieille femme tente de se faire valoir, en plaidant qu'elle serait capable de préparer les repas pour les soldats. L'officier prendrait-il une femme et à plus forte raison une vieille femme ? On ne le saura qu'au dernier vers, lorsque le poète dit que, le lendemain matin, il prend congé du vieillard qui est resté seul.

Sur le plan narratif, le poète se présente là comme un témoin auditif, ce qui lui permet de se passer de la description des diverses actions. Il n'est plus un « spectateur » qui assiste à une scène ; et la parole de la vieille femme par laquelle tout le drame est transmis finit par se confondre avec celle même du poète. Le suspense du poème est d'ailleurs fondé sur cette ambiguïté. Dans l'avant-dernier vers, on se demande au premier abord qui monte sur la route, la femme ou le poète ? Si la femme s'est substituée aux autres, le poète, lui, se substitue à la femme (qui est partie sans avoir revu son mari) pour dire adieu au vieillard.

## III

# Homme-Terre-Ciel : les images

Dans les deux chapitres précédents, nous avons dégagé les structures fondamentales du langage poétique chinois. Ces structures, signifiantes par elles-mêmes, ne sont cependant pas une fin en soi. En brisant le langage ordinaire, en y introduisant d'autres formes d'opposition, elles semblent tendre vers un niveau plus haut (ou plus profond), celui des images et de leur organisation. Précisons toutefois que les images ne sont point des éléments qui viendraient « après coup » couronner un langage préétabli. Elles sont à la base de ce langage et participent activement à sa constitution. Au cours de notre analyse, nous nous sommes déjà maintes fois appuyé sur les images pour faire ressortir certains faits de structure. En réalité, ce sont les images symboliques chargées de contenus subjectifs qui ont permis, dans un vers, la suppression de certains éléments de liaison ou de narration et, par là, toute l'économie de structure que nous avons pu constater. Consacrer un dernier chapitre aux images, c'est donc se placer dans une perspective synthétique et observer, de façon globale, le fonctionnement du langage poétique chinois.

C'est sous le signe de la triade Homme-Terre-Ciel que nous allons mener nos observations, dans la mesure où une figure imagée est depuis toujours perçue comme quelque chose de non univoque, né de la rencontre du monde créé et de l'esprit humain, au point d'ailleurs que dans la tradition poétique, pour désigner une image véritable, on ne se sert que de mots composés tels que *yi-xiang* : « idée-figure », *yi-jing* : « idée-scène », ou *qing-jing* « sentiment-paysage ». Ce qui rend possible, aux yeux d'un Chinois, la communication constante et nécessaire entre le pouvoir imaginant de l'homme et l'univers imagé, c'est encore sa conviction – née de sa vision du Dao régi par un principe unitaire – que tous deux sont d'un seul tenant, puisqu'ils sont animés par les mêmes souffles vitaux, dérivés du Souffle originel, et qui à tout instant les nouent dans des combinaisons organiques et signifiantes.

Au sein de cette triade, ce qui est mis en avant est certes la relation entre l'Homme et la Nature (Terre) ainsi que le Cosmos (Ciel). Pour bien des théoriciens cependant, par rapport aux liens privilégiés qui existent entre l'Homme et la Terre, le Ciel représente un ordre autre, une sorte d'au-delà de la symbiose Homme-Terre, notamment lorsqu'ils parlent de l'« image par-delà les images, la saveur par-delà les goûts, la résonance par-delà les sons »…

Afin de connaître plus précisément ce qui a fondé ces idées générales dont nous venons de faire état, et avant d'aller plus loin dans l'examen du fonctionnement des images à proprement parler, il nous paraît utile, voire indispensable, de nous pencher sur quelques textes relevant de la tradition de la stylistique et de la critique littéraire. Précédée d'une autre tradition déjà longue, du commentaire et de l'exégèse, celle-ci prit son essor à l'époque des Wei-Jin (III$^e$-IV$^e$ siècle) et sous les dynasties dites du Sud (V$^e$-VI$^e$ siècle). C'est le temps où, après l'effondrement de la dynastie des Han, on traversait une durable période de crise dans le domaine politique et social. Sur le plan de la pensée en revanche, on assistait à un renouveau philosophique, marqué notamment par le Néo-taoïsme. Parmi toutes les réflexions d'ordre métaphysique, celles qui portent sur l'art et la littérature n'étaient pas les moins fécondes. Le texte « inaugural » est de l'avis général, le *Lun-wen* (« Sur la littérature ») de Cao Pi (l87-226). Dans ce texte, avant d'émettre des opinions personnelles sur les écrits de ses prédécesseurs et contemporains, Cao Pi affirme d'emblée avec force une idée fondamentale, venue de la conception cosmologique : « En littérature, la primauté est accordée au souffle-esprit. Celui-ci s'incarne, à travers des œuvres, dans différents styles. Les uns sont supérieurs lorsque le souffle atteint un haut degré de pureté (*qing*), les autres ne seront qualifiés que de « troubles » (*zhuo*). Cela dépend de la capacité de chaque auteur ; la volonté seule n'y suffit pas. On peut illustrer ce propos par l'exemple de l'interprétation musicale. A partir d'une même ligne mélodique, et d'un même développement rythmique, la différence de qualité se fait par les nuances de souffle que l'on y introduit. Il s'agit là de don inné. Celui qui le possède ne saurait le transmettre ni à son frère ni à son fils.

Deux siècles après, Zhong Hong (?-5l8 ?), dans son *Shi-p* (« Jugements sur la poésie »), reprenant l'idée de Cao Pi, élève poésie à sa dignité première : « les Souffles animent les êtres vivants de la nature ; ceux-ci à leur tour inspirent l'homme. Sous la pression des désirs et des sentiments qui l'habitent, l'homme s'exprime alors par la danse et le chant. Son chant est une lumière qui illumine les Trois Génies (Ciel-Terre-Homme) et magnifie les Dix mille créatures. Il constitue ainsi une offrande aux Esprits, manifestant par là le mystère caché. Pour bouleverser le Ciel et la Terre, pour émouvoir les divinités, rien n'égale la poésie ! »

Presque en même temps que Zhong Hong, Liu Xie (465 ?-520 ?) composa son célèbre *Wen-xin diao-long* (« Dragon sculpté sur le cœur du *wen* »). Cet ouvrage composé de cinquante chapitres, par la hauteur de ses vues et l'acuité de ses analyses, est considéré à juste titre comme le plus important de la stylistique traditionnelle chinoise. Il se propose d'aborder, de façon systématique, tous les aspects de la littérature : son essence, sa fonction, ses figures, ses procédés, ses différents styles, ainsi que la variété de ses genres. L'idée de base en est le *wen* 文, qu'on traduit ici par littérature. De fait le mot recouvre des sens bien plus étendus. Il désigne à l'origine le signe écrit, puis par extension tout texte composé, et par suite encore, culture et civilisation. Dans le sens du signe écrit, rappelons que par sa graphie faite de traits harmonieusement croisés, le *wen* fait allusion aux traces rythmiques laissées par des oiseaux et des quadrupèdes dont on s'était inspiré pour créer les idéogrammes. Le rythme ici n'est pas à entendre dans le sens de la répétition inlassable du même, mais dans celui qui suggère la disposition juste des choses, disposition qui, du fait des croisements internes qu'elle implique, est promise à la transformation. Ce que le *wen* met en avant donc, c'est l'idée que, par la vertu de la grande rythmique universelle, l'homme peut et doit entrer en communion avec le monde des vivants, et que les signes que l'homme invente ne sont viables que s'ils sont reliés aux signes secrets révélés par la Création.

Du *wen-xin diao-long*, nous donnons deux extraits. Le premier est le passage sur lequel s'ouvre le traité : « Les vertus du *wen* sont immenses assurément ; celui-ci n'est-il pas né en même temps que Ciel et Terre ? Après que le noir et le jaune se furent séparés pour s'incarner respectivement en rond (Ciel) et carré (Terre), le soleil et la lune superposaient leurs jades, afin de manifester tout ce qui brillait dans le ciel ; tandis que les montagnes et les eaux, elles, organisaient les formes inhérentes à la terre. Tout ceci n'est autre que le *wen* du Dao. L'Homme qui, levant la tête, contemple ce qui est lumineux et qui, se penchant, observe ce qui est structuré reconnaît la hiérarchie des choses établies par les deux Entités prééminentes. Sa nature et son esprit lui permettent de participer en troisième à l'œuvre de la création fondée sur la relation ternaire. De ce fait, il est la quintessence des Cinq Éléments, et par là, la conscience éveillée du Ciel et de la Terre. Chez lui, cette conscience engendre la parole et cette parole révèle le *wen*. Cela relève d'un ordre qui vient de soi. Au sein de la Création, animaux et plantes ont leur *wen*. Dragons et phénix, par leur rare magnificence, annoncent le signe faste ; tigres et léopards figurent l'élégance avec l'éclat de leur pelage. Les nuages irradient de lumière, les arbres se couronnent de fleurs ; ils n'ont nullement besoin d'artifices pour les embellir. Quant aux innombrables bruissements dont résonne la forêt, ils sont pareils aux mélodies que produisent orgues et luths. Et les sons percutants nés de la rencontre de la source et du rocher, ils ne sont pas moins harmonieux que le tintement qui provient de pierres musicales ou de cloches de bronze. Ainsi les formes qui se combinent, les sons qui se répondent, atteignant le rythme adéquat et la proportion juste, aboutissent au *wen*. Quand bien même les êtres privés de conscience sont riches de tant de beautés signifiantes, combien davantage celui qui est doué d'esprit ne doit-il pas être habité par le *wen* ? »

Le second extrait est tiré du chapitre 42 : « Le printemps et l'automne se succèdent ; le Yin et le Yang alternent. Au gré du mouvement universel, les êtres vivants se meuvent ; et ils s'émeuvent du spectacle du temps qui change. Lorsque, après l'hiver, le souffle yang pousse, les fourmis noires se déplacent partout. Lorsque, l'été passé, le souffle Yin s'amasse, les mantes religieuses dévorent les moustiques. On voit combien la ronde des saisons touche profondément le moindre des êtres. L'homme qui est mû par un souffle aussi pur que la plus fine des fleurs et qui a un esprit aussi précieux que le meilleur des jades, comment saurait-il demeurer insensible à l'appel de la nature avec toute la variété de ses formes et de ses couleurs ? Aussi, son cœur s'exalte-t-il à l'éclosion du printemps, s'émerveille-t-il du foisonnement de l'été. Il s'apaise à la vue du ciel qui s'éclaircit en automne, et se recueille face au paysage habillé de neige. Comme le temps porte en son sein des créatures qui se révèlent sous leurs aspects changeants, les sentiments humains s'enrichissent toujours de nouvelles scènes qui les inspirent. Et ces sentiments à leur tour engendrent des mots qui les perpétuent. Une feuille qui tombe, un insecte qui crie suffisent pour remuer l'homme jusqu'au tréfonds. *A f tiori* une nuit de lune qu'un vent frais traverse, ou une forêt au printemps baignée dans le soleil matinal. Le poète ému, évoluant au milieu de mille paysages, qu'il capte avec son regard et ses écoutes, et avec des mots qui lui viennent à l'esprit, n'aura de cesse de créer des images correspondantes, en les associant les unes aux autres. Allant au-devant des choses, il en saisit la figure et le souffle ; les intériorisant, il en fait jaillir l'éclat et le chant. »

Sous la dynastie des Tang (VII$^e$-IX$^e$ siècle), Hai-kong, un moine japonais qui avait séjourné longtemps en Chine, a composé un important ouvrage de poétique, intitulé *wen-jin mi-fu* (« Trésors cachés derrière le miroir du *wen* »), témoignage vivant de tout ce qu'il avait appris en Chine. Voici un passage du chapitre *wen-yi* où il décrit la démarche du *wen* : « Lorsque l'idée d'un poème surgit chez un poète, elle ébranle d'abord en lui le souffle. Celui-ci prend son essor dans le cœur. Ce qui naît et mûrit dans le cœur se transmue en parole, laquelle sera entendue par l'oreille, captée par la vue et finalement traduite en mots justes que le poète consignera sur le papier. Bien plus inspiré que le commun des mortels, le poète doit être en mesure d'intégrer dans son œuvre ce que les Anciens ont créé, tout comme ce que son propre esprit comporte de ciel et de mer. C'est bien la dimension à laquelle il doit tendre. Devant composer un poème, il est indispensable qu'il concentre en son for intérieur toute l'énergie créatrice, en sorte que, dès qu'il capte une scène, il sera à même d'en pénétrer aussitôt la profondeur. Tel celui qui depuis le sommet d'une haute montagne contemple en surplomb les dix mille images sous ses pieds, il a l'impression de tenir la vision entière dans sa paume. Et les images, parfaitement intériorisées, seront prêtes pour son usage. » Par ailleurs, Hai-kong a été l'un des premiers à commencer à observer comment, dans un poème, l'idée du poète (*yi* ou *li*) se combinait avec le paysage qu'il décrivait (*jing*), non sans suggérer qu'une idée s'incarne dans un paysage et qu'inversement, au travers d'un paysage, l'idée affleure.

La dynastie des Tang ne s'achèvera pas sans qu'un autre théoricien vienne proposer une synthèse des réflexions et des pratiques élaborées durant trois siècles. C'est ainsi que Si-kong Tu (837-908) écrivit son *Shi pin* (« De la poésie »), où, en vingt-quatre courts chapitres, il décrit les différents styles ou procédés de la création poétique. Avec subtilité et éloquence, il y montre que la beauté en poésie – ou la beauté tout court – n'est pas un fait isolé ou donné d'avance. En ses multiples manifestations, elle est toujours le résultat d'un processus et d'une rencontre. Rencontre opportune de divers éléments qui composent un « paysage » certes, mais aussi entre ce « paysage » et l'homme qui le contemple, qui l'intériorise et qui, de fait, en est partie intégrante, mû qu'il est par les mêmes souffles. Toutefois, c'est dans ses lettres à des amis qu'il exprime plus clairement encore sa conception de la poésie. La lettre à Wang Jia contient un passage au sujet de l'œuvre de ce dernier : « Les souffles denses et jaillissants dont est habitée cette contrée d'entre les deux fleuves demandent à être captés par des hommes éminents. Vous, lettré Wang, qui y demeurez, vous vous en imprégnez depuis de longues années. Les poèmes pentasyllabiques composés par vous excellent à recréer cet état où la pensée est en osmose avec le paysage. Comment alors n'auriez-vous pas l'esprit exalté lorsque vous constatez que votre œuvre est capable de susciter tant d'échos spontanés parmi vos pairs ? » Dans une autre lettre adressée à Wang Ji-pu, il affirme : « Le poète Dai Rong-zhou a dit : "Une scène créée par un vrai poète est pareille au Champ Bleu, lequel, réchauffé par le soleil, dégage une brume éthérée, sorte d'émanation venant du jade que le sol recèle. Cette scène, on la contemple de loin sans que l'on ait l'impression de pouvoir jamais l'approcher". Comme cette remarque est juste. Image par-delà les images. Paysage par-delà le paysage. C'est là une chose que les mots ordinaires ne parviennent pas à cerner. » Ce « paysage par-delà le paysage » prôné par Si-kong Tu fait penser au Vide médian (le Trois) que propose la pensée philosophique.

Poursuivant cet idéal d'une poésie où la résonance dépasse la simple parole explicite, Yan Yu, des Song (XIᵉ-XIIIᵉ siècle), dans son *Cang-lang shi-hua* (« Propos sur la poésie de Cang-lang »), plaide avec force : « La poésie est faite d'un matériau sans rapport avec les connaissances livresques. Elle procure une saveur que ne saurait donner un simple raisonnement. Certes, sans passer par la lecture de nombreux livres et par la maîtrise du raisonnement, on ne peut prétendre accéder au sommet de la création poétique. Il importe avant tout, cependant, de "ne pas s'engager sur le chemin de la seule raison" et de "ne pas tomber dans la nasse des mots"… La poésie exprime ce que l'homme a en lui de plus intime. Les poètes, à l'apogée des Tang, étaient animés par un élan inspiré (où primaient passion et saveur). Ce qui vient d'eux ressemble à la gazelle qui laisse pendre ses cornes parmi les branches d'arbres ; elle est pleinement là mais ne laisse aucune trace tangible permettant de l'appréhender. Leur poésie est d'une merveilleuse transparence. L'effet scintillant qu'elle produit est aussi insaisissable qu'un s suspendu dans l'air, que les couleurs des objets, que la lune reflétée dans l'eau ou la figure derrière un miroir. Là où les mots s'arrêtent, la pensée se prolonge indéfiniment. »

D'après ces extraits, tirés d'un ensemble de textes qu'on peut considérer comme « fondateurs », nous voyons que l'image, en tant que lieu de rencontre de l'esprit de l'homme et de l'esprit du monde, est au centre de la préoccupation des théoriciens. Aussi, à partir des Song, et notamment sous les Ming et les Qing, dans d'innombrables *shi-hua* (« propos sur la poésie »), qui formaient désormais un genre spécifique, on mettait en avant la notion de *qing-jing* (« sentiment-paysage »). Cette notion qui avait été déjà abordée en d'autres termes, comme nous l'avons vu, par un Hai-kong ou un Si-kong Tu, connaîtra sa consécration comme concept unitaire avec Wang Fu-zhi (1619-1692). Celui-ci, dans son *Xi-tang-yong-ri xu-lun* dit : « Sentiment et paysage portent chacun un nom différent ; ils sont de fait inséparables. Dans les poèmes de premier ordre, ils forment une symbiose sans faille. Par ailleurs, on relève parmi les meilleurs poèmes des cas où il y a paysage dans le sentiment et d'autres où il y a sentiment dans le paysage… Toutefois, en vue de cette union dans une composition poétique, le rôle principal revient au *yi* (idée, intention, vision, imaginaire). A l'instar d'un général qui commande une armée, c'est le *yi* qui donne une cohérence et une signification au poème. Li Bo et Du Fu sont grands du fait qu'on ne trouve chez eux qu'un nombre infime de poèmes qui soient dépourvus du *yi*. Imprégnées du *yi*, toutes choses, même les moindres, brumes et nuages, sources et rochers, fleurs et oiseaux, arbres moussus ou soies brodées, prennent vie et se revêtent de magie. » Aux yeux de Wang Fu-zhi, le sentiment, toujours, se déploie comme un paysage ; et le paysage, mû par une poussée vitale, est doué véritablement de sentiment.

A partir de là, inlassablement, l'on s'ingéniait à examiner avec minutie, à l'aide d'exemples concrets, les manières dont « sentiment » et « paysage » se suscitent, s'agencent, se complètent ou se substituent. Wang Guo-Wei (1877-1927), le dernier venu dans cette tradition, avançait dans son « Propos sur la poésie » (*Ren-jian ci-hua*) les remarques suivantes : « Au-dessus du sentiment-paysage, il y a un état supérieur qui le transcende et qu'on appelle *jing-jie*. A ce niveau, on peut distinguer un état où le moi est encore présent, comme lorsque le poète dit : "Affligé, j'interroge les fleurs, elles ne me répondent pas ; mille pétales rouges s'envolent par-delà les balançoires" ou "Le pavillon solitaire ren-

91

ferme la froidure de l'avant-printemps ; parmi les cris des tourterelles sombre le soleil couchant", et un autre état, plus rare, où le moi n'est plus présent, comme résorbé dans la vision vécue ou contemplée, que le poète ne saurait obtenir que dans une foncière quiétude : "Cueillir des chrysanthèmes près des haies de l'Est ; insouciante apparaître la montagne du Sud" [1]... »

Le « sentiment », le « paysage », le « moi présent », le « moi absent », en se combinant avec de multiples nuances, forment un large éventail de vers typiques qui sont autant de figures poétiques. Celles-ci impliquent, nous l'avons dit, le subtil rapport du sujet et de l'objet. Et c'est ici qu'il nous semble nécessaire de présenter les deux procédés de base de la stylistique chinoise qui ont initié en quelque sorte tous les autres – en ce sens, leur importance égale celle accordée aux deux figures majeures métaphore et métonymie, par la rhétorique occidentale – à savoir le *bi* et le *xing*, que communément on traduit par « comparaison » et « incitation ». Leur existence remonte pratiquement aux origines de la poésie chinoise. Ils font partie, en effet, de la tradition des commentaires sur le *Shi-jing* « Livre de poésie ». Leur première mention se trouvait dans la préface que Mao Chang, au début des Han (IIe siècle avant J.-C.), a rédigée pour l'ensemble de ses commentaires. Depuis lors, une littérature abondante a été produite, dans laquelle on discute sur leur définition et leur application. Et plus particulièrement sur le *xing*, lequel donnera lieu, par la suite, à d'autres combinaisons : *xing-xiang, xing-wei, xing-qu*... Il n'entre pas dans notre propos d'aborder ce sujet dans les détails, notre étude n'étant nullement d'ordre historique. Nous nous contenterons de donner de deux figures une définition simple et de les illustrer par des exemples, simples eux aussi, sans oublier de souligner en passant la signification dont elles sont porteuses [2].

Le *bi* (« comparaison ») est employé lorsque le poète f

---

1. La traduction ne rend pas la richesse que contient ce distique pourtant simple, mais juste titre célèbre. En effet, le verbe *jian*... qui se trouve au milieu du second vers signifie à la fois « apparaître » et « voir ». En sorte que, en l'absence du pronom personnel, le vers se prête à une double interprétation : « insouciante, apparaît la montagne du Sud », « insouciant, j'aperçois la montagne du Sud ». Comme la montagne en question est connue pour ses brumes, derrière lesquelles elle cache la plupart du temps sa mystérieuse beauté, le poète par ce vers restitue ce moment magique où, à travers les brumes déchirées, il surprend la présence de la montagne, en même temps que celle-ci « s'offre en vue ». Cette coïncidence entre le regard de l'homme et la chose qui vient à la rencontre de son regard est la définition même de la « révélation » selon le Chan (« Zen »).
2. Le lecteur intéressé peut consulter l'article plus complet que nous avons consacré à ces deux figures, paru dans les *Cahiers de linguistique – Asie orientale*, n° 6 (EHESS-CRL

appel à une image (de la nature en général) pour figurer une idée ou un sentiment qu'il voudrait exprimer. On use en revanche du *xing* (« incitation ») lorsqu'un élément du monde sensible, un paysage, une scène, suscite chez lui un souvenir, un sentiment latent ou une idée jusque-là non exprimée. A travers cette définition, on voit que, par-delà toute considération d'ordre stylistique, ce qui est impliqué plus profondément par ces deux figures, c'est le rapport toujours renouvelé de l'homme et du monde. Elles ne sont pas seulement des procédés d'un « art du discours », elles visent à susciter dans le langage un mouvement circulaire qui relie le sujet à l'objet (ce dernier, en réalité, est envisagé comme un sujet. En chinois, le terme sujet-objet se dit « hôte-convive ». L'image née de l'échange des deux partenaires n'est donc pas un simple reflet ; elle est un révélateur qui permet les mutations internes). Dans ce mouvement, le *bi* incarne le processus sujet → objet, celui qui va de l'homme vers la nature, tandis que le *xing* introduit le processus inverse objet → sujet, celui qui part de la nature pour revenir à l'homme. Toute poésie faisant appel aux deux instaure à sa manière le grand Dialogue que le Dao, depuis toujours, cherche à favoriser.

Dans la poésie des Tang, le *bi* et le *xing* sont largement utilisés. Nous donnons ci-dessous deux exemples ayant pour image centrale la lune. Celle-ci illustre bien la relation ternaire Homme-Terre-Ciel qui nous occupe ici. En effet, la lune, en tant que présence céleste, transcende l'espace et le temps. En la regardant depuis la Terre, les hommes séparés par les distances, ou par les époques, se sentent en même temps à travers cette unité originelle. D'autre part, du fait de sa rondeur lumineuse qui vient après la décroissance, elle évoque la plénitude. Ce n'est donc pas sans raison qu'elle est devenue la figure élue pour symboliser l'idée de la réunion *(tuan-yuan)* et celle du bonheur sans ombre *(yuan-man)*. Comme exemple du *bi*, citons ce quatrain de Zhang Jiu-ling (673-740) :

> Depuis que tu es parti seigneur
> A l'ouvrage je n'ai plus de cœur
> Mon être à la pleine lune est pareil
> Dont décroît nuit après nuit l'éclat

Un autre quatrain, célèbre, de Li Bo (701-762), illustre bien le *xing* :

> Devant mon lit clarté lunaire,
> Est-ce du givre couvrant la terre ?
> Levant la tête, je vois la lune
> Les yeux baissés : le sol natal

Dans ce second exemple, c'est bien l'image du clair de lune, venant du ciel et associée à celle du givre sur la terre, qui permet au poète non seulement de penser à son pays natal mais d'avoir l'impression d'effectivement le rejoindre.

En partant des deux figures chinoises, nous avons évoqué leurs équivalents dans la tradition occidentale que sont la métaphore et la métonymie. Dans la mesure où notre travail se situe dans la sémiologie générale, où il s'adresse également à des lecteurs non sinologues, nous ne saurions nous dispenser de nous servir de ces dernières pour rendre compte des faits dans la suite de notre analyse des images. Elles auront le don, nous l'espérons, de la rendre plus directement parlante.

D'après la définition traditionnelle, la métaphore, fondée sur l'analogie, consiste à user d'une image symbolique pour représenter une idée ou un sentiment. En ce sens, la métaphore peut être considérée comme proche du *bi*, avec la différence peut-être que, du côté chinois, le *bi* s'insère dans un système généralisé. La métonymie, fondée sur la contiguïté, consiste, elle, à associer des idées ou des images ayant des liens proches. En ce sens, elle peut rappeler le *xing*. Là aussi, la différence réside dans le fait, nous semble-t-il, que la métonymie est plus un procédé dans le discours qu'une mise en relation explicite de l'objet [et] du sujet.

A propos de métaphores, il est permis d'affirmer, presque comme une banalité, que la poésie chinoise est hautement métaphorique, ne fût-ce qu'en raison du nombre impressionnant [de] métaphores qu'elle recèle. Déjà, dans la langue ordinaire, [on] constate l'abondance des expressions métaphoriques dont [les] Chinois se servent à souhait, même pour exprimer des idées ab[s]traites. La cause en est à chercher d'abord dans la conception sp[é]cifique de l'univers certes, mais également dans la nature [de] l'écriture elle-même. Nous avons montré longuement, dans l'[in]troduction, que l'ensemble des idéogrammes, par les rappo[rts] qu'ils ont avec les choses désignées et entre eux-mêmes, con[sti]tuent un système métaphoro-métonymique. Chaque idéogram[me] est, d'une certaine manière, une métaphore en puissance. Ce[la] a favorisé dans la langue la formation de nombreuses expressi[ons] métaphoriques, et la structure morphologique des idéogramm[es] y prédispose encore : chaque idéogramme étant invariable et [for]mant une unité, il jouit d'une très grande liberté dans sa com[bi]naison avec d'autres idéogrammes. Le rapprochement de deux [ou] de plusieurs d'entre eux (ou des images qu'ils véhiculent) c[rée] souvent un contraste frappant et crée de riches connotations, mieux que ne saurait le faire un langage dénotatif.

Nous donnons ici quelques exemples de « figures » métaphoriques courantes dans la langue :

a) Idéogrammes (ou caractères) composés de deux éléments :

```
cœur + automne = mélancolie, tristesse
cœur + milieu   = loyauté, être loyal
homme + arbre   = repos, se reposer
homme + parole  = confiance, fidélité
```

b) Termes à deux caractères formant des métaphores :

```
ciel – terre     = univers
tambour – danse  = encourager, inciter
lance – bouclier = contradiction
main – pied      = sentiment fraternel
```

c) Syntagmes formant des expressions symboliques :

```
poussière rouge : choses de ce monde, vanité de la gloire
vent printanier : succès, satisfaction
sapin vert ou bambou droit : rectitude, pureté
eaux coulant vers l'est : fuite du temps
oie sauvage volant vers l'ouest : séparation, regret
pleine lune : réunion des êtres séparés
```

Les poètes font largement appel à ces figures évocatrices. Mais, en réalité, c'est souvent dans la poésie qu'il faut chercher leur origine. Le langage poétique et le langage ordinaire s'alimentent mutuellement ; s'il est vrai que ce fait se vérifie sur toutes les langues, il prend une extension toute particulière en Chine. Dès l'origine, la poésie y a exercé une fonction sacrée, en régissant les rites. Elle était de toutes les fêtes, de tous les festins et présente à tous les échanges sociaux. Point de banquet, de promenade ou de réunion d'amis qui ne se terminât par la composition de poèmes par chacun des participants, sur une rime généralement choisie d'un commun accord.

En outre, à partir de l'époque Tang, la composition poétique fit partie du programme de l'examen impérial. La poésie est devenue ainsi une activité majeure de la société chinoise. C'est elle qui dota la langue de figures métaphoriques, en les organisant en un vaste ensemble de symboles structurés. Grâce à quoi, une majeure partie de la nature est, en quelque sorte, inventoriée, investie, apprivoisée.

Il est permis de considérer la poésie chinoise, du fait de cette intégration successive, comme un fonds commun populaire enrichi par l'apport des poètes au cours de sa longue histoire (durant trente siècles, sans interruption) ; c'est une véritable mythologie collective qui s'est ainsi constituée. A travers ce réseau de symboles, on eût dit que le poète cherchait à briser le circuit fermé signifiant/signifié et à établir un autre rapport entre les signes et les choses par le jeu de l'analogie et de la relation interne.

On peut se demander toutefois si un tel ensemble de symboles codifiés et conventionnels ne réduit pas la poésie à une sorte d'académisme fondé sur des clichés, au détriment de la création de figures personnelles. Ce danger existe certainement. Soulignons toutefois le fait suivant (fait que nous allons vérifier dans la suite de ce chapitre) : par les riches liens qui existent « naturellement » entre les métaphores, celles-ci forment à leur tour un réseau métonymique, que renforce tout un système de correspondances élaborées à partir des Cinq Éléments. S'appuyant sur ce réseau ouvert, le poète est à même d'éviter le danger des clichés, de combiner, dans la partie essentielle d'un poème, souvent avec astuce, toujours « métonymiquement » des métaphores existantes en vue de provoquer, à un étage supérieur pour ainsi dire, d'autres métaphores – sorte de métaphores de métaphores – et par là des sens inattendus, renouvelés.

## DONNÉES

Dans un poème intitulé « Nuit de lune », Du Fu, captif à Chang-an (capitale des Tang), durant la révolte de An Lu-shan, évoque le souvenir de sa femme qui vit loin de lui, et l'imagine rêvant longtemps seule sous la lune. Nous trouvons là les vers suivants :

> Parfumée brume/chignon de nuage mouillé
> Pure clarté/bras de jade fraîchi [1]

1. Voir seconde partie, p. 212.

Les images « chignon de nuage » et « bras de jade » sont conventionnelles. Dans la tradition poétique, on compare, en effet, pour leur aspect doux et vaporeux, les cheveux de la femme à un bouquet de nuages ; d'autre part, l'image du jade sert à décrire les bras d'une femme à la peau claire et lisse. Images devenues presque banales, tant elles paraissent usées. Ici, toutefois, grâce aux autres images qui les accompagnent, elles paraissent toutes neuves, et comme nécessaires. Dans le premier vers, « chignon de nuage » est associé à « brume parfumée » ; les deux images contiennent des éléments atmosphériques. Leur nature commune donne l'impression que l'une a été suscitée par l'autre. Le verbe « mouiller », qui termine le vers, vient très à propos accentuer leur lien, en les confondant en un tout indistinct. De même, dans le second vers, l'image « bras de jade » entraîne naturellement celle de « pure clarté » ; cette clarté, projetée par la lune (qui par ailleurs est désignée par le nom de « disque de jade »), peut aussi bien être perçue comme émanant des bras nus de la femme. Le verbe « fraîchir », qui évoque une nuit lunaire, semble décrire aussi la sensation qu'on a en touchant une pièce de jade. Ainsi, les métaphores conventionnelles non seulement ne réduisent pas les vers à des « clichés », mais permettent, quand elles sont ingénieusement combinées, de créer des liens internes et nécessaires entre les images et de les maintenir ainsi, de bout en bout, au niveau métaphorique. Si nous poussons encore plus loin notre observation, nous voyons que l'intérêt de ces deux vers ne se limite pas au plan métaphorique. Ceux-ci ont le don de transformer les images qu'ils véhiculent en « actes ». Nous nous rappelons que cette nuit-là, le poète, loin de sa femme, est lui aussi debout sous la lune, environné de brume. A travers la « brume », il a l'impression qu'effectivement il peut, par contiguïté, toucher le « nuage-chignon ». Et, toujours par contiguïté, il peut, à partir de la clarté lunaire, caresser le « jade-bras » de sa femme. Par-delà la description objective, le poète donne à sentir la profondeur de son désir de briser les carcans de la distance, afin de tendre, par la magie des signes, vers un présent ouvert.

Du Fu excelle à associer les images « toutes faites », pour en produire un effet à la fois logique et inattendu. Dans deux autres vers très célèbres, il dénonce l'injustice sociale en décrivant l'inégalité qui sépare la vie des riches de celle des pauvres. Il y fait opposer des images souvent conventionnelles : « Porte rouge »

(= demeure des riches), « vin-viande » (= bonne chère, festin), « chemins ou routes » (= sans foyer, errance), « os blancs » (= morts sans sépulture) :

> Portes rouges / vin-viande putréfiés,
> Chemins parsemés / geler-mourir ossements [1]

Le premier vers décrit le train de vie luxueux des maisons des riches (Portes rouges) où on laisse pourrir des viandes après le festin, tant il y en a en abondance. Le second vers met en scène les pauvres, morts de faim et de froid sur la route. Au lieu de se servir de mots descriptifs tels que « maisons de riches », « festin », « sans abri », « morts délaissés », le poète utilise une suite de métaphores qui sont courantes dans la langue. On est frappé d'abord par les images qui contrastent dans les deux vers « portes rouges » et « routes gelées » s'opposent selon le rapport intérieur-extérieur, « viande » et « os » selon le rapport vivant-mort ; enfin, les deux vers s'opposent, en leur entier, par le contraste des couleurs rouge-blanc. Puis, l'attention est attirée par l'enchaînement des images : l'image de la porte rouge entraîne celle de la viande dégoulinante de sang ; la viande qui pourrit semble n'être rien d'autre que la chair des pauvres en décomposition (en chinois : le même mot désigne viande et chair).

Porte rouge ⟶ sang rouge de la viande ⟶ viande pourrie ⟶ chair en décomposition ⟶ ossements.

Il s'agit d'un langage métaphorique fondé sur le double plan associatif et oppositionnel et procédant par engendrement interne.

Un autre type de figures, dont Du Fu se sert avec bonheur, sont les noms propres (de personnes et de lieux) qui, en chinois renvoient souvent, sinon toujours, à un signifié.

Dans un poème [2] composé peu après son arrivée à Cheng-du et dont le dernier vers décrit l'aspect de la ville (très fleurie après une bonne pluie, Du Fu utilise très à propos et avec humour, un autre nom traditionnel de cette ville : « Mandarine-en-robe-de-brocart. »

---

1. 朱門酒肉臭，路有凍死骨 (Zi jing fu Feng-xian-xian yong-huai wu-bai zi). Dans deux vers, les images de « porte rouge » et de « vin-viande » sont à considérer comme des synecdoques, tandis que celle de « chemins ou routes » est à assimiler à une métonymie. Mais précisons, une fois de plus, que notre souci ici n'est pas classificateur.
2. Voir seconde partie, p. 218.

> Et les fleurs (gorgées d'eau) pèsent sur
> la ville du Mandarin-en-robe-de-brocart

Par ce nom propre, le poète suscite une image qui, d'une part, prolonge celle des fleurs, et, d'autre part, suggère sa joie (de mandarin exilé) de participer à cette fête de printemps fleuri.

Dans un autre poème, « Nuit de lune[1] », dont nous avons déjà cité deux vers plus haut, Du Fu, alors captif à Chang-an ravagée par la guerre, pense à ses enfants réfugiés ailleurs et se demande s'ils sont encore capables (vu leur jeune âge) de se rappeler la ville de Chang-an. Or, Chang-an veut dire aussi en chinois « longue paix » ; et les vers semblent souligner, non sans une amère ironie, que ces enfants qui ont grandi dans la guerre ne savent même pas ce qu'est la paix. Mais lorsque la guerre est enfin terminée, Du Fu se trouve dans la province du Si-chuan, près de la ville de Jian-ge dont le nom signifie « Porte aux Épées » ; il n'hésite pas à utiliser ce nom pour entamer le poème où il chante sa joie :

> Par-delà Épées parvenir nouvelles de délivrance[2]

Jusqu'ici, notre observation s'est limitée à l'œuvre de Du Fu. Pour confirmer nos remarques, nous allons chercher quelques exemples chez d'autres poètes. Pour ce qui est de l'utilisation du nom de lieu comme figure symbolique, citons un exemple tiré du « Chant de l'éternel regret » de Bo Ju-yi[3]. Dans un vers qui relate le meurtre (par strangulation) de Gui-fei, la favorite de l'empereur Xuan-zong, sur la route de l'exode (durant la révolte de An Lu-shan), le poète utilise, à dessein, pour désigner la favorite dans la scène du meurtre, la métaphore conventionnelle « sourcils de phalène », qui symbolise la beauté féminine :

> Devant les chevaux se tordre gracieux sourcils de phalène

Et plus loin, le poète se sert, une seconde fois, de la même expression, qui se trouve être également le nom d'un mont de la province du Si-chuan, où justement l'empereur, inconsolé, est venu se réfugier :

---

[1]. Voir seconde partie, p. 212.
[2]. Voir seconde partie, p. 213.
[3]. Il existe une traduction de ce long poème dans *Anthologie de la poésie chinoise classique*.

Cette seconde image, qui fait écho à la première, accentue le sentiment tragique de l'empereur dont l'imagination est hantée par la morte.

Quant à l'utilisation, par d'autres poètes, des métaphores conventionnelles, nous citerons en premier lieu les vers suivants de Wang Wei :

> Lac dessus un instant se retourner
> Mont vert entourer nuage blanc

Ces deux vers font partie du quatrain « Le lac Yi »[1], qui évoque la scène où une femme accompagne son époux partant en voyage jusqu'au bord d'un lac. Pendant que l'homme s'éloigne en barque, la femme reste sur la rive. Le premier vers décrit apparemment le voyageur qui un instant se retourne depuis le milieu du lac, bien que l'absence du pronom personnel permette de supposer aussi qu'il fait allusion à la femme, laquelle, s'attardant sur la rive, dirige une fois encore son regard vers le milieu du lac. En tout état de cause, ce vers est de ceux qui sont marqués par l'idée de réciprocité : les deux sujets en question sont unis par la même pensée et, surtout, par le même regard. Ne se voyant plus, ils se « voient » encore, à travers les images du second vers qui s'offrent à leur vue, deux images réunies, là aussi, par le lac dans lequel elles se reflètent : le mont vert et le nuage blanc. A partir de là, les époux « perdus de vue » laisseront exprimer ce qu'ils ont sur le cœur par ces deux métaphores qui entretiennent des liens plus que de contiguïté, d'une indéfectible connivence. Le nuage en son état originel n'est autre que la brume née des entrailles de la montagne et qui n'a de cesse d'y revenir. Que représentent-elles donc ces métaphores ? Que signifient-elles ? Au premier abord, les identifications qu'elles proposent semblent pouvoir se faire, pour ainsi dire, naturellement. Le mont vert est identifié à la femme qui reste, tandis que le nuage blanc, image d'errance, désigne visiblement l'homme. On entendrait la femme murmurer : « Je serai fidèle dans l'attente comme cette montagne » et l'homme de répondre : « Je voyage de par le monde, mais je n'oublierai pas mon lieu d'origine et mon vrai refuge ». Il convient cependant de signa

---

1. Voir seconde partie, p. 141.

ler que, selon l'imaginaire chinois, la montagne relève du Yang et le nuage du Yin, auquel cas la montagne désignerait l'homme et le nuage la femme. Et les voix intérieures émanant d'eux seraient cette fois-ci respectivement : « Je suis en errance, mais, telle la montagne, je demeure avec toi » et « Je suis ici, mais, tel le nuage, ma pensée se fait voyageuse ». Le seul souci d'identification, s'il est légitime ici, ne saurait toutefois épuiser la richesse signifiante des deux figures en présence. Comment ne pas accéder à tout ce qu'implique la relation subtile qui existe entre elles, relation vivante, charnelle, toujours renouvelée. Le verbe *juan* qui les relie n'a pas un sens unilatéral ; il se traduit par « entourer » ou « s'entourer de ». Sa place au cœur du vers suscite, actualise les gestes d'affection, d'enlacement qu'échangent indéfiniment montagne et nuage, c'est-à-dire, l'homme et la femme.

Citons également de Li Bo :

> Empereur Xiang nuage-pluie / à présent où se trouver ?
> Eaux du fleuve vers l'est couler / cris de singes nocturnes [1]

Le premier vers évoque la légende qui relate les ébats amoureux en chinois « nuage-pluie ») de l'empereur Xiang avec la déesse du mont Wu (« Mont Sorcière »). Le second vers situe le lieu de leur rencontre : la région des gorges du Yang-ze, célèbres à cause du caractère tumultueux du fleuve à cet endroit et des cris des singes sur les rochers escarpés. L'enchaînement des images : Mont Sorcière → nuage → pluie → eau qui gronde → cris des singes, évoque un acte sexuel cosmique et donne aux vers toute leur force d'évocation.

Citons, enfin, deux distiques tirés de la poésie de Du Mu :

> Ame sombrée rivière-lac / portant vin déambuler,
> Taille Chu entrailles brisées / corps léger dans la paume [2]

Ces deux vers, faits d'une suite de métaphores et d'allusions, font partie d'un poème où le poète évoque, sur un ton désabusé, la vie dissipée, mais heureuse, qu'il avait menée au sud du fleuve. Voici le sens dénoté des métaphores : « Ame sombrée » = menant une vie désœuvrée ; « rivière-lac » = errance ; « taille de Chu » = femmes de Chu célèbres pour leur taille fine ; « entrailles bri-

---

[1] 襄王雲雨今何在，江水東流猿夜啼 (*Xiang-yang ke*).
[2] Voir seconde partie, p. 181.

sées » = cœur brisé, affliction ; « corps léger dans la paume » = Zao Fei-yen, favorite de l'empereur des Han, dont le corps était si léger qu'elle pouvait exécuter une danse sur un plateau de jade que tenait un homme. Les vers peuvent donc s'interpréter ainsi : « Errant sans cesse et m'adonnant au vin, j'ai mené une vie désœuvrée au sud du fleuve. J'ai serré la taille fine de maintes femmes qui ont toutes souffert à cause de moi. » Ce langage dénotatif, bien entendu, ne rend pas la puissance des images qui s'enchaînent : âme sombrée ⟶ rivière-lac ⟶ vin ⟶ corps léger ⟶ taille serrée ⟶ entrailles brisées.

> Par qui effrayé / vol d'oies sauvages ?
> Barrant les nuages / traverser le fleuve [1]

Ces vers sont tirés d'un poème de circonstance : le poète monta un jour à moitié ivre dans un pavillon, sur une hauteur dominant le fleuve Jaune ; il se réveilla de son ivresse, surpris par une troupe d'oies sauvages qui passait. Cette scène « saisie au vol » le poète la dote d'une riche connotation : « nuages sur le fleuve » = exil, errance ; « vol d'oies sauvages » = séparation, saison tardive, nostalgie du retour. Le poète comprit, à la vue de ces images, que sa vie d'errance n'avait que trop duré. Ici, on se demande si c'est le poète qui « utilise » les métaphores, conventionnelles, pour exprimer son désœuvrement et sa nostalgie ou si ce sont ces images elles-mêmes qui, déjà douées de sens, provoquent le poète et le ramènent à sa réalité.

On constate un fonctionnement d'images du même ordre dans le quatrain « Complainte du palais [2] » de Wang Chang-lin où la jeune femme, en voyant, un jour de printemps, la couleur des saules, se repent d'avoir laissé son mari partir au loin chercher les honneurs mandarinaux. Ce serait donc les saules, symboles de l'amour et aussi de la séparation, qui auraient « révélé » à la femme son désir enfoui.

Dans ce qui précède, nous avons essayé de montrer que les métaphores conventionnelles dont la langue chinoise était chargée, quand elles ne tombaient pas dans le cliché, avaient engendré un langage structuré, obéissant à une nécessité interne et

---

1. 誰驚一行雁，衝斷過江雲 (Jiang lou).
2. Voir seconde partie, p. 150.

une logique proprement métonymique. Cette structure permet au poète de se passer du discours-commentaire et d'unir, avec une grande économie, la conscience subjective et les éléments du monde objectif. Les exemples que nous venons d'étudier ont été pris parmi ceux qui avaient fait l'objet d'une exploitation consciente de la part de leurs auteurs, et qui se prêtaient le mieux à l'analyse. Mais on conçoit aisément quelles associations inattendues et pleines de force peuvent susciter d'autres types de jeux, fondés sur des liens graphiques et phoniques et sur des systèmes de correspondances (nombres, éléments, etc.). Ces jeux révèlent toute une part d'inconscient collectif ou individuel.

Concernant les jeux graphiques, nous avons déjà vu comment les idéogrammes sont chargés d'idées et d'images et comment ils « signifient » dans certains vers. Citons encore ici l'exemple d'un idéogramme qui, par ses composants graphiques, a suscité une image poétique. En Chine, on désigne les seize ans d'une jeune fille (c'est l'âge où une jeune fille devient désirable et où elle peut se marier) par l'expression *po-gua* « melon brisé ». Car le mot melon, *gua* 瓜, est composé de deux fois le caractère 八, « huit ». Ainsi, en divisant le mot 瓜, « melon », on obtient deux 八 « huit », donc le chiffre seize (seize ans). A partir de l'expression « melon brisé », née d'un jeu pourtant purement graphique, plusieurs poètes ont composé des vers qui évoquent l'idée érotique de chair tendre et fraîche (d'un melon), de morsure dans la chair, etc.

Pour ce qui est des jeux phoniques, nous avons également signalé la richesse de l'homophonie dans cette langue monosyllabique qu'est le chinois. Précisons seulement que, durant les Six Dynasties[1], une tradition de chant populaire a systématiquement exploité, souvent avec audace et humour, les possibilités homophoniques, trait dont ont bénéficié peu après les poètes des Tang. Ce qui est remarquable dans cette tradition, c'est que les jeux phoniques sont rarement gratuits ou fortuits : à partir d'un rapprochement phonique, le poète cherche à pousser le plus loin possible les implications métonymiques ; ce faisant, il déborde souvent le cadre phonique pour aboutir à une signification profonde, qui lui permet de rejoindre l'image initiale.

C'est ainsi que, dans un petit poème d'amour, à partir de l'expression *can-mian* « liens d'amour, ébats amoureux », l'auteur du chant (une femme) enchaîne sur l'image du ver à soie qui se pro-

---

[1] ?-VIe siècle.

nonce également *can*. Cette image, incongrue, lui permet néanmoins d'enchaîner sur celle du fil (le ver à soie crachant des fils). Or, le mot fil, se prononçant *si*, est homophone du mot pensée (ou désir) ; grâce à ce mot – « fil », « pensée » –, la femme transforme la métaphore « ver à soie », sans quitter cependant le thème de l'amour. Car, de l'image des fils inextricables (qui signifien aussi « pensées obsédantes ») formant un cocon, dérive l'idée du ver à soie qui se sacrifie pour son ouvrage : la femme suggère pa là qu'elle aimerait être possédée tout entière par son amour, fût-c au prix de sa vie. Ce dernier thème, qui prolonge en l'approfon dissant l'idée initiale, justifie, *a posteriori*, en quelque sorte, l'in sertion de l'image du ver à soie, utilisée d'abord pour un je phonique.

Un autre poème a pour thème les retrouvailles entre amant après une longue absence de l'homme : dans la chaleur de l'int mité, l'homme raconte la dureté du voyage et la femme q l'écoute essaye de se représenter sa peine. Très ingénieusement, poète joue d'emblée sur l'homophonie entre deux mots : racont et route, tous deux se prononçant *dao*. Le poème progresse s cette ambiguïté : d'un côté, l'homme qui raconte, de l'autre, femme qui refait en pensée la route qu'il a parcourue. Bient l'image de la route suscite celle des arbres qui la bordent et qui jalonnent les étapes. Ces arbres, appelés *nien*, ont des fruits ame La combinaison des deux images : route + fruits amers fait surg l'expression *dao-ku*, qui veut dire à la fois « la route est dure » « se plaindre » (mot à mot : raconter amertume). Par cette expre sion à double sens, l'imagination de la femme rejoint le récit l'homme, lequel n'en finit pas de raconter sa peine et de se fa dorloter.

ANALYSE DE POÈMES

Nous venons de montrer, à travers un certain nom d'exemples, la façon dont les poètes chinois ont tiré parti d langage métaphorique, constitué par l'ensemble des figures sy boliques. Ces figures ont cristallisé l'imagination et les désirs peuple durant de longs siècles. En douant les choses d'un sig humain, elles créent un autre rapport entre les signes et les ch d'une part et, d'autre part, des liens entre les signes eux-mêr grâce, justement, aux liens naturels qui unissent les choses.

Il nous semble nécessaire de ne pas nous en tenir à des exemples de vers isolés mais d'analyser quelques poèmes en entier, afin d'observer ce langage particulier dans son fonctionnement. Au cours de cette analyse, nous nous servirons des notions rhétoriques de métaphore et de métonymie, dans l'acception que propose R. Jakobson. Si le procès métaphorique est fondé sur la similarité et le procès métonymique sur la contiguïté, c'est dans l'axe de la sélection du discours que nous envisageons le premier et dans celui de la combinaison le second. De ce fait, la métonymie, traitant essentiellement du lien (de contiguïté) entre les figures, prend ici un sens très général[1]. Rappelons, sous peine de répétition, que nous cherchons avant tout à rendre compte du mécanisme d'un langage qui procède par « engendrement interne » : une figure en provoque une autre, non pas selon la logique du discours, mais suivant les affinités ou contradictions qui existent entre elles (chignon de nuage – brume parfumée ; bras de jade – clarté de la lune, porte rouge – viande dégoulinante de sang, etc.). Les figures métaphoriques, représentant les choses de la nature, sont plus riches de « virtualités métonymiques » que les signes ordinaires (chignon de nuage > cheveux ; porte rouge > maison des riches), sans parler de l'économie qu'elles impliquent (« porte rouge » au lieu de « à l'intérieur des maisons riches » ; « perron de jade » au lieu de « devant la demeure d'une femme »). Plutôt qu'un élément pris dans une chaîne rigide, chaque figure est une unité libre qui, par ses multiples composantes (phonie, graphie, sens normal, image symbolique, contenu virtuel dans les systèmes de correspondances, etc.), irradie dans tous les sens. Et l'ensemble des figures, ayant entre elles des liens organiques et nécessaires, tisse un véritable réseau aux multiples canaux de communication. Grâce à une structure éclatée, où les « entraves » syntaxiques sont réduites au minimum, les images, dans un poème, par-dessus la linéarité, forment des constellations, qui, par leurs feux croisés, ouvrent un vaste champ de significations.

Nous nous proposons d'analyser, à présent, quatre poèmes dont les auteurs comptent parmi les plus grands de l'époque des Tang : Li He, Li Bo et Li Shang-yin. C'est un pur hasard si tous

---

[1] ...le recouvre des faits fort variés, y compris, par exemple, ceux de « métaphores ». Mais d'une façon générale, on doit envisager ces faits en termes de « canaux » ... « réseaux ».

les trois portent le même nom de famille : Li, à moins qu'on ne veuille y voir un mystérieux lien métonymique que se plaît à tisser quelque génie de la poésie chinoise !

Le premier poème que nous nous proposons d'étudier est de Li He. Mort à vingt-six ans, il a laissé une œuvre qui frappe pa[r] son étrangeté, aussi bien que par ses accents de révolte. A traver[s] une écriture de style incantatoire et toute chargée d'images luxu[-] riantes, il révèle des phantasmes comme aucun autre poète chi[-] nois ne l'avait fait auparavant. Dans sa poésie, d'inspiratio[n] chamaniste et taoïste, se côtoient mythes collectifs et mythes pe[r-] sonnels. Pour présenter sa vision de l'univers, souvent lugubre [et] tragique, il invente tout un bestiaire qui lui est propre : drago[ns] de toutes espèces, hiboux centenaires, lézards énormes à [la] queue chamarrée, démons des bois surgies du feu, lynx noir q[ui] pousse des cris de sang, dromadaire de bronze qui sanglot[e,] renard qui meurt dans un frisson, oiseau rapace qui mange [sa] propre mère, serpent à neuf têtes qui dévore notre âme, etc. A[fin] de faire ressortir les correspondances secrètes entre les choses, [il] cherche à combiner des images de nature différente : visuelles [et] auditives, animées et inanimées, concrètes et abstraites, etc. C'[est] ainsi qu'il parle de l'épée qui crie, des fleurs qui versent d[es] larmes de sang, du vent aux yeux riants, de la couleur au ten[dre] sanglot, du vieux rouge qui s'enivre, du violet tardif, du v[ert] oisif, de la verte décadence, de la solitude verdoyante, des a[ir] de la fumée, des bras des nuages, des pattes de la rosée, du so[l] au bruit de verres cassés, de la lune aux sons de pierre musica[le,] du vide qui fait entendre sa voix et ses rires... Dans cet univ[ers] où le merveilleux se mêle aux éléments lugubres ou grotesqu[es,] le poète règle les rites de communion par le sang : « Avant [que] mon âme et mon sang ne se figent, à qui donc m'adresser [?] » « Je perce la peau du léopard pour que son sang coule dans [la] coupe d'argent. » « Le sang que crache le coucou sont les lar[mes] mêmes du vieil homme. » « Mon sang de colère sous terre d[ans] mille ans sera jade vert. » Mais plus que l'idée de communion[, ce] qui frappe, c'est le défi lancé par le poète à un ordre surnat[urel] et, à travers ce défi, ses pulsions éclatées. Une image revient s[ans] cesse, comme un leitmotiv, celle de l'épée. Le poète s'en sert [non] par simple esprit chevaleresque, mais pour sonder tou[t le] secret des mythes attachés à cette figure. Il rit de ceux qui « [sont] capables de porter l'épée sur les autres, mais ne savent poi[nt se] mirer en elle ». Sous son pinceau, l'épée prend des sens [multiples]

tiples : symbole phallique (selon la tradition taoïste), symbole de la mort (également d'après la tradition taoïste : l'épée remplace le corps immobile qu'aurait laissé un mort), symbole du défi à un ordre surnaturel (tuer le dragon) et symbole de la métamorphose (l'épée se transforme elle-même en dragon). Le poète intervient comme celui qui déchiffre et ordonne les multiples mythes et métaphores accumulés au cours des âges. A travers ce déchiffrement, il découvre à lui-même les pulsions secrètes qui l'habitent. C'est sous cet angle que nous allons aborder un de ses poèmes.

### Li He : *Ballade du Kong-hou* [1]

Soie de Wu platane de Shu / dresser automne haut
Ciel vide nuages figés / tombant non pas flottants
Déesse du fleuve pleurer bambous / Filles Blanches s'affliger
Li Ping milieu du pays / jouer kong-hou
Mont Kun jades se briser / couple de phénix s'appeler
Fleurs de lotus verser rosée / orchidées parfumées rire
Douze portiques par-devant / fondre lumières froides
Vingt-trois cordes de soie / émouvoir Empereur Pourpre
Nü-wa affiner pierres / réparer voûte céleste
Pierres fendues ciel éclaté / ramener pluie automnale
Rêve pénétrer mont Sacré / initier le chamane
Poissons vieillis soulever vagues / maigres dragons danser
Wu Zhi hors sommeil / s'appuyer contre cannelier
Rosée ailée obliquement voler / mouiller lièvre transi.

Ce poème a pour thème le jeu d'un musicien sur un instrument appelé *kong-hou*. Le thème du jeu musical a été utilisé nombreuses fois par Li He, notamment dans les deux poèmes portant le titre « Cordes magiques ». Ce sont des poèmes de nature incantatoire, recréant des scènes d'invocations de sorcières chamanes. Ici, si l'incantation n'est pas absente, c'est surtout à travers les images suscitées par la musique que le poète essaye de présenter le pouvoir de la création artistique.

A la première lecture, on est frappé par le foisonnement des images qui se suivent comme s'il n'y avait aucun lien entre elles. Toutefois, un lecteur qui connaît le sens de certaines métaphores, et des systèmes de correspondances (nombres, éléments, ...), ne tarde pas à saisir la logique métonymique qui les relie. Nous l'avons déjà dit plus haut, le poète se passe des éléments

---

[1] existe plusieurs traductions de ce poème en anglais, notamment celle de Frodsham. Voir seconde partie, p. 268.

narratifs, pour se situer d'emblée au niveau de la métaphore.)

Le poème commence par l'expression « soie et platane », qui dérive de « soie et bambou », métaphore usuelle désignant les instruments de musique en général. De ces images – qui représentent des éléments de la nature –, le vers « déborde », comme naturellement, sur celle de l'automne et du ciel vide. Ce ciel vide – où les nuages se figent et que troublent seulement les pleurs de la déesse du fleuve et des Filles Blanches : ces dernières sont les femmes du roi légendaire Shun (à la mort de celui-ci, elles pleurèrent sur sa tombe d'où surgirent des bambous) –, suggère d'emblée un lieu mythique habité par la mort. Ce passage par le vide est une épreuve nécessaire. Remarquons qu'à la fin du vers 4 le poète a placé (très ingénieusement) le nom de l'instrument kong-hou, qui graphiquement peut vouloir dire : « le vide qui attend ». L'idée d'un lieu mythique est confirmée par le vers 5 lequel, sans transition, introduit l'image du mont Kun-lun, chaîne sacrée à l'ouest de la Chine. Cette montagne est célèbre entre autres, pour ses jades, d'où l'image de « jades brisés » (vers 5). Or, cette image est utilisée dans la langue ordinaire pour signifier « se sacrifier pour la Beauté » (ou mourir pour une noble cause). L'idée d'un passage dans la mort se poursuit donc mais elle est suivie, dans le même vers, de celle d'une résurrection suggérée par le couple de phénix (oiseaux surnaturels, symbolisant l'accouplement et le miracle de la vie).

A partir de ce point, le poème avance en s'appuyant à chaque étape sur des métaphores et des figures empruntées aux différents mythes traditionnels : déesse du fleuve, Empereur Pourpre (désigne aussi bien l'empereur lui-même, puisque Li Ping était musicien de cour, que l'un des Augustes du Ciel qui règnent sur l'Étoile Pourpre) ; Nü-wa (figure féminine mythique qui aurait fondu des pierres à cinq couleurs pour réparer un coin du ciel abîmé par le démon Gong-gong) ; chamanes ; Wu Zhi (qui, après une faute commise au cours de son initiation pour devenir immortel, a été condamné à rester dans la lune et à couper les branches du cannelier qui y pousse : l'arbre, repoussant sans cesse, le labeur du bûcheron ne connaît ni répit ni fin). A travers ces personnages, le poème montre le rapport établi par la musique entre les éléments terrestres et ceux du monde surnaturel. Ce lien est suggéré en outre par les réseaux de correspondances fondés sur les nombres.

Dans le vers 7, les douze portiques désignent ceux du palais impérial. Mais l'image « lumières fondues » (l'action de musique agissant sur les éléments) qui suit fait penser aux douze notes de l'échelle musicale chinoise, et également aux douze branches terrestres qui rejoignent ainsi l'image initiale de l'arbre (les douze branches terrestres ont pour correspondants les dix troncs célestes). Quant aux vingt-trois cordes du vers 8, elles sont liées à la présence de corps célestes (« Empereur Pourpre » désigne à la fois l'empereur en personne et l'Étoile portant le même nom ; d'autre part, le quartier de lune se dit en chinois : corde de lune, etc.) et évoquent les vingt-huit Mansions célestes. Entre le chiffre 23 et le chiffre 28, il y a un manque. Ce manque est justement suggéré par le vers suivant, où le poète parle du pan du ciel qui manque et de la déesse Nü-wa qui répare la partie céleste effondrée, avec des pierres de *cinq couleurs*.

On peut dégager – en schématisant beaucoup –, sous ce foisonnement d'images, les thèmes suivants : la création artistique est une initiation qui comporte des épreuves, épreuves de la mort dont on ne peut sortir vainqueur qu'en s'unissant au monde surnaturel. Le rapport recherché avec le surnaturel est d'ordre sexuel. On voit dans le poème, d'un côté, des êtres surnaturels (ou reliés au surnaturel) qui sont des figures féminines : déesse du fleuve, Nü-wa, chamanes ; et de l'autre, des êtres humains de sexe masculin : Li Ping le musicien, l'empereur et Wu Zhi. Cette nature sexuelle est soulignée par le symbole phallique qu'est l'instrument de musique, lequel se présente sous forme d'arbres : platane dressé, bambous surgis, douze branches terrestres et le cannelier dont les branches repoussent toujours ; soulignons aussi que le nom même du musicien Li (vers 4) veut dire prunier. L'interaction des deux types d'êtres – féminins et masculins, surnaturels et humains – règle le rythme du mouvement cosmique. Par son défi, l'artiste viole l'ordre des règles et entraîne les éléments dans un processus de métamorphoses : nuages figés, jades éclatés, phénix qui chantent, orchidées qui rient, lumière fondue, pierres brûlées, pluie d'automne (soupçonnons que l'image de la pluie est reliée à celle des nuages du vers 2 ; les deux images combinées signifient, en chinois, l'acte sexuel), dragon dansant et lièvre frissonnant. Cette dernière image du lièvre, apparemment incongrue et comme égarée dans cette « forêt de symboles », constitue elle aussi un symbole : celui de la fécondité et de l'immortalité. En effet, les mythes concernant la lune présentent celle-ci comme un lieu où habitent un lièvre et un crapaud, et où pousse un cannelier. En évoquant la lune par des êtres qui l'habitent, le poète veut éviter de la nommer, de la présenter comme lieu lointain ou décor extérieur. Grâce à quoi, l'ambiguïté entre le monde humain et le monde surnaturel est maintenue. Wu Zhi et le lièvre sont à la fois des êtres réels et des êtres transfigurés. Si Wu Zhi – qui coupe le cannelier – et le lièvre – qui fabrique l'élixir d'immortalité – connaissent enfin l'extase et la félicité, ils n'arrivent pas à faire oublier leur condition tragique. Le cannelier va repousser et la lune va vers sa décroissance. L'immortalité même est mortelle. L'image finale, du cannelier (arbre sacré), qui rejoint l'image initiale, du platane (arbre terrestre), montre le processus de sublimation, en même temps que celui de l'éternel recommencement.

Un dérèglement apparent, une unité interne, tel apparaît ce poème aux accents incantatoires. Cet univers bouleversé, ces éléments mêlés, c'est le langage lui-même qui les suscite. Par les images métaphoriques (soie et platane, jades brisés, phénix chantants, nuage-pluie, douze portiques et vingt-trois cordes) et les figures mythiques, le poète maintient le langage constamment sur l'axe métonymique, sans commentaire extérieur, comme si les images s'engendraient elles-mêmes. Le poème se présente ainsi comme une suite ininterrompue de « surgissements » de métaphores, surgissements qui ne sont autres que l'actualisation d'un système métonymique constitué. Pour utiliser une image, nous pouvons dire que métaphore et métonymie forment ici l'endroit et l'envers d'un seul canevas.

Le poète est, plus que celui qui parle, celui qui se laisse parler. Il apparaît comme un déchiffreur en même temps qu'un ordonnateur des mythes accumulés au cours des millénaires. Tout se passe comme si le poète ne pouvait accomplir son propre mythe qu'en ayant vécu tous les autres mythes. En les ordonnant, il les transforme. Ce passage souterrain à travers les mythes est pour lui une initiation.

Li Shang-yin (812-858) a vécu peu après Li He. Comme celui-ci, il est célèbre par sa façon de manier les images, mais sa démarche est souvent différente. Chantre de la passion secrète, il procède par allusion. Pour cela, il se sert d'images riches de sens symboliques, comme Li He, mais fait davantage appel à astuces formelles (césure, parallélisme, progression strophique, etc.), en les organisant sur deux axes : linéaire et spatial. Se passant d'éléments narratifs et anecdotiques, ces images s'appui-

sur des oppositions et des combinaisons internes, qui dégagent pleinement leur contenu connotatif.

Par sa manière d'épuiser toutes les virtualités métonymiques que recèle une image, il se rattache à cette tradition populaire des Six Dynasties dont nous avons parlé plus haut [1].

Nous avons choisi, pour notre analyse, deux *lü-shi* du poète dont voici le premier : « Sans titre » [2].

> Les rencontres – difficiles
>     les adieux – plus encore !
> Le vent d'est a faibli
>     et les cent fleurs se fanent.
> Le ver à soie, tant qu'il vivra,
>     déroulera sans fin son fil ;
> La bougie ne tarit ses pleurs
>     que brûlée et réduite en cendres
> Dans le miroir du matin pâlissent
>     les nuages de la chevelure
> Au chant de nuit répond l'écho
>     fraîchi sous la clarté lunaire
> D'ici jusqu'au mont Peng
>     la route n'est plus longue
> Diligent Oiseau Vert
>     veille sur nos traversées !

Li Shang-yin a chanté, dans une série de poèmes au ton très allusif, les amours secrètes qu'il avait vécues. Dans ce poème, à l'exception du vers 1, de style parlé, et qui révèle le thème du poème (la passion partagée et le drame de la séparation), tout le reste est fait d'une suite d'images et de métaphores, formant, là encore, un réseau métonymique, fondé parfois sur des liens phoniques (des calembours). Dans le vers 3, « ver à soie » (*can*) est homonyme de l'expression *can-mian* (« ébats amoureux ») ; tandis que « fil de soie » (*si*) est homonyme de *si* (« pensée amoureuse »). Par ailleurs, ce même « fil de soie » entre dans l'expression « fils bleus » (*qing-si*) qui veut dire « cheveux noirs » et qui annonce l'image de la chevelure du vers 6. Dans le vers 4, « cendres » (*hui*) entre dans l'expression *xin-hui* (« cœur brisé »), laquelle continue donc l'idée d'un amour contrarié contenue dans les vers précédents ; de plus, ce *hui* (« cendres ») désigne également la couleur grise qui préfigure le changement de couleur de la chevelure dans

---

[1] Voir p. 103-104.
[2] Voir seconde partie, p. 227. Nous en donnons ici la traduction interprétée.

le vers 5. Toujours dans le vers 4, l'image de la flamme de bougie renvoie, d'une part, à celle du vent d'est du vers 2, et, d'autre part, à celle de la clarté lunaire du vers 6. L'image de la lune, elle, suscite la figure de la déesse Chang-E qui y vit seule ; elle confirme que la fatale séparation ne trouvera d'issue qu'aux îles Immortelles (où se trouve le mont Peng), c'est-à-dire, par-delà la mort. Après toutes ces indications, si nous reprenons le poème en entier, nous remarquons combien l'acte d'amour signifié par le vers 2 est pris en charge dans les vers suivants par un espace-temps en mutation. L'espace d'abord. Un espace qui s'élargit sans cesse jusqu'à atteindre une sphère inaccessible, tant il est vrai que les images de fleurs, de vers à soie et de bougie (le caractère désignant la cire de la bougie comporte le radical de l'insecte abeille), images familières, « au ras du sol », se trouvent transformées en éléments célestes : nuage, lune et enfin montagne légendaire e[t] oiseau mythique. Quant au temps, le printemps finissant qu'annonce le vers 2 s'engage, au cours des quatre vers qui suivent, dans l'alternance des jours et des saisons, avant d'aboutir au rêve d'un renouveau qui triompherait de la mort, incarné par l'Oiseau Vert. Au travers de cet espace-temps où les sentiments humain[s] sont en symbiose avec les environnements qui les portent, l[e] drame de l'amour inaccompli, prenant l'univers à témoin, devie[nt] un drame universel.

Le second *lü-shi* de Li Shang-yin est intitulé : « Cithare orné[e] de brocart »[1].

I   1  Cithare ornée pur hasard / voici cinquante cordes
     2  Chaque corde chaque chevalet / penser années fleuries

II  3  Lettré Zhuang rêve matinal / s'égarer papillon
    4  Empereur Wang cœur printanier / se confier tourterelle

III 5  Mer vaste lune claire / perles avoir larmes
    6  Champ Bleu soleil ardent / jade naître fumées

IV 7  Cette passion pouvoir durer / devenir poursuite-mémoire
    8  Seulement instant même / déjà dépossédé.

Ce poème, écrit dans un style « laconique », a pour thème [la] réminiscence d'une passion. Le premier distique place d'emblé[e le] poème sur un plan d'ambiguïté. Le poète livre son thème initia[l]

---

1. Voir seconde partie, p. 230.

partir d'un objet à la fois réel et légendaire. Il s'agit d'un *jin-se*, un instrument à cinquante cordes orné de brocart. Or, un *jin-se*, normalement, n'en a que vingt-cinq. Il est vrai qu'une légende rapporte qu'à l'origine – dans la haute antiquité chinoise – l'instrument possédait effectivement cinquante cordes, mais que, lors d'une audition, un empereur des Zhou, n'ayant pas pu supporter la musique trop poignante que jouait l'une de ses favorites, avait ordonné qu'on réduisît le nombre des cordes de moitié. En lisant le premier distique, on ne doute pas que le poète se trouve devant un objet réel (le souvenir laissé par une femme aimée ?), mais on se demande s'il ne songe pas en même temps à un objet imaginaire, au travers duquel il pourrait s'identifier à quelque amant inconsolable de l'Antiquité. En tout état de cause, l'image de la cithare permet au poète de ne pas se désigner comme « je » : elle s'offre comme un lieu de métamorphoses. Ces cinquante cordes évoquent peut-être les années que le poète a vécues (certains commentateurs supposent que le poète a composé le poème à cinquante ans). Ces années convergent toutefois vers une image obsédante : une fleur (à laquelle fait allusion aussi l'image du brocart) qui n'est pas un simple objet décoratif, mais suggère un désir enfoui et inassouvi. C'est qu'aux images de cordes et de chevalet s'attachent des connotations à nuance sexuelle : dans la tradition taoïste, on désigne le sexe de la femme par « cordes musicales » et celui de l'homme par « colonne de jade » (en chinois, « colonne » et « chevalet » sont désignés par le même mot). Ainsi, cette cithare qui inaugure de façon abrupte le poème, par ses allusions multiples et par l'écho de son chant, pose une suite de questions pleines d'ambiguïté : expérience vécue ou rêve ? Identification de soi ou dédoublement ? Poursuite d'un amour perdu, ou quête sans fin de l'autre ?

Ces questions, le poète ne les posera jamais de façon explicite. Rompant le ton parlé et narratif du distique I, sans transition, il introduit dans les deux distiques suivants (II et III), distiques parallèles, une organisation spatiale des signes basée sur l'équivalence réversible (II) et sur l'enchaînement circulaire (III). Grâce à ces structures, et sans que soit nécessaire un commentaire quelconque, les images sont signifiantes d'elles-mêmes, en s'attirant et se combinant pour former un réseau complexe ayant sa logique interne. A travers ces images, on saisit les thèmes de la poursuite d'un souvenir, d'une passion vécue ou rêvée, d'une quête à travers la vie qui se transforme le long du temps cyclique lequel permettrait peut-être aux amants de se retrouver.

Les deux distiques s'articulent ainsi : le distique II élève le poème au plan métaphorique et, à partir de ce plan, s'ouvre un « champ métonymique » que le poète exploite dans le distique III, distique lui-même fait d'une suite d'images s'engendrant les unes les autres. Voici tout d'abord le sens symbolique attaché aux images qui apparaissent dans le distique II :

Lettré Zhuang/papillon : le philosophe taoïste Zhuang-zi, en se réveillant d'un rêve dans lequel il se trouva transformé en papillon, se demanda si, après tout, c'était bien lui-même qui avait rêvé d'être papillon ou, au contraire, si c'était le papillon qui avait rêvé de devenir Zhuang-zi. (Était-il réveillé en tant que Zhuang-zi ou n'était-il qu'un être rêvé par un papillon ?) Le philosophe illustre ici la conception taoïste touchant l'illusion de la vie et l'identité des êtres.

Empereur Wang/tourterelle : selon la légende, l'empereur Wang de Shu, inconsolé après la mort de sa favorite, abandonna son trône et disparut. Son âme se serait transformée par la suite en *du-juan* « tourterelle », dont le cri ressemble à des sanglots. Il est dit que cette tourterelle, en chantant, crachait du sang, lequel se transformait à son tour en fleurs de couleur rouge vif qu'on trouve partout au pays de Shu et qui porte le même nom. Le *du-juan* symbolise ainsi une passion brève qui se prolonge sous forme de métamorphoses. Remarquons encore que pour « lettré Zhuang-papillon » aussi bien que pour « empereur Wang-tourterelle », il y a changement de sexe : papillon et tourterelle ont toujours, dans la poésie de Li Shang-yin, une connotation féminine.

Si le poète s'identifie au lettré Zhuang et à l'empereur Wang, ces deux derniers, à leur tour, sont mis en équivalence avec papillon et la tourterelle. Cette suite de « mises en équivalence » est soulignée par la structure grammaticale des deux phrases. Les deux vers étant parallèles ont une structure identique : des sujets animés (A et B) reliés par un verbe. Les deux verbes « s'égarer » et « se changer », qui dans l'usage courant sont des verbes transitifs, sont rendus ici « neutres » par l'omission d'éléments post-verbaux (une préposition telle que « à » ou « en » par exemple). En sorte que la progression de la phrase, au lieu d'être en sens unique : A ⟶ B, devient réversible : A ⇄ B. C'est ainsi que le second vers, par exemple, peut se lire « cœur de l'empereur Wang se transforme *en* tourterelle » et inversement, « une tourterelle se transforme *en* cœur de l'empereur Wang ». A travers cette astuce syntaxique, le poète met un plan de réversibilité les éléments humains et ceux de nature, pour signifier que, si sa passion vécue et son désir inassouvi sont mués en d'autres choses, il nourrit l'espoir de les retrouver. D'autre part, comme les deux vers sont parallèles, « rêve matinal » et « cœur printanier », « papillon » et « tourterelle » sont en vis-à-vis et s'opposent ; d'un côté, illusion, oubli et insouciance ; de l'autre, désir charnel, souvenir et passion tragique. Le déchirement du poète que représentent ces deux pôles irréconciliables est mis en évidence par l'organisation formelle.

Ce distique, construit sur le mode de l'*équivalence,* est de nature métaphorique (que sous-tend une structure métonymique : rêve-papillon, cœur-tourterelle). Il établit des liens d'analogie entre différents types d'êtres (et entre différents règnes) : entre le poète et les deux personnages (Zhuang et Wang), d'abord ; puis, entre ces personnages et le papillon et la tourterelle qui sont du règne animal. Enfin l'image du règne animal entraîne celle du règne végétal, représenté par la fleur. Tous ces liens établis font naître l'idée d'interchangeabilité et de transformation et ouvrent un large champ métonymique, que le poète exploite dans le distique suivant.

En effet, le distique III est composé d'une suite de métaphores ayant entre elles des liens de contiguïté. Les deux vers commencent respectivement par les images de mer et de champ, dont la combinaison signifie en chinois : transformation[1]. Par-delà les règnes animal et végétal, la quête du poète va donc plus loin ; elle touche le règne minéral, représenté par la perle et le jade. Il y a lieu de préciser quels sont les mythes contenus dans les deux vers.

*Vers 5* : Dans la mer du sud, des sirènes apparaissent les nuits de pleine lune ; les larmes qu'elles versent deviennent des perles.

*Vers 6* : Au Champ Bleu (dans l'actuelle province du Shen-xi, célèbre pour ses jades), le soleil provoque des émanations qui donnent, lorsqu'on les voit de loin (mais de loin seulement) des visions merveilleuses. Un autre mythe raconte qu'un vieillard a semé des graines qui lui ont été données par un passant inconnu, en récompense de sa générosité. Ces graines, en germant, sont devenues de beaux morceaux de jade, grâce auxquels il a pu épouser la jeune fille qu'il désirait.

Même un lecteur qui ignorerait ces légendes pourrait saisir pertinemment les liens métonymiques qui unissent les images : par exemple dans le vers 5, entre la mer et la lune (interaction), la lune et les perles (éclat et rondeur), les perles et les larmes ;

---

[1] 海 桑 田, « Mer sans fond champ de mûriers », signifiant que la mer peut un jour se transformer en champ cultivé et vice versa.

et enfin, l'image des larmes étant celle d'un élément liquide (parce qu'il existe aussi l'expression « mer de larmes » dans la langue), elle rejoint celle de la mer. Les deux vers forment ainsi chacun un anneau :

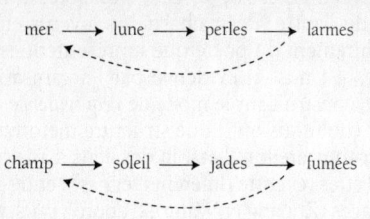

```
mer ⟶ lune ⟶ perles ⟶ larmes
 ⤆╌╌╌╌╌╌╌╌╌╌╌╌╌╌╌╌╌╌╌╌⤴
```

```
champ ⟶ soleil ⟶ jades ⟶ fumées
 ⤆╌╌╌╌╌╌╌╌╌╌╌╌╌╌╌╌╌╌╌╌⤴
```

Rappelons qu'à côté de l'expression « mer de larmes » il existe également dans la langue celle de « mer de fumées », de sorte que la fin du second vers rejoint le début du premier. Les deux anneaux combinés peuvent être représentés par la figure suivante (que nous avons utilisée pour illustrer la forme du parallélisme)

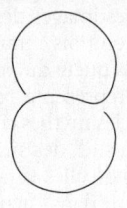

Ces anneaux combinés, aussi cohérents soient-ils, cernent cependant un vide, une absence. Entre le règne animal du distique II et le règne minéral du distique III, il y a toujours l'image de la fleur nommée dans le distique I et suggérée par « papillon-fumée » et « tourterelle-larmes ». Cette fleur absente (la femme désirée) est justement l'objet de la quête du poète. Or, compte tenu des deux légendes de ce distique III (toutes deux liées à l'apparition d'une femme), compte tenu également des sens particuliers attachés aux images de lune, d'ondes, de perles et de jades (en chinois, une multitude d'expressions fondées sur ces images décrivent la beauté féminine : corps de femme, regard de femme, cheveux de femme, visage de femme), on sent réellement, par-delà l'absence, la présence charnelle de la femme aimée que suscite la magie du chant. L'enchaînement circulaire représenté par ce double anneau, suggère en outre la croyance du poète en la possibilité de retrouvailles dans une vie ultérieure.

Si cette quête du poète à travers le temps et les règnes est fortement mise en relief par l'enchaînement linéaire, nous n'oublions pas cependant que, tout comme dans le distique précédent, les deux vers (5 et 6) sont parallèles. Les termes en vis-à-vis, entre deux vers, par leurs combinaisons, provoquent d'autres sens :

*Mer-champ* : transformation universelle, vicissitudes de la vie humaine ;

*Soleil-lune* : mouvement cosmique, écoulement du temps (jour et nuit, jours et mois), éternité ;

*Perles-jades* : traditionnellement associés dans un grand nombre d'expressions : trésors humains, harmonie dans le couple, sons mélodieux de musique. Et l'expression « perles et jades enfouis » signifie une belle femme morte ;

*Larmes-fumées* : passion tragique, passion vaine.

D'autres combinaisons signifiantes sont possibles encore : « mer-soleil » = renaître, « mer séchée-pierre pourrie » = passion indestructible. Outre ces binômes qui relient les deux vers, il faut signaler les deux vers dans leur ensemble, l'un marqué par le *yin* (lune, mer) et l'autre par le *yang* (soleil, feu). Mis en parallèle, les deux vers suscitent l'image de l'accouplement (*yang-yin* : homme-femme). A travers des liens charnels, l'homme et la femme se perdent et se retrouvent sans cesse.

Ainsi, dans ce distique III, tandis que sur l'axe syntagmatique se poursuit le thème du rêve inauguré dans le distique précédent, sur l'axe paradigmatique, entre deux vers, se développe le thème du désir. Un lecteur connaissant le sens symbolique de toutes ces images, lorsqu'il scande les deux vers selon le rythme, sent véritablement, par-delà le langage direct (« à travers tout, jour et nuit, je te cherche et te désire. Viens à moi, ensemble l'un dans l'autre, nous renaîtrons... »), jaillir des profondeurs de l'acte de la signifiance les figures et les gestes d'une passion accomplie [1].

---

Il ne faut pas, en effet, que la traduction et notre analyse donnent l'impression que le poème est fait d'un simple agrégat d'images. Il s'agit d'un chant où l'absence de mots exprimant des sentiments n'en rend que plus poignant l'accent. Pour une oreille chinoise, ces vers ne sont pas moins musicaux que par exemple le chant d'Ariel de Shakespeare : « Full fathom five thy father lies / Of his bones are coral made / Those are pearls that were his eyes / Nothing of him that doth fade / But doth suffer a sea-change / Into something rich and strange » ; ni moins « parlants » que les plaintes de Maurice Scève : « En toy je vis, où que tu sois absente, / En moy je meurs, où que soye present. / Tant sois tu, toujours tu es presente, / Pour pres que soye, encore suis je absent... »

Oui, les trois distiques que nous venons d'analyser sont pris dans un processus d'engendrement continuel, sans que les éléments trop figés d'un langage dénotatif viennent les fixer dans un sens unique. Derrière toutes ces images, à la fois structurées et éclatées, on devine, sous-jacents, un « je » et un « tu » qui assurent l'unité du poème. Ni l'un ni l'autre ne sont mentionnés car l'un et l'autre ne retrouvent leur être que par cette quête même, une quête qui, partant de la cithare en tant qu'un corps et par le truchement de la musique incantatoire qui en émane finit par permettre, d'étape en étape, à ce « je » de rejoindre voire même de devenir – « tu » :

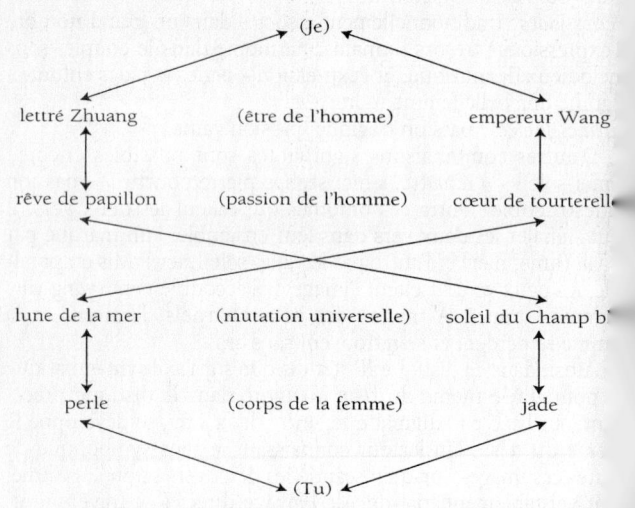

```
                        (Je)
                         ↑
           ↗                         ↖
   lettré Zhuang    (être de l'homme)    empereur Wang
        ↕                                      ↕
   rêve de papillon  (passion de l'homme)  cœur de tourterelle
              ↘                    ↗
                  ╳
              ↗                    ↘
   lune de la mer  (mutation universelle)  soleil du Champ b...
        ↕                                      ↕
      perle        (corps de la femme)        jade
           ↘                         ↙
                         ↓
                        (Tu)
```

Le dernier distique, quittant le langage à structure parall[èle] réintroduit le chant linéaire inauguré par le premier distique vers 7 peut être interprété comme une supplication aussi bien comme une interrogation (même type de phrase en chinois) : c passion aurait-elle pu durer, telle la cithare qui est restée ? force de renouveler le jeu, parviendra-t-on à retrouver le chant tial ? Le distique contient trois caractères ayant la clé du « cœ (le premier commence le distique et le troisième le termine) répondent au seul mot cœur dans le reste du poème : « cœur tanier » du vers 4. Leur présence semble signifier que l'aver est intérieure. Il s'agit de 情 « passion », de 憶 « mémoire »

dernier caractère *wang* 惘 qui clôt le poème et qui se prononce comme le nom de l'empereur Wang ; il fait resurgir la figure de celui-ci et contribue à la cohérence du poème. Ce mot, très imagé, veut dire à la fois : « être possédé » (le cœur pris dans un filet) et « être dé-possédé » (le vide insaisissable, l'absence). Par ce mot plein d'ambiguïté et d'apparente contradiction, la fin du poème se situe en ce lieu où toute présence ne tient que par l'absence et où le temps de la passion vécue se confond, là encore, avec celui de la quête.

Nous étudierons, pour terminer, un quatrain de Li Bo qui présente un cas extrême, bien que finalement assez fréquent dans la poésie chinoise. Il s'agit d'observer comment, dans un poème où les éléments descriptifs sont réduits au minimum, les images symboliques forment un paradigme homogène et créent un ordre spatial dans lequel, tout en s'opposant, elles se transforment en unités interchangeables. A travers cette structure à la fois éclatée et unifiante (telle une constellation) et qui frappe par son économie, se montre à nu un langage métaphorique – où sujet et objet, dehors et dedans, lointain et près sont les facettes d'un même prisme sans cesse irradiant :

> Li Bo : *Perron de jade*
>
> Perron de jade / naître rosée blanche
> Tard dans la nuit / pénétrer bas de soie
> Cependant baisser / store de cristal
> Par transparence / regarder lune d'automne.

Le poème[1] a pour thème l'attente d'une femme dans la nuit devant le perron de sa maison, attente longue et finalement déçue : son amant ne viendra pas. Par dépit, et aussi à cause de la fraîcheur de la nuit, elle se retire dans sa chambre. Là, à travers le store de cristal baissé, elle s'attarde encore, confiant son regret et son désir à la lune si proche (par sa clarté) et si lointaine.

Nous venons de proposer une interprétation de ce poème. Pourtant, dans le poème, les éléments narratifs consistent en quelques verbes d'action neutres, alors que les mots décrivant les sentiments tels que solitude, déception, dépit, regret, désir

---

Voir seconde partie, p. 158.

de réunion, etc., sont totalement absents. Le sujet personnel, comme le veut la tradition poétique, est omis. Qui parle ? Un « elle » ou un « je » ? Le lecteur est invité à vivre les sentiments du personnage « de l'intérieur » ; mais ces sentiments ne sont suggérés que par des gestes et quelques objets.

Le poème se présente sous la forme d'une suite d'images : perron de jade, rosée blanche, bas de soie, store de cristal, *ling-long* « par transparence », lune d'automne. Un lecteur qui connaît le symbolisme poétique chinois en saisira sans peine le sens connotatif.
*Perron de jade* : demeure d'une femme. Le jade évoque par ailleurs la peau lisse et fine d'une femme.
*Rosée blanche* : nuit fraîche, heure solitaire, larmes. Nuance érotique aussi.
*Bas de soie* : corps de femme.
*Store de cristal* : intérieur de gynécée.
*Ling-long* : ce mot, que nous avons traduit « par transparence » dans le vers 4, est très riche de sens ; il évoquait initialement le bruit que faisait le tintement des pendentifs de jade ; par la suite il est utilisé pour qualifier des objets précieux et scintillants, également des visages de femmes ou d'enfants. Ici, il permet une double interprétation : la femme qui regarde la lune et la lune qui éclaire le visage de la femme. D'un point de vue phonique, ce binôme allitéré répond en écho à la suite de mots contenus dans les vers précédents, mots ayant pour initiale *l* et qui désignent des objets brillants ou transparents : *lu* (rosée), *luo* (soie), *lien* (rideau de cristal).
*Lune d'automne* : présence lointaine et désir de réunion (deux amants séparés peuvent regarder la même lune ; en outre, la pleine lune symbolise la réunion des êtres chers).

Par cette suite d'images, le poète crée un monde cohérent. La progression linéaire se maintient au niveau métaphorique. Ces images ont ceci de commun qu'elles représentent toutes des objets brillants ou transparents. Elles donnent l'impression de dériver les unes des autres, dans un ordre régulier. Cette impression de régularité est confirmée, sur le plan syntaxique, par la régularité des phrases de type identique. Les quatre phrases qui composent le poème s'analysent toutes ainsi :

complément + verbe + objet

Une telle régularité imprime au poème les nuances d'un ordre inexorable : dans chacune des quatre phrases, le verbe, placé au milieu, est déterminé par un complément et aboutit à un objet. Compte tenu de l'omission du sujet personnel, le poème apparaît comme pris dans un processus où les choses s'enchaînent toutes seules et où une image en engendre une autre, depuis la première jusqu'à la dernière :

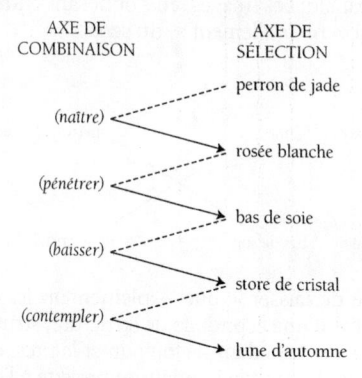

```
         AXE DE              AXE DE
      COMBINAISON           SÉLECTION

                       ----- perron de jade
        (naître)  <---
                       ---> rosée blanche
        (pénétrer) <---
                       ---> bas de soie
        (baisser)  <---
                       ---> store de cristal
        (contempler) <---
                       ---> lune d'automne
```

Ce schéma suggère une progression linéaire en sens unique. Mais si l'on se replace à un point de vue imaginaire, on pourrait relier la dernière image (clair de lune) à la première (perron de jade) en passant par toutes les autres :

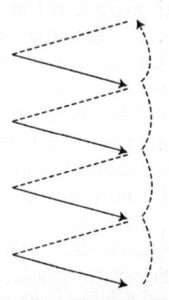

les objets transparents ou cristallins brillent grâce au clair de lune qui, apparu au dernier moment, « refait le parcours » du poème comme pour donner à chaque image sa pleine clarté ou plutôt son plein sens. Cette lune qui luit à nouveau sur le perron de jade vide accentue le regret ; le mouvement circulaire souligne une pensée obsédante qui revient sans cesse sur elle-même.

Cette organisation paradigmatique au sein du développement linéaire permet de vérifier, au plan des images, le trait dominant du langage poétique défini par R. Jakobson : projection de l'axe de la sélection sur celui de la combinaison. Subtilement, le poète fait éclater le langage, en introduisant dans l'ordre temporel la dimension spatiale. Les images, en s'opposant entre elles, provoquent, comme « naturellement », du sens :

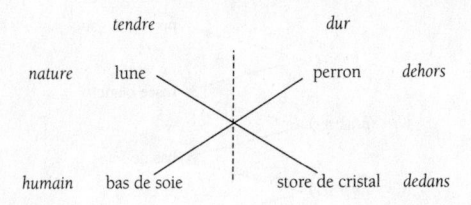

|  | *tendre* |  | *dur* |  |
|---|---|---|---|---|
| *nature* | lune |  | perron | *dehors* |
| *humain* | bas de soie |  | store de cristal | *dedans* |

Cette manière de laisser « jouer » pleinement les images est la condition même d'une économie de structure, structure qui unit en elle le dehors et le dedans, le lointain et le près, et plus encore le sujet et l'objet. Le monde intérieur se projette à l'extérieur, tandis que le monde extérieur devient le signe d'un monde intérieur. Ce jade, c'est à la fois le perron et la chair de la femme ; cette rosée, c'est à la fois la fraîcheur de la nuit et le désir de la femme ; le *ling-long,* c'est à la fois le visage de la femme qui regarde et la lune vue à travers le rideau de cristal. Et cette lune, à la fois présence lointaine et sentiment intime, provoque à chacune de ses rencontres avec les objets un sens nouveau.

Pour nous servir aussi d'un langage métaphorique, nous pourrions peut-être dire qu'au-dessus du discours « terre à terre » se dresse une voûte céleste dans laquelle planent des figures lumineuses formant une constellation. Unies par des liens métonymiques, transformant le hasard en nécessité, elles se situent les unes par rapport aux autres, s'attirent entre elles et s'éclairent de leurs feux croisés. Au milieu d'elles brille un astre d'un éclat particulier : la lune. Vers elle convergent les autres étoiles ; c'est elle qui, chargée du désir humain, finalement les éclaire toutes. Cette lune, qui est un des symboles fondamentaux des poètes chinois classiques, dont la sensibilité est essentiellement « nocturne », révèle, par le truchement des signes au rythme primordial, le secret d'une nuit de mythe et de communion.

SECONDE PARTIE

# *Anthologie des poèmes des Tang*

Cette anthologie présente les principales formes en usage à l'époque des Tang : d'une part, le *jin-ti-shi* (« Poésie de style nouveau »), qui se divise en *jue-ju* (« quatrain ») et *lü-shi* (« huitain ») ; et, d'autre part, le *gu-ti-shi* (« Poésie de style ancien »). Ce dernier, comportant moins de contraintes, permet aux poètes de donner libre cours à leur besoin d'effusion ou de narration.

Le recueil se termine par cinq *ci* (« Poésie chantée »). C'est vers la fin des Tang qu'est né ce nouveau genre, naissance qui est due, pour une part, au développement de la musique : les poètes, en compagnie de courtisanes musiciennes, composaient alors des poèmes d'après des thèmes mélodiques. Contrairement au *shi*, les vers d'un *ci* sont de longueur variable et soumis à un développement plus linéaire. Les exemples choisis montrent ce genre à son état naissant, quand les poètes commencent à se dégager du style concis et ordonné et à se rapprocher davantage du style descriptif et parlé. Ce changement de langage traduit en fait une crise plus profonde. La dynastie Tang, minée par les guerres extérieures et les conflits internes, voit se briser son rêve d'unité et d'ordre. Les poètes, ébranlés aussi, confient leur nostalgie à un chant au rythme plus délié, plus décomposé, et comme brisé.

Pour chaque poème, nous donnons le texte original, une traduction mot à mot et une traduction interprétée.

# Jue-ju
(« quatrain »)

| | | **Wang Zhi-huan** |
|---|---|---|
| 王之渙 | 登鸛雀樓 | Du haut du pavillon des Cigognes[1] |
| 白 日 依 山 盡 | | *Soleil blanc / longer montagne cesser* |
| 黃 河 入 海 流 | | *Fleuve Jaune / pénétrer mer couler* |
| 欲 窮 千 里 目 | | *Vouloir épuiser / mille stades vue* |
| 更 上 一 層 樓 | | *Encore monter / un degré étage*[2] |

Le soleil blanc s'efface par-delà les montagnes
Le fleuve Jaune se rue vers la mer
Vaste pays qu'on voudrait d'un regard embrasser :
Montons encore d'un étage

pavillon situé dans le sud-est du Shan-xi, au coude du fleuve Jaune, était célèbre la beauté de son panorama.
poème entier a été analysé au chapitre II, à propos du parallélisme. Voir p. 70.

| 陳子昂 | 登幽州臺 | **Chen Zi-ang** |
|---|---|---|
| | 前 不 見 古 人 | Du haut de la terrasse de You-zhou |
| | 後 不 見 來 者 | *Devant ne pas voir / homme ancien* |
| | 念 天 地 之 悠 悠 | *Derrière ne pas voir / homme à venir* |
| | 獨 愴 然 而 泣 下 | *Penser ciel-terre / lointain-lointain* |
| | | *Seul affligé / fondre en larmes* |

Derrière, je ne vois pas l'homme passé
Devant, je ne vois pas l'homme à venir[1]
Songeant au ciel-terre vaste et sans fin
Solitaire, amer, je fonds en larmes

---

1. Le lecteur aura remarqué que, par rapport au mot à mot, nous avons inversé l'ord{re} « devant » et de « derrière », cela pour être conforme à la vision d'un homme occide{ntal}. Celui-ci voit en effet l'homme passé derrière soi et l'homme à venir devant soi. L'ho{mme} chinois, lui, se place d'instinct dans la grande lignée humaine ; ainsi, il voit ceu{x qui} l'ont précédé devant soi et il se voit entraîner derrière soi ceux qui vont venir. Par {cette} note, nous faisons donc part d'une de nos réflexions sur la traduction : comment re{ndre ?} ter la conception du temps, de l'espace et du rapport aux choses lorsqu'on passe {d'une} langue à l'autre.

浩然　　宿建德江

移舟泊烟渚
日暮客愁新
野曠天低樹
江清月近人

**Meng Hao-ran**
Passant la nuit sur le fleuve Jian-de
*Déplacer barque / accoster brumeux îlot*
*Soleil couchant / voyageur tristesse ravivée*
*Plaine immense / ciel s'abaisser arbres*
*Fleuve limpide / lune s'approcher hommes*

Dans les brumes, près de l'île, on amarre la barque
Au crépuscule renaît la nostalgie du voyageur
Plaine immense : le ciel s'abaisse vers les arbres
Fleuve limpide : la lune s'approche des humains

| 孟浩然 | 春曉 | **Meng Hao-ran** |

春 眠 不 覺 曉
處 處 聞 啼 鳥
夜 來 風 雨 聲
花 落 知 多 少

Aube de printemps[1]

*Sommeil printanier / ignorer aube*
*Tout autour / ouïr chanter oiseaux*
*Nuit passée / vent-pluie bruissement*
*Fleurs tombées / qui sait combien...*

---

1. Nous ne proposons pas de traduction « interprétée » pour ce poème, analysé au chapitre 1, à propos de l'ellipse du pronom personnel. Voir p. 41.

**孟浩然　送朱大入秦**

| 游 | 人 | 五 | 陵 | 去 |
| 寶 | 劍 | 值 | 千 | 金 |
| 分 | 手 | 脫 | 相 | 贈 |
| 平 | 生 | 一 | 片 | 心 |

**Meng Hao-ran**
Pour Zhu Da qui se rend au Qin
*Errant homme / Cinq-tumulus partir*
*Trésor-épée / valoir mille ors*
*Se séparer / ôter pour offrir*
*Une vie / un entier cœur*

A toi, errant, en partance pour Cinq-tumulus
Que puis-je offrir sinon cette épée que j'ôte
De mon flanc – plus que l'or elle vaut –
Un cœur droit y bat, fidèle marque d'une vie

王維　　竹里館　　**Wang Wei**
獨坐幽篁裡　　La Gloriette-aux-Bambous[1]
彈琴復長嘯　　*Seul assis / reclus bambous dedans*
深林人不知　　*Pincer luth / encore longtemps siffler*
明月來相照　　*Profond bois / hommes ne point savoir*
　　　　　　　*Brillante lune / venir avec éclairer*

Seul assis au milieu des bambous
Je joue du luth et siffle à mesure
Ignoré de tous au cœur du bois
La lune s'est approchée : clarté

---

1. Cette gloriette se trouve près de Wang-chuan, au pied du mont Zhong-nan, où Wang Wei se retira vers la fin de sa vie. Les quatre poèmes suivants ont trait à des sites de la même région.

| 王维 | 辛夷坞 | **Wang Wei** |
|---|---|---|
| | 木末芙蓉花 | Le Talus-aux-Hibiscus |
| | 山中發紅萼 | *Branches extrémité / magnolias fleurs* [1] |
| | 澗戶寂無人 | *Montagne milieu / dégager rouges corolles* |
| | 紛紛開且落 | *Torrent logis / calme nulle personne* |
| | | *Pêle-mêle / éclore de plus échoir* |

Au bout des branches, fleurs de magnolia
Dans la montagne ouvrent leurs rouges corolles
— Un logis, près du torrent, calme et vide [2]
Pêle-mêle, les unes éclosent, d'autres tombent [3]

---

Nous avons observé, dans l'Introduction, l'aspect graphique et imagé de ce vers 1.
p. 17-18.
e poème a pour thème le processus d'éclosion des fleurs vécu de l'intérieur par
mme. Pour que ce dernier ait pu vivre cette expérience, il a fallu qu'il se fasse vide.
vers 3, introduit dans le poème de façon apparemment incongrue, suggère avec
niosité que de fait l'homme est là puisque lui seul était en train de contempler ces
rs ; mais que dans le même temps il était comme absent, entièrement « résorbé »
s la présence des fleurs.
ers 4 : le ton n'est pas de tristesse mais de sereine acceptation. Le propos du poète :
ser la transformation universelle et y consentir.

**Wang Wei**

王維　鹿柴

Le Clos-aux-Cerfs

空山不見人　*Montagne vide / ne percevoir personne*
但聞人語響　*Seulement entendre / voix humaine résonner*
返景入深林　*Ombre-retournée[1] / pénétrer bois profond*
復照青苔上　*Encore éclairer / mousse verte dessus[2]*

Montagne déserte. Plus personne en vue
Seuls résonnent quelques échos de voix
Un rayon du couchant pénétrant le fond
Du bois : ultime éclat de la mousse, vert

1. Ombre-retournée = lumière du couchant.
2. Le poème entier a été analysé au chapitre I, à propos de l'ellipse du pronom personnel. Voir p. 40.

王維　山中
荊溪白石出
天寒紅葉稀
山路元無雨
空翠濕人衣

**Wang Wei**
Dans la montagne

*Ruisseau Jing / blancs rochers émerger*
*Ciel froid / rouges feuilles clairsemées*
*Montagne sentier / être sans pluie*
*Vide azur / mouiller homme habit*

Rochers blancs surgissant des eaux de Jing
Feuilles rouges, çà et là, dans le ciel froid
Il n'a pas plu sur le sentier de montagne :
Seul l'azur du vide mouille nos habits[1]

---

On sait que Wang Wei était célèbre aussi pour sa peinture de paysage. C'est à propos d'un tableau de lui, sur lequel est inscrit ce poème, que Su Dong-po, le grand poète des Song, a dit : « Lorsque je savoure un poème de Wang Wei, j'y trouve de la peinture ; et lorsque je contemple sa peinture, j'y découvre de la poésie. »

王维　　木兰柴

秋山斂余照
飛鳥逐前侶
彩翠時分明
夕嵐無處所

**Wang Wei**
Clos-aux-Mu-lan
*Automne mont / amasser reste de couchant*
*Volant oiseau / poursuivre devant compagne*
*Chatoyant vert-bleu / parfois étinceler*
*Soir brume / ne pas avoir gîte*

Le mont d'automne recueille le reste du couchant
Un oiseau vole à la poursuite de sa compagne
Par intermittence chatoie le vert-bleu
La brume du soir, elle, est sans lieu

| 王維 | 鳥鳴澗 | **Wang Wei** |
| | 人閒桂花落 | Le Torrent-au-Chant-d'Oiseaux |
| | 夜靜春山空 | *Homme au repos / fleurs de cannelier tomber* |
| | 月出驚山鳥 | *Nuit silencieuse / printemps montagne vide* [1] |
| | 時鳴春澗中 | *Lune surgir / effrayer oiseau de montagne* |
| | | *Parfois crier / printemps torrent milieu.* |

Repos de l'homme. Chute des fleurs du cannelier
Nuit calme, de mars, dans la montagne déserte
Surgit la lune ; effrayé, l'oiseau crie :
Échos des cascades printanières…

---

rs 1 et 2 : analysés dans le chapitre II, à propos de la césure. Voir p. 62.

王維　　鸕鷀堰

乍向紅蓮沒
復出清浦颺
獨立何褵褷
銜魚古查上

**Wang Wei**

La Digue-aux-Cormorans

*A peine vers / rouges lotus disparaître*
*Ré-apparaître / claire berge voleter*
*Seul debout / combien tendre plumage*
*Poisson au bec / vieux bois dessus.*

A peine plongé entre les lotus rouges
Le voilà qui survole la berge claire
Soudain, poisson au bec, plumes tendres
Seul sur une branche, là, flottant

王維　　欹湖

吹簫臨極浦
日暮送夫君
湖上一迴首
青山卷白雲

**Wang Wei**
Le lac Yi

*Souffler flûte / atteindre extrême berge*
*Soir tardif / accompagner mari-seigneur*
*Lac dessus / un instant se retourner*
*Vert mont / entourer blanc nuage* [1]

Soufflant dans ma flûte face au couchant
J'accompagne mon seigneur jusqu'à la rive
Sur le lac un instant se retourner :
Mont vert entouré de nuage blanc

rs 3 et 4 : analysés au chapitre III à propos des métaphores. Voir p. 100.

王維 臨高臺送黎拾遺
相送臨高臺
川原杳何極
日暮飛鳥還
行人去不息

**Wang Wei**
Sur la Haute Terrasse

*Dire adieu / sur la Haute Terrasse*
*Fleuve-plaine / obscur sans limites*
*Jour tardif / oiseaux volants revenir*
*voyageur / s'en aller sans répit*

Du haut de la terrasse, pour dire adieu :
Fleuve et plaine perdus dans le crépuscule
Sous le couchant reviennent les oiseaux
L'homme, lui, chemine, toujours plus loin

## Wang Han
Chanson de Liang-zhou[1]

涼州詞
葡萄美酒夜光杯
欲飲琵琶馬上催
醉臥沙場君莫笑
古來征戰幾人回

*Raisins beau vin / nocturne-clarté coupe*
*Vouloir boire pi-pa / cheval dessus presser*
*Ivre étendu sable champ / ne riez point*
*Depuis jadis guerre d'expédition / combien revenir*

Beau vin de raisin dans la coupe de clarté-nocturne
J'allais en boire, le cistre des cavaliers m'appelle
Si je tombe ivre sur le sable, ne riez pas de moi !
Depuis le temps combien sont-ils revenus des guerres[2]

...ste frontière à l'extrémité nord-ouest de la Chine, dans le Gan-su.
...poème, ainsi que les quatre suivants, fait partie de ceux qui ont pour thème la
... à la frontière », thème important dans la poésie des Tang, car la Chine d'alors a eu
...amment à se défendre, sur sa frontière du Nord-Ouest, des attaques des « bar-
...». Ces poèmes décrivent le départ pour la frontière, la vie rude dans les régions
...tiques, les scènes de combat, ainsi que les drames humains qui s'y déroulent :
...ation, mort sans sépulture, etc. Parfois, comme dans ce poème, mû par une sorte
...mantisme, on chante la joie de la découverte des choses « exotiques » tels que le
...in de raisin, le pi-pa (instrument de musique originaire d'Asie centrale), etc.

盧綸　塞下曲　Lu Lun
Chant de frontière

| 月 | 黑 | 雁 | 飛 | 高 |
| 單 | 于 | 夜 | 遁 | 逃 |
| 欲 | 將 | 輕 | 騎 | 逐 |
| 大 | 雪 | 滿 | 弓 | 刀 |

*Lune noire / oies sauvages voler haut*
*Chef barbare / nuit en cachette s'enfuir*
*Prêt à lancer / cavalerie légère poursuivre*
*Forte neige / recouvrir arcs et sabres*

Sous la lune sombre s'envole l'oie sauvage
Le chef barbare à la nuit s'est enfui
Prête à bondir, la cavalerie légère :
Arcs et sabres tout scintillants de neige

## Chen Tao
## 隴西行
### Ballade de Long-xi [1]

誓掃匈奴不顧身　*Jurer exterminer les Huns / sans se soucier corps*
五千貂錦喪胡塵　*Cinq mille zibelines-brocarts [2] / périr poussières barbares*
可憐無定河邊骨　*Quelle pitié rivière Errance / deux rives ossements*
猶是春閨夢裏人　*Être encore printemps gynécées / rêves dedans hommes*

Ils ont juré d'exterminer les Huns au prix de leur vie
Cinq mille zibelines couvrent les poussières barbares
Pitié pour ces ossements au bord de la rivière Errance [3] :
Hommes de chair encore dans les rêves des gynécées !

---

ong-xi : région frontalière du Nord-Ouest, dans le Shen-xi et le Gan-su.
Brocarts doublés de zibelines » désignent les vestes que portaient les soldats
ois.
vière située au nord du Shen-xi qui dut son nom (« Errance » ou « Sans repos ») au
u'elle changeait souvent de cours ; ici, également allusion à l'errance des âmes des
s sans sépulture.

| 金昌緒 | 春怨 | **Jin Chang-xu** |
|---|---|---|
| | | Complainte de printemps |
| 打 起 黃 鶯 兒 | | *Chasser alors / petit loriot jaune* |
| 莫 教 枝 上 啼 | | *Ne pas laisser / branche dessus chanter* |
| 啼 時 驚 妾 夢 | | *Chanter moment / interrompre mon rêve* |
| 不 得 到 遼 西 | | *Sans pouvoir / atteindre Liao-xi* [1] |

Chasse donc ce loriot jaune
Qu'il cesse de chanter sur la branche !
Son chant interrompt mon rêve
Jamais je n'atteindrai Liao-xi !

---

1. Liao-xi : poste frontière dans le Gan-su où est parti le mari de la jeune fem‍ celle-ci, dans son rêve, croit un instant aller le rejoindre.

李益　　從軍北征

天山雪後海風寒
橫笛偏吹行路難
磧裡征人三十萬
一時回首月中看

**Li Yi**

Expédition au Nord[1]

*Mont Céleste après neige / vent marin froid*
*Flûte traversière pourtant souffler / dure est la marche*
*Sables milieu soldats d'expédition / trois cent mille*
*Un instant se retourner / lune dedans regarder*

Le vent glace la neige sur le mont Céleste
Quelle flûte fait entendre « Dure est la marche[2] »…
Au milieu des sables, trois cent mille soldats
En même temps se retournent : la lune

…ans le Xin-jiang, province frontalière au nord-ouest de la Chine.
… Dure est la marche » est une ballade connue. Elle ravive chez ceux qui l'entendent
…istesse et la nostalgie.

**李益** 江南曲

嫁得瞿塘賈
朝朝誤妾期
早知潮有信
嫁與弄潮兒

**Li Yi**

Chanson du Sud-du-Fleuve

*Mariée à / Qu-tang¹ marchant*
*Matin-matin / manquer femme attente*
*Si savoir / marée tenir parole*
*Marier avec / joueur de vagues*

Mariée jeune à un marchand-voyageur
Jour après jour attendre en vain son retour
Si j'avais su combien fidèle était la marée
J'aurais épousé, pour sûr, un joueur de vagues[2] !

---

1. Qu-tang se trouve en amont du fleuve Yang-zi ; c'est un port important pour marchands-voyageurs.
2. « Joueur de vagues » : dans le Sud, à l'embouchure des fleuves, notamment à c du Qian-tang, les foules s'amassaient, les nuits de pleine lune, pour admirer les jet nageurs jouer avec les vagues de la marée montante. Par ailleurs, remarquons le je mots fondé sur les liens phonique et graphique, entre « jour après jour » (vers 2 « marée » (vers 3) : le mot « jour » (ou matin) et le mot « marée » ont en effet m prononciation ; de plus, graphiquement, le second est formé du premier plus la c l'eau. Notons également la connotation sexuelle des images de « marée » et de « jo de vagues ».

| 張九齡 | 自君之出矣 | **Zhang Jiu-ling** |
|---|---|---|
| | 自君之出矣 | Depuis que vous êtes parti[1] |
| | 不復理殘機 | *Depuis seigneur / être parti hélas* |
| | 思君如滿月 | *Ne plus / ranger ouvrage délaissé* |
| | 夜夜減清輝 | *Penser seigneur / pareil à pleine lune* |
| | | *Nuit nuit / diminuer pure clarté* |

Depuis que vous êtes parti seigneur
A l'ouvrage je n'ai plus le cœur
Mon être à la pleine lune est pareil
Dont nuit après nuit décroît l'éclat[2]

---

Depuis que vous êtes parti » est un titre déjà utilisé par d'autres poètes dans la poé-
ntérieure ; tout le quatrain est une variation sur un thème ancien.
e poème a été cité dans le chapitre III, à propos du procédé *bi* (« comparaison »).
p. 93.

| 王昌齡 | 宮怨 | **Wang Chang-ling** |
| | | Complainte du palais |

闺中少婦不知愁　*Gynécée dedans jeune femme / ne pas connaître chagrin*
春日凝妝上翠樓　*Jour de printemps se parer / monter pavillon bleu*
忽見陌頭楊柳色　*Soudain voir bord de chemin / tiges de saule teinte*
悔教夫壻覓封侯　*Regretter laisser époux / chercher titre nobiliaire*

Jeune femme en son gynécée ignorant les chagrins
Jour de printemps, parée, elle monte sur la tour
Éblouie par la teinte des saules[1] le long du chemin
Regret soudain : de son époux parti chercher les honneurs

---

1. Le saule, par sa couleur tendre et ses branches gracieuses, symbolise le printemps, la jeunesse. Par ailleurs, le mot « saule » entre dans de nombreuses expressions qui désignent les choses de l'amour.
2. Vers 3 et 4 : analysés dans le chapitre III, à propos des images symboliques. Voir p.

王昌龄　　题僧房

棕榈花满院
苔藓入闲房
彼此名言绝
空中闻异香

**Wang Chang-ling**
Dans la chambre d'un bonze
*Palmiers / fleurs emplir cour*
*Mousse-lichen / pénétrer oisive chambre*
*L'un l'autre / élevés propos cesser*
*Vide milieu / sentir étrange parfum*

Une cour emplie de fleurs de palmier
Les mousses pénétrant la chambre oisive
De l'un à l'autre la parole a cessé
Dans l'air flotte un étrange parfum

李白　　下江陵

朝辭白帝彩雲間
千里江陵一日還
兩岸猿聲啼不住
輕舟已過萬重山

**Li Bo**

En descendant le fleuve vers Jiang-ling

*Aube quitter Empereur Blanc / colorés nuages milieu*
*Mille stades Jiang-ling / en un jour retourner*
*Deux rives singes cris / résonner sans arrêt*
*Légère barque déjà passer / dix mille rangées montagne*

Quitter à l'aube la cité de l'Empereur Blanc
　　aux nuages irisés
Descendre le fleuve jusqu'à Jiang-ling
　　mille li en un jour
Des deux rives, sur les hautes falaises
　　sans répit crient les singes
Mais d'une traite, mon esquif brise
　　dix mille chaînes de montagnes[1] !

---

1. Le poème a pour thème la traversée des célèbres gorges du Yang-zi qui s'échelon(ne) sur plusieurs centaines de kilomètres (depuis « Empereur Blanc », ville située à l'e(ntrée) des gorges, dans le Si-chuan, jusqu'à Jiang-ling, en aval, dans le Hu-bei). Pour tous (ceux) qui l'ont faite, cette traversée, d'une rapidité vertigineuse et pleine de périls, constitu(e un) souvenir inoubliable. Li Bo l'a faite au moins à deux reprises : dans sa jeunesse, lor(squ'il) quitta le Si-chuan, sa province natale, et bien plus tard, après son exil (1759).

李白　　山中答问
問余何意栖碧山
笑而不答心自閑
桃花流水杳然去
別有天地非人間

**Li Bo**
A un ami qui m'interroge
*Demander moi quel dessein / se percher vert mont*
*Sourire ne point répondre / cœur en soi serein*
*Pêcher fleurs couler eau / nulle trace s'en aller*
*Autre y avoir ciel-terre / non humain monde*

Pourquoi vivre au cœur de ces vertes montagnes ?
Je souris, sans répondre, l'esprit tout serein
Tombent les fleurs, coule l'eau, mystérieuse voie…
L'autre monde est là, non celui des humains

李白　山中对酌

兩人對酌山花開
一杯一杯復一杯
我醉欲眠卿且去
明朝有意抱琴來

## Li Bo
Buvant du vin avec un ami

*Deux hommes se verser vin / mont fleurs s'ouvrir*
*Une coupe autre coupe / encore autre coupe*
*Moi ivre vouloir dormir / toi pouvoir partir*
*Demain aube avoir envie / porter cithare venir*

Face à face nous buvons ; s'ouvrent les fleurs du mont
Une coupe vidée, une autre, et une autre encore…
Ivre, las, je vais dormir ; tu peux t'en aller
Reviens demain, si tu veux, avec ta cithare !

**李白** 銅山

我 愛 銅 山 樂
千 年 未 擬 還
要 須 迴 舞 袖
拂 盡 五 松 山

**Li Bo**
Le mont Cuivre

*Moi aimer / mont Cuivre joie*
*Mille années / non encore penser revenir*
*Vouloir alors / tournoyer dansantes manches*
*Frôler d'un coup / cinq-pins colline*

J'aime le mont Cuivre
    c'est ma joie
Mille ans j'y resterais
    sans retour
Je danse à ma guise :
    ma manche flottante
Frôle, d'un seul coup
    tous les pins des cimes !

**李白　　敬亭獨坐**　　Li Bo
Le mont Jing-ting

| 衆鳥高飛盡 | *Multiples oiseaux / haut voler disparaître* |
| 孤雲獨去閒 | *Solitaire nuage / à part s'en aller oisif* |
| 相看兩不厭 | *Se contempler / à deux sans se lasser* |
| 只有敬亭山 | *Ne demeurer que / mont Jing-ting* |

Les oiseaux s'envolent, disparaissent
Un dernier nuage, oisif, se dissipe
A se contempler infiniment l'un l'autre
Il ne reste que le mont Révérence[1]

---

1. C'est à dessein que nous avons traduit le dernier vers de façon « paradoxale » que, pour le rendre compréhensible, il faudrait dire : « Il ne reste plus que le mont et moi. » Or, dans le texte chinois, « et moi » est absent ; le poète semble signifier qu'à force de contempler le mont il finit par faire corps avec lui.

白 　陌上贈美人　　　**Li Bo**
　白馬驕行踏落花　　A une beauté rencontrée en chemin
　垂鞭直拂五雲車
　美人一笑褰珠箔　　*Cheval blanc fièrement avancer / fouler fleurs tombées*
　遙指紅樓是妾家　　*Cravache pendue droit frôler / cinq-nuages carrosse*
　　　　　　　　　　*Belle femme un sourire / soulever rideau de perles*
　　　　　　　　　　*Au loin indiquer pavillon rouge / être ma demeure*

Le cheval blanc, altier, foule les fleurs tombées
Ma cravache pendante frôle le carrosse aux cinq-nuages
De la dame. Soulevant le rideau de perles, d'un sourire
Elle montre, au loin, la maison rouge : « C'est là. »

| 李白 | 玉階怨 | **Li Bo** |
| --- | --- | --- |
| | | Complainte du perron de jade [1] |
| 玉 | 階 生 白 露 | *Perron de jade / naître rosée blanche* |
| 夜 | 久 侵 羅 襪 | *Nuit tardive / pénétrer bas de soie* |
| 却 | 下 水 晶 簾 | *Cependant baisser / store de cristal* |
| 玲 | 瓏 望 秋 月 | *Par transparence / regarder lune d'automne* |

---

[1]. Nous ne proposons pas de traduction interprétée pour ce poème, analysé au chapitre à propos des effets musicaux, et au chapitre III, à propos des images. Voir p. ⟨ p. 119-122.

李白　秋浦歌之一

| | | | | |
|---|---|---|---|---|
|白|髮|三|千|丈|
|緣|愁|似|箇|長|
|不|知|明|鏡|裡|
|何|處|得|秋|霜|

**Li Bo**
Chanson du lac Qiu-pu

*Cheveux blancs / trois mille aunes*
*Car tristesse / tout aussi longue*
*Ne pas savoir / miroir clair dedans*
*Quel lieu / attraper givres d'automne*

Cheveux blancs longs de trois mille aunes
Aussi longs : tristesse et chagrins
Dans l'éclat du miroir, d'où viennent
Ces traces givrées de l'automne ?

李白　題峯頂寺

夜宿峯頂寺
舉手捫星辰
不敢高聲語
恐驚天上人

## Li Bo
Au Temple-du-Sommet

*Passer nuit / Temple-du-Sommet*
*Lever main / caresser astres-étoiles*
*Ne pas oser / à haute voix parler*
*Crainte d'effrayer / ciel dessus êtres*

Nuit au Temple-du-Sommet
Lever la main et caresser les étoiles
Mais chut ! Baissons la voix :
Ne réveillons pas les habitants du ciel[1]

---

1. Li Bo a été surnommé, de son vivant : « L'immortel banni du ciel ». Durant sa v
n'a de cesse d'exprimer sa nostalgie du ciel, comme dans ce quatrain :

> Voyageur maritime
> En sa barque de vent
> – Oiseau fendant nuage –
> Par-delà tout, s'efface.

| 杜甫 | 江畔獨步尋花七絕句 |
|---|---|

**Du Fu**
En admirant seul les fleurs au bord de la rivière[1]

江上被花惱不徹
無處告訴只顛狂
走覓南鄰愛酒伴
經旬出飲獨空床

*Bord de rivière par les fleurs / être troublé sans fin*
*Nulle part se confier / seulement devenir fou*
*Aller chercher voisin du sud / aimer vin compagnon*
*Dix jours partir boire / solitaire lit vide*

Au bord du fleuve, miracle des fleurs, sans fin
A qui donc se confier ? On en deviendrait fou !
Je vais chez le voisin, mon compagnon de vin
Il est parti boire : dix jours déjà, son lit vide...

Du Fu, qui a composé relativement peu de quatrains, nous ne présentons que quatrains qui font partie d'une série de sept, que Du Fu composa à Cheng-du, de l'Ouest, dans le Si-chuan, où, après une vie errante et tourmentée, le poète était se fixer pendant quelques années. A l'approche de la vieillesse, il céda cependant à scination du printemps. Sur un ton désinvolte, parfois humoristique, il chanta la l'une certaine jeunesse retrouvée.

杜甫　江畔獨步尋花七絕句

不是愛花即欲死
只恐花盡老相催
繁枝容易紛紛落
嫩葉商量細細開

**Du Fu**
En admirant seul les fleurs au bord de la rivière

*Non pas aimer fleurs / aussitôt vouloir mourir*
*Seulement craindre fleurs mourir / vieillesse se presser*
*Branches chargées trop facilement / pêle-mêle tomber*
*Feuilles tendres se consulter / en douceur s'ouvrir*

Non pas que j'aime les fleurs au point d'en mourir
Ce que je crains : beauté éteinte, vieillesse proche !
Branches trop chargées : chute des fleurs en grappes
Tendres bourgeons se consultent et s'ouvrent en douceur[1]

---

1. Les deux derniers vers ont trait également à un certain souci du poète, concerna propre création. Il cherchait à se libérer d'un « trop-plein » de tourments qui l' blaient (« branches trop chargées ») et à atteindre une plus grande simplicité dan langage (« bourgeons s'ouvrant en douceur »).

| 玄覺　　永嘉證道歌之一 | **Xuan Jue** |
| --- | --- |
| 獅子吼　無畏說 | Cantique de la Voie I[1] |
| 百獸聞之皆腦裂 | *Lion rugissement / sans peur parole* |
| 香象奔波失却威 | *Cent animaux entendre cela / tous crâne éclater* |
| 天龍寂聽生欣悅 | *Éléphant parfumé détaler / perdre majesté* |
| | *Dragon céleste écouter / connaître joie* |

Rugissement du lion, parole sans peur
Les animaux en ont le crâne éclaté
Et perd sa majesté l'éléphant en fuite
Seuls les dragons prêtent l'oreille, ravis…

la très riche collection de chants bouddhiques, nous présentons ici seulement
e quatrains, tous tirés du *Yong-jia-zheng-dao-ge*, que composa le moine Xuan Jue
cut au VIIIe siècle, sous les Tang.

玄覺　永嘉證道歌之二
心鏡明　鑒無碍
廓然瑩徹周沙界
萬象森羅影現中
一顆圓光非內外

## Xuan Jue
Cantique de la Voie II

*Cœur miroir clair / refléter sans entrave*
*Vaste vide éclairer à fond / innombrables mondes*
*Dix mille phénomènes présents / apparaître milieu*
*Une perle rayonnante / annuler dedans-dehors*

Pur miroir du cœur, reflet infini
Éclairant le vide aux mondes sans nombre
En lui toutes choses se montrent, ombres, lumières
Perle irradiante : ni dedans ni dehors

## Xuan Jue

永嘉證道歌之三

一月普現一切水
一切水月一月攝
諸佛法身入我性
我性還共如來合

Cantique de la Voie III

*Une lune omniprésente / en toutes eaux*
*Toutes lunes des eaux / unique lune saisir*
*Dharmakaya des bouddhas / pénétrer ma nature*
*Ma nature dépendant avec / Tathagata s'unir*

Une même lune reflétée dans toutes les eaux
Les lunes des eaux renvoient à la même lune.
Le Dharmakaya[1] de tous les bouddhas me pénètre
Mon être avec Tathagata[2] n'en fait qu'un

| 玄覺 | 永嘉證道歌之四 | **Xuan Jue** |
|---|---|---|
| | 從他謗　任他非 | Cantique de la Voie IV |
| | 把火燒天徒自疲 | *Laisser eux calomnier / laisser eux dénigrer* |
| | 我聞恰似飲甘露 | *Allumer feu brûler ciel / en vain se fatiguer* |
| | 銷融頓入不思議 | *Moi écouter tout comme / boire rosée pure* |
| | | *Fondre-purifier soudain entrer / non-concevoir* |

Qu'ils calomnient, qu'ils médisent
Qu'ils brûlent le ciel, peine perdue
Je bois leurs cris comme de la rosée claire
Soudain, purifié, je fonds dans l'impensé

## Wei Ying-wu
La rivière de l'Ouest à Chu-zhou[1]

滁州西澗
獨憐幽草澗邊生
上有黃鸝深樹鳴
春潮帶雨晚來急
野渡無人舟自橫

*Seul chérir herbes cachées / torrent bord pousser*
*Dessus y avoir loriot / arbres profonds chanter*
*Marée de printemps amenant pluie / soir se précipiter*
*Embarcadère sans personne / barque seule en travers*

Au bord de l'eau, seul à chérir ces herbes cachées
Un loriot jaune chante là-haut au fond des feuillages
Chargée de pluie, monte au soir la crue printanière
Embarcadère désert : flottant de travers, une barque...

poème a pour cadre un monde de solitude et d'abandon. Si les deux premiers vers
rent une intimité possible entre le poète et la nature, le vers 3, lui, montre une
e dynamique et indifférente au destin humain (la crue printanière reflète cepen-
e « flux » des désirs du poète). Le dernier vers, tout en accentuant l'impression de
lgie et de délassement, se refuse toutefois à conclure (la barque à la dérive attein-
elle l'autre rive ou se laissera-t-elle entraîner par les flots ?). Nous proposons une
e parallèle de ce poème avec celle d'un poème de Rimbaud : « Loin des oiseaux,
upeaux, des villageoises... » (*Une saison en enfer*). Ce qui serait surtout intéres-
observer, c'est la différence du langage : ici, une expression apparemment imper-
lle et laconique ; là un discours sans cesse interrogeant.

**韦应物　秋夜寄丘员外**

**Wei Ying-wu**
Envoi à mon ami Qiu une nuit d'automne

怀君属秋夜
*Penser toi / durant automne nuit*
散步咏凉天
*Déambuler / psalmodier frais ciel*
空山松子落
*Vide montagne / pommes de pin tomber*
幽人应未眠
*Reclus homme / devoir ne pas s'endormir*

Nuit d'automne. Ma pensée tendue vers toi
Je déambule, psalmodiant sous un ciel frais
Chute de pommes de pin dans la montagne vide
Toi aussi, en cet instant, hors sommeil, tout ouïe

韋應物　同越琊山

石門有雲無行跡
松壑凝烟滿衆香
餘食拖庭寒鳥下
破衣掛樹老僧亡

**Wei Ying-wu**
Sur le mont Lang-ya
*Portail Rocheux y avoir neige / sans trace de pas*
*Pins ravin brume figée / empli de multiples encens*
*Restes d'un repas poser cour / oiseau froid descendre*
*Haillons accrocher à arbre / vieux bonze mourir*

Au Portail Rocheux, nulle trace sur la neige
Seul l'encens se mêle aux brumes montant du ravin
Restes du repas dans la cour : un oiseau descend
Haillons accrochés au pin : le vieux bonze est mort

**劉禹錫**　　**石頭城**　　**Liu Yu-xi**
　　山圍故國周遭在　　La Ville-de-Pierres[1]
　　潮打空城寂寞回
　　淮水東邊舊時月　　*Montagnes entourer ancien pays / tout autour rester*
　　夜深還過女牆來　　*Marées frapper vide muraille / solitairement retourner*
　　　　　　　　　　　*Rivière Huai côté est / autrefois lune*
　　　　　　　　　　　*Nuit tardive encore passer / créneaux venir*

Pays ancien entouré de montagnes qui demeurent
Vagues frappant les murailles, retournant sans écho
A l'est de la rivière Huai, la lune d'autrefois
Seule, franchit encore, à minuit, les créneaux

---

1. « Ville de pierres » : actuelle ville de Nankin, qui avait été une capitale très florisdurant les Six Dynasties. Elle est tombée dans la décrépitude sous les Tang dont la
tale, Chang-an, se trouvait dans le Nord.

劉禹錫　　竹枝詞

山桃紅花滿上頭
蜀江春水拍山流
花紅易衰似郎意
水流無限似儂愁

## Liu Yu-xi

Chansons-des-Tiges-de-Bambou[1]

*Pêcher de montagne fleurs rouges / plein là-haut*
*Fleuve Shu eau printanière / tapoter mont couler*
*Fleur rouge facilement se faner / comme ton amour*
*Eau couler sans fin / comme mon chagrin*

Les rouges fleurs de pêcher couvrent le mont
L'eau printanière caresse les rochers
Comme ton amour les fleurs s'ouvrent et se fanent
Le fleuve, lui, coule sans fin, comme mon chagrin[2]

poète composa, durant son séjour dans le sud-ouest de la Chine, une série de
nes d'amour inspirés de chants populaires de la région. Il contribua ainsi à la nais-
e du genre *Xin-yue-fu* (nouveau chant populaire) dans lequel s'illustrèrent de grands
s tels que Bo Ju-yi et Yuan Zhen.
s images de ce poème font allusion à l'acte sexuel qui, dans cette région, s'accom-
ait souvent en pleine nature.

| 王駕 | 社日 | **Wang Jia** |
| | 鵝湖山下稻粱肥 | Jour du sacrifice de printemps |
| | 豚柵雞棲半掩扉 | *Lac aux oies montagne dessous / riz-sorghos gras* |
| | 桑柘影斜春社散 | *Porcheries poulaillers / à moitié closes portes* |
| | 家家扶得醉人歸 | *Mûriers ombres obliques / printemps sacrifices terminer* |
| | | *Foyer-foyer se soutenir / hommes ivres retourner* |

Au bord du lac aux Oies, riz et sorghos poussent drus
Poulaillers et porcheries ont leurs portes entrouvertes
L'ombre des mûriers s'allonge ; la fête prend fin
Saouls, on rentre, les uns les autres se soutenant !

## 春晴

### Wang Jia
Éclaircie au printemps

雨前初見花間蕊
*Pluie avant début voir / fleurs milieu pistils*
雨後全無葉底花
*Pluie après plus rien / feuilles dessous fleurs*
蜂蝶紛紛過墻去
*Abeilles papillons pêle-mêle / passer mur aller*
却疑春色在鄰家
*Se demander printemps couleur / rester voisin logis*

Avant la pluie les fleurs ont leurs corolles à peine ouvertes
Après la pluie les pétales sous les feuilles ont disparu
Papillons et abeilles passent de l'autre côté du mur
Le printemps envolé demeurerait-il chez le voisin ?

钱起　题崔逸人山亭
药径深红藓
山窗满翠薇
羡君花下酒
蝴蝶梦中飞

**Qian Qi**
Dédié à l'ermite Cui

*Simples sentier / couvert de rouge mousse*
*Montagne fenêtre / emplie de vertes plantes*
*Envier seigneur / fleurs dessous vin*
*Papillons / rêve dedans voltiger*

Sentier aux simples, tapis de mousse rouge
Fenêtre en montagne, regorgeant de verdure
J'envie ton vin au milieu des fleurs
Les papillons qui voltigent dans ton rêve

賈島　尋隱者不遇
松下問童子
言師採藥去
只在此山中
雲深不知處

**Jia Dao**

Visite à un ermite sans le trouver[1]

*Sapin dessous / interroger jeune disciple*
*Dire maître / cueillir simples partir*
*Seulement être / cette montagne milieu*
*Nuages profonds / ne point savoir où*

Sous le sapin, j'interroge le disciple :
« Le maître est parti chercher des simples
Par là, au fond de cette montagne
Nuages épais : on ne sait plus où… »

ème important de la poésie chinoise. La visite est souvent l'occasion d'une expé-
 spirituelle ; l'absence de l'ermite oblige en quelque sorte le visiteur à le rejoindre
sprit. Dans ce poème, les quatre vers qui contiennent le renseignement donné par
e disciple (renseignement de plus en plus vague) marquent en réalité les quatre
 dans l'ascension spirituelle du maître : vers 1 : un lieu habité ; vers 2 : un chemin
e voie ; vers 3 : communion profonde avec la nature ; vers 4 : esprit complètement
é.

175

賈島　　**宿林家亭子**　　Jia Dao
床頭枕是溪中石　　Nuit passée dans un kiosque de montagne
井底泉通竹下池
宿客未眠過夜半　　*Lit tête oreiller être / ruisseau dedans pierre*
獨聽山雨到來時　　*Puits fond source rejoindre / bambous dessous étang*
　　　　　　　　　　*Voyageur non endormi / dépasser minuit*
　　　　　　　　　　*Seul entendre pluie de montagne / parvenir moment*

Son oreiller : une pierre ramassée dans le ruisseau
L'eau du puits rejoint l'étang sous les bambous
Voyageur de passage, sans sommeil, à minuit
Seul il entend l'arrivée de la pluie de montagne [1]

---

1. Ce dernier vers compte parmi ceux qu'on cite pour illustrer l'Éveil, dans la tra‹ition› spirituelle du Chan (Zen en japonais). Un événement, un fait ou un signe survie‹nt à› l'extérieur, coïncide avec l'état intérieur d'un sujet à l'écoute ou en attente. La plu‹ie qui› s'annonce ici est ressentie par le voyageur solitaire comme un signe bienfaiteur. V‹enue› de très loin, elle alimente les eaux terrestres et rétablit par là le mouvement circ‹ulaire› Ciel-Terre.

柳宗元　　江雪　　**Liu Zong-yuan**
　　　　　　　　　Neige sur le fleuve

千 山 鳥 飛 絶　　*Mille montagnes / vol d'oiseau s'arrêter*
萬 徑 人 蹤 滅　　*Dix mille sentiers / traces d'hommes s'effacer*
孤 舟 簑 笠 翁　　*Barque solitaire / manteau de paille vieillard*
獨 釣 寒 江 雪　　*Seul pêcher / froid fleuve neige*


Sur mille montagnes, aucun vol d'oiseau
Sur dix mille sentiers, nulle trace d'homme
Barque solitaire : sous son manteau de paille
Un vieillard pêche, du fleuve figé, la neige

| | | **Li Duan** |
|---|---|---|
| 李端 | 聽箏 | Jeu de cithare |
| 鳴 箏 金 粟 柱 | | *Résonner cithare / grains d'or chevilles* |
| 素 手 玉 房 前 | | *Blanche main / chambre de jade devant* |
| 欲 得 周 郎 顧 | | *Désirer obtenir / Zhou-lang regard* |
| 時 時 誤 拂 弦 | | *De temps à autre / manquer frôler cordes* |

Devant la chambre de jade, sons de cithare :
Sa main caresse les chevilles aux grains d'or
Désirant attirer le regard de Zhou-lang[1]
Par instants à dessein elle se trompe de cordes

1. Zhou-lang : allusion au jeune général Zhou Yu, de l'époque des Trois Roys (IIe s.), célèbre par sa prestance et son intelligence et par la victoire qu'il rempor Cao Cao, lors de la bataille de la Falaise Rouge. Il était également un fin mus enfant encore, lorsqu'il assistait à une exécution musicale, la moindre faute dans des musiciens attirait son attention et son regard désapprobateur.

| 王建 | 新嫁娘 | **Wang Jian** |
| | 三日入厨下 | La nouvelle mariée |
| | 洗手作羹汤 | *Troisième jour / à la cuisine descendre* |
| | 未諳姑食性 | *Se laver mains / préparer bouillon* |
| | 先遣小姑嘗 | *Non encore connaître / belle-mère goûts* |
| | | *D'abord inviter / belle-sœur goûter* |

Au troisième jour, elle va à la cuisine
Se lave les mains et prépare le bouillon
Ignorant tout des goûts de sa belle-mère
Elle prie sa belle-sœur d'y goûter, d'abord

**Zhang Hu**

張祜　　贈內人

禁門宮樹月痕過
媚眼微看宿鷺窠
斜拔玉釵燈影畔
剔開紅燄救飛蛾

A une dame de la cour[1]

*Interdite porte palais arbre / lune trace passer*
*Beaux yeux furtif regard / dormantes aigrettes nid*
*Oblique arracher jade épingle / lampe ombre côté*
*Pincer écarter rouge flamme / sauver papillon de nuit*

Palais interdit : la lune se glisse entre les branches
Son beau regard s'attarde sur un nid d'aigrettes
De son épingle de jade, elle pince la mèche
Pour sauver de la flamme un papillon de nuit

---

1. « Elle », c'est une de ces dames de la cour pour qui le fait d'avoir été choisie sig[…] certes l'honneur, mais plus souvent la souffrance d'une vie captive et délaissée, c[…] leur nombre, rares étaient celles qui étaient élevées au rang de « favorites » ; la p[…] ignorées et privées d'affection, menaient une vie de solitude. La dame évoquée d[…] poème en vient à envier le sort des aigrettes endormies ensemble : sauver le papil[…] nuit c'est exprimer son propre désir d'être libérée de sa prison dorée.

| 牧 | 遣懷 | **Du Mu** |
|---|---|---|
| | 落魄江南戴酒行 | Aveu |
| | 楚腰腸斷掌中輕 | |
| | 十年一覺揚州夢 | *Ame noyée fleuve-lac / porter vin balader* |
| | 贏得青樓薄倖名 | *Taille de Chu entrailles brisées / paume milieu légère* [1] |
| | | *Dix années un sommeil / Yang-zhou rêve* |
| | | *Obtenir pavillon vert / sans cœur renom* |

Fleuves-lacs, flots de vin, et l'âme en perdition
Brisés d'amour, légers leurs corps entre mes mains
O sommeil de dix ans, ô rêve de Yang-zhou
Un nom gagné aux pavillons verts : l'homme sans cœur [2] !

---

rs 1 et 2 analysés au chapitre III, à propos des images. Voir p. 101.
n ne manque pas de remarquer le ton nostalgique et désabusé du poète. Le dernier
prend tout son sens ironique, lorsque l'on songe que, dans la Chine ancienne,
l de tout lettré était de laisser un nom à la postérité grâce à ses écrits ou à des actes
oires. Si, dans le vers 1, le poète laisse voir un destin contrarié, mais non dépourvu
 éventuelle grandeur (on pense à un Qu Yuan ou à un Du Fu, qui ont connu exil et
ce), à la fin du poème, il ne peut se vanter que d'avoir laissé tout de même un
celui d'un homme sans cœur, dans les pavillons verts (maison des courtisanes).

杜牧　　寄揚州韓綽判官　　**Du Mu**

青山隱隱水迢迢　　Envoi au juge Han, à Yang-zhou [1]
秋盡江南草未凋
二十四橋明月夜　　*Bleus monts cachés-cachés / eau lointaine-lointaine*
玉人何處教吹簫　　*Automne finir fleuve sud / herbe non encore fanée*
　　　　　　　　　　*Ville aux vingt-quatre ponts / claire lune nuit*
　　　　　　　　　　*Être de jade quel lieu / apprendre souffler flûte*

Le bleu des monts, le vert des eaux s'estompent, lointains
Sud du fleuve, fin de l'automne : l'herbe n'est pas fanée
Ville aux vingt-quatre ponts, nuit inondée de lune :
Où est ton chant de flûte ? Près de quel être de jade [2] ?

---

1. Yang-zhou, située à l'embouchure du fleuve Yang-zi, est une ville d'eau où se t**** un grand nombre de ponts. C'est dans cette ville que Du Mu a vécu des années reuses. Voir le poème précédent.
2. « Être de jade » = une belle femme.

杜牧　　江南春

千里鶯啼綠映紅
水村山郭酒旗風
南朝四百八十寺
多少樓臺烟雨中

**Du Mu**
Printemps au Sud-du-Fleuve

*Mille stades rossignol chanter / vert miroiter rouge*
*Eau villages montagne remparts / vin bannières vent*
*Dynasties du Sud quatre cent / quatre-vingts monastères*
*Combien pavillons-terrasses / brume-pluie milieu*

Mille li à l'entour, chants de loriots
    vert pays parsemé de rouge
Hameaux bordés d'eau, remparts de montagne
    bannières de vin flottant au vent[1]
Les quatre cent quatre-vingts monastères
    d'anciennes dynasties du Sud
Combien de pavillons combien de terrasses
    noyés de brume, de pluie[2]…

s'agit de bannières qui servent d'enseignes aux marchands de vin et aux tavernes.
ume et pluie : atmosphère de printemps. Ce poème évoque le paysage typique du
-nan, « le sud du fleuve », ici dans la région de Nankin qui fut la capitale des
sties du Sud (v[e] et vi[e] s.), époque florissante pour le bouddhisme.

| 杜牧 | 贈別二首之一 | **Du Mu** |
| | 多情却似總無情 | Poème d'adieu |
| | 唯覺樽前笑不成 | |
| | 蠟燭有心還惜別 | |
| | 替人垂淚到天明 | |

*Grande passion pourtant ressembler à / toujours indifférence*
*Seulement sentir coupe devant / sourire ne pas devenir*
*Bougie y avoir cœur / encore regretter séparation*
*A la place verser larmes / jusqu'à jour clair*

Une grande passion ressemble à l'indifférence
Devant la coupe nul sourire ne vient aux lèvres
C'est la bougie qui brûle les affres des adieux :
Jusqu'au jour, pour nous, elle verse des larmes

杜牧 **南陵道中** **Du Mu**
Sur le fleuve Nan-ling

南陵水面漫悠悠　　*Nan-ling eau surface / s'écouler lointain-lointain*
風緊雲輕欲變秋　　*Vent serré nuage léger / presque devenir automne*
正是客心孤迥處　　*Justement voyageur cœur / seul perdu moment*
誰家紅袖憑江樓　　*De qui rouge manche / s'appuyer eau pavillon*

La barque flotte au gré des eaux de Nan-ling
Souffle le vent, glisse le nuage, voici l'automne
Au moment même où, éloigné, l'homme se retourne
En haut du pavillon, s'appuyant, une manche rouge…

| 杜牧 | 斑竹筒簟 | **Du Mu** |
|---|---|---|
| | 血染斑斑成錦紋 | Oreiller en bambou tacheté[1] |
| | 千年遺恨至今存 | *Sang teindre tacheté / devenir sillons fleuris* |
| | 分明知是湘妃淚 | *Mille ans laisser regret / jusqu'à présent conserver* |
| | 何忍將身臥淚痕 | *Clairement savoir être / Déesse du Xiang pleurs* |
| | | *Comment supporter s'étendre / entre traces de larmes* |

Traînées de sang, veines fleuries
Larmes de la Déesse du Xiang
Douleur que mille ans point n'effacent :
Regret divin, sommeil des hommes

---

1. Les deux femmes du roi légendaire Shun, à la mort de celui-ci, pleurèrent s⟨ur sa⟩ tombe, près du lac Dong-ting. Leurs larmes de sang laissèrent des empreintes su⟨r les⟩ bambous qui y poussaient, d'où l'origine des bambous tachetés. L'une d'elles dev⟨ait se⟩ jeter dans le fleuve Xiang et devenir déesse de ses eaux (la fée du Xiang).

## 金谷園

繁華事散逐香塵
流水無情草自春
日暮東風怨啼鳥
落花猶似墜樓人

**Du Mu**

Le parc du Val d'Or[1]

*Splendeurs se disperser / poursuivre poussière parfumée*
*Eau coulante sans sentiment / herbe en soi printanière*
*Jour tardif vent d'est / se plaindre oiseaux chanteurs*
*Fleurs tombées encore évoquer / tomber tour personne*

Splendeurs d'antan dispersées en poussières parfumées
Rivière sans égards. Seule l'herbe fête encore ce printemps
Dans le vent, le jour décline : plaintes d'oiseaux chanteurs
Tombée des fleurs : la fille qui se jeta jadis de la tour[2]

---

[1] Jardin avait été construit par Shi Cong, homme riche et célèbre des Jin qui y mena [une vie] fastueuse.
[2] [Allu]sion à Lü-zhu, belle courtisane de Shi cong. Séduit par sa beauté, Sun Xiu, [homm]e puissant du régime, voulut s'emparer d'elle et chercha à perdre son maître. [Elle] préféra la mort en se jetant du haut d'une tour.

杜牧　　　山行　　　**Du Mu**
遠上寒山石徑斜　　　Voyage en montagne
白雲生處有人家
停車坐愛楓林晚　　　*Lointain monter froid mont / pierreux sentier oblique*
霜葉紅於二月花　　　*Blanc nuage naître endroit / y avoir humain logis*
　　　　　　　　　　*Arrêter char s'asseoir aimer / forêt d'érables soir*
　　　　　　　　　　*Givrées feuilles plus rouges / deuxième mois fleurs*

Sentier pierreux serpentant dans la montagne froide
Là où s'amassent de blancs nuages, une chaumière…
J'arrête le char et aspire la forêt d'érables au soir
Feuilles givrées : plus rouges que les fleurs du printemps

李商隱　　樂遊原

| 向 | 晚 | 意 | 不 | 適 |
| 驅 | 車 | 登 | 古 | 原 |
| 夕 | 陽 | 無 | 限 | 好 |
| 只 | 是 | 近 | 黃 | 昏 |

## Li Shang-yin
Le plateau Le-you[1]

*Vers soir / esprit mal à l'aise*
*Conduire carrosse / monter antique plateau*
*Soleil couchant / infiniment bon*
*Seulement être / proche jaune-obscur*

Vers le soir, quand vient la mélancolie
En carrosse sur l'antique plateau
Rayons du couchant infiniment beaux
Trop brefs hélas, si proches de la nuit

---

plaine de Le-you, au paysage très beau, se trouve sur une hauteur en dehors de
-an, la capitale des Tang.

| 李商隱 | 天涯 | **Li Shang-yin** |
| | | A l'horizon |
| 春 日 在 天 涯 | | *Printemps jour / être à l'horizon* |
| 天 涯 日 又 斜 | | *A l'horizon / soleil déjà s'incliner* |
| 鶯 啼 若 有 淚 | | *Rossignol*[1] *chanter / comme y avoir larmes* |
| 為 濕 最 高 花 | | *Ainsi mouiller / plus haute fleur* |

Soleil de printemps à l'horizon
A l'horizon déjà il décline
Un rossignol crie : et ses pleurs
Humectent la plus haute fleur

---

1. Le rossignol désigne ici un oiseau migrateur dont la venue et le chant annonce la fin du printemps.

李商隱　　　嫦娥
雲母屏風燭影深
長河漸落曉星沉
嫦娥應悔偷靈藥
碧海青天夜夜心

## Li Shang-yin

Chang-e [1]

*Mica paravent / chandelle ombre s'obscurcir*
*Long fleuve peu à peu tomber / étoile du matin sombrer*
*Chang-e devoir regretter / voler drogue d'immortalité*
*Émeraude mer azur ciel / nuit nuit cœur* [2]

Lueurs obscurcies des chandelles
　　près du paravent de mica
S'incline la Voie lactée
　　sombrent les astres avant l'aube
Vol du nectar immortel
　　éternel regret de Chang-e ?
Ciel d'azur mer d'émeraude
　　nuit après nuit ce cœur qui brûle

déesse Chang-e déroba la drogue de l'immortalité, que Xi-wang-mu, « la reine de l'Occident », avait destinée à son mari Hou Yi, et s'enfuit dans la lune ; elle fut mnée à y demeurer pour toujours. Ici, allusion possible à une femme recluse (une du palais ou une nonne taoïste) avec qui le poète aurait eu un amour interdit. vers 4 a été analysé dans le chapitre I à propos de vers faits de phrases nominales. 52.

## Tang Wen-ru

### Le Lac-aux-Herbes-Vertes[1] dans la préfecture de Long-yang

*Ouest vent souffler vieillir / Dong-ting onde*
*Fée du Xiang en une nuit / cheveux blancs abonder*
*Ivre après ne plus savoir / ciel être dans eau*
*Pleine barque clairs rêves / presser sidéral fleuve*

Le vent d'ouest creuse les rides de l'onde de Dong-ting
L'homme du Xiang[2] en une nuit a les cheveux blanchis
Après le vin, on ne distingue plus l'eau du ciel :
La barque au rêve clair glisse sur le fleuve sidéral[3]

---

1. Le Lac-aux-Herbes-Vertes, traversé par le fleuve Xiang, communique au nord a[...] lac Dong-ting.
2. Xiang-jun, qu'on peut traduire par « l'homme du Xiang », désigne également [...] du Xiang », l'une des femmes de l'empereur mythique Shun, qui se noya dans le X[...] la mort de son mari et devint la déesse des eaux. (Voir le quatrain de Du Mu, p[...]
3. Le fleuve sidéral : la Voie lactée reflétée dans l'eau.

# Lü-shi
(« huitain »)

王勃　　詠風　　**Wang Bo**
　　　　　　　　Le vent

肅肅涼景生
加我林壑清
驅煙尋澗戶
卷霧出山楹
去來固無跡
動息如有情
日落山水靜
為君起松聲

Su-su / fraîches ombres naître
Accroître en moi / bois-vallon pureté
Chassant fumée / chercher torrent logis
Roulant brume / franchir montagne piliers
Aller-venir / toujours sans trace
Se mouvoir-s'arrêter / comme y avoir sentiment
Soleil couchant / mont-fleuve calme
Pour vous / susciter pins bruissement


Susurre le vent : ombres, fraîcheurs
Purifiant pour moi vallons et bois
Il fouille, près du torrent, la fumée d'un logis
Et porte la brume hors des piliers de montagne

Allant, venant, sans jamais laisser de traces
S'élève, s'apaise, comme mû par un désir
Face au couchant, fleuve et mont se calment :
Pour vous, il éveille le chant des pins

| 崔顥　　黃鶴樓 | **Cui Hao** |
|---|---|
| 昔人已乘黃鶴去 | Le pavillon de la Grue Jaune |
| 此地空餘黃鶴樓 | |
| 黃鶴一去不復返 | *Les Anciens déjà chevaucher / Jaune Grue partir* |
| 白雲千載空悠悠 | *Ce lieu en vain rester / Jaune Grue pavillon* |
| 晴川歷歷漢陽樹 | *Jaune Grue une fois partie / ne plus revenir* |
| 芳草萋萋鸚鵡洲 | *Blancs nuages mille années / planer lointain-lointain* |
| 日暮鄉關何處是 | *Ensoleillé fleuve, distinct-distinct / Han-yang arbres* |
| 烟波江上使人愁 | *Parfumée herbe dense-dense / Perroquets île* |
| | *Soleil couchant pays natal / quel lieu être* |
| | *Brumeux flots fleuve dessus / noyer homme triste* [1] |

Les Anciens sont partis, chevauchant la Grue Jaune
Ici demeure en vain l'antique pavillon
La Grue Jaune disparue jamais ne reviendra
Les nuages mille ans durant à l'infini s'étendent

Rivière ensoleillée, arbres verts de Han-yang
Herbe fraîche, foisonnante, île aux Perroquets
Où est-il, le pays, par-delà le couchant ?
Vagues noyées de brume, homme de mélancolie

---

1. Ce poème a été analysé dans le chapitre II, à propos de la forme du *lü-shi*. Voir

| | | **Wang Wei** |
|---|---|---|
| 王維 | 終南別業 | Mon refuge au pied de Zhong-nan |

中歲頗好道
晚家南山陲
興來每獨往
勝事空自知
行到水窮處
坐看雲起時
偶然值林叟
談笑無還期

Milieu âge / bien aimer Voie
Tard habiter / mont du sud pied
Désir venir / souvent seul aller
Choses riches / vide en soi connaître
Marcher atteindre / eau épuiser endroit
S'asseoir regarder / nuage monter moment [1]
Par hasard / rencontrer forêt vieillard
Parler-rire / sans retour date

Au milieu de l'âge, épris de la Voie
Sous le Zhong-nan, j'ai choisi mon logis
Quand le désir me prend, seul je m'y rends
Seul aussi à connaître d'ineffables vues…

Marcher jusqu'au lieu où tarit la source
Et attendre, assis, que montent les nuages
Parfois, errant, je rencontre un ermite :
On parle, on rit, sans souci du retour

---

vers 5 et 6 ont été analysés dans le chapitre II, à propos du parallélisme. Voir p. 69.

| | | |
|---|---|---|
| 王維 | 終南山 | **Wang Wei** |
| | 太乙近天都 | Le mont Zhong-nan[1] |
| | 連山到海隅 | |
| | 白雲迴望合 | *Suprême faîte / proche de céleste cité* |
| | 青靄入看無 | *Reliant monts / jusqu'à mer bordure* |
| | 分野中峰變 | *Nuages blancs / se retourner contempler s'unir* |
| | 陰陽眾壑殊 | *Rayons verts / pénétrer chercher s'annuler* |
| | 欲投人宿處 | *Divisant étoiles / milieu pic se changer* |
| | 隔水問樵夫 | *Sombres-clairs / multiples ravins varier* |
| | | *Vouloir descendre / hommes demeurer lieu* |
| | | *Par-dessus eau / s'adresser à bûcheron* |

Faîte-suprême, proche de la Cité-céleste
De mont en mont s'étend jusqu'au bord de la mer
Contemplés, les nuages blancs se révèlent indivis
Pénétrés, les rayons verts soudain invisibles…

Entraînant les étoiles, tourne le pic central
Épousant le ying-yang, se déploient les vallées
Ah, descendre et chercher un gîte pour la nuit :
Par-dessus le ruisseau, parlons au bûcheron

---

1. Vers 1 et 6 : Il y a des termes qui ont un double sens. Dans le vers 1, Tai-Yi (Suprê faîte) est à la fois une notion de la spiritualité chinoise et une autre appellation du m Zhong-nan ; Tian-du (Citadelle-céleste) est le nom d'un astre, mais désigne en m temps la capitale des Tang (le mont Zhong-nan que chante le poète se trouve effec ment près de la capitale Chang-an. Dans le vers 6, l'expression « sombre-clair » fait sion aussi bien au couple yin-yang qu'à l'adret et l'ubac d'une montagne.
Vers 3 et 4 : Analysés au chapitre I à propos de l'ellipse du pronom personnel. Une duction plus « explicite » devrait être : « Les nuages blancs, lorsqu'on se retourne les contempler, se fondent en un tout ; les rayons verts, à mesure qu'on y pén deviennent invisibles. »
A cause du double sens de nombreux termes et de l'ambiguïté syntaxique inten nelle de certains vers, le poème, de bout en bout, fait confondre deux ordres : l' céleste (Suprême-faîte, Citadelle-céleste, yin-yang, etc.) et l'ordre terrestre (le Zhong-nan, la capitale Chang-an, ubac et adret, etc.). Le lecteur a l'impression q poème relate, plus qu'une simple promenade en montagne du poète, la visite du m terrestre par un Esprit-divin qui, depuis le sommet, descend peu à peu dans la va finit par quêter un gîte humain en s'adressant à un bûcheron.

| | 山居秋暝 | **Wang Wei** |
| --- | --- | --- |
| 雜 | | Soir d'automne en montagne |

空　山　新　雨　後
天　氣　晚　來　秋
明　月　松　間　照
清　泉　石　上　流
竹　喧　歸　浣　女
蓮　動　下　漁　舟
隨　意　春　芳　歇
王　孫　自　可　留

*Vide montagne / nouvelle pluie après*
*Ciel air / soir venir automne*
*Claire lune / pins milieu briller*
*Pure source / rochers dessus couler* [1]
*Bambous bruire / retourner laver femmes*
*Lotus s'agiter / descendre pêcher barques*
*Sans façon / printemps fragrance se poser*
*Noble seigneur / en soi pouvoir rester*

Pluie nouvelle dans la montagne déserte
Air du soir empli de fraîcheur d'automne
Aux rayons de lune s'ouvrent les branches de pin
Une source limpide caresse de blancs rochers

Frôlant les lotus passent quelques barques de pêcheurs
Rires entre les bambous : c'est le retour des laveuses
Ici et là rôde encore le parfum du printemps
Que ne demeures-tu, toi aussi, noble ami ? [2]

---

vers 3 et 4 ont été analysés dans le chapitre II, à propos du parallélisme. Voir p. 69.
8, autre interprétation : « Un seigneur saura le conserver en lui-même. »

| | | | | | |
|---|---|---|---|---|---|
| 王維 | 使至塞上 | | | **Wang Wei** | |
| | | | | En mission à la frontière [1] | |

<pre>
單 車 欲 問 邊          Seul char / vouloir aborder frontière
屬 國 過 居 延          Dépendant pays / dépasser Ju-yan [2]
征 蓬 出 漢 塞          Errante herbe / sortir Han murailles
歸 雁 入 胡 天          Rentrantes oies / pénétrer barbare ciel
大 漠 孤 煙 直          Vaste désert / solitaire fumée droite
長 河 落 日 圓          Long fleuve / sombrant soleil rond [3]
蕭 關 逢 候 騎          Passe de Xiao / rencontrer patrouilles
都 護 在 燕 然          Quartier général / se trouver Yan-ran
</pre>

Char solitaire sur les routes frontalières
Long-jour passé, voici les pays soumis
Herbe errante [4] hors des murailles des Han
Oie sauvage égarée dans le ciel barbare

Vaste désert où s'élève, droite, une fumée
Long fleuve où se pose le disque du couchant
A la passe Désolée enfin une patrouille
Le quartier général ? Au mont Hirondelles !

---

1. Wang Wei effectua cette mission en 737.
2. Ju-yan (« Long-jour ») : territoire des Xiong-nu, conquis par les Han.
3. Les vers 5 et 6 ont été analysés au chapitre II, à propos du parallélisme, voir
4. « Herbe errante » : métaphore pour désigner un homme en exil.

| | | | | **Wang Wei** |
|---|---|---|---|---|
| 王維 | 觀獵 | | | En assistant à une chasse |

```
風 勁 角 弓 鳴
將 軍 獵 渭 城
草 枯 鷹 眼 疾
雪 盡 馬 蹄 輕
忽 過 新 豐 市
還 歸 細 柳 營
迴 看 射 鵰 處
千 里 暮 雲 平
```

*Vent vigoureux / tendus arcs siffler*
*Général d'armée / chasser Wei-cheng*
*Herbe fanée / aigles œil rapide*
*Neige fondue / chevaux pattes légères*
*Soudain passer / nouvelle-abondance marché*
*Déjà regagner / fins saules casernes*
*Se retourner regarder / tirer vautours lieu*
*Mille stades / soir nuages s'étaler*


Vibrent les cordes des arcs dans le vent
Le général chasse l'entour de Wei-cheng
Herbes rares : œil des aigles plus perçant
Neige fondue : pattes de cheval plus lestes

Passant au galop le marché de l'Abondance
On regagne, joyeux, le camp de Saules Fins
A l'horizon où sont tombés les vautours
Sur mille li s'étendent les nuages du soir

| 王維 | 過香積寺 | **Wang Wei** |

En passant par le temple
du Parfum conservé

*Ne pas connaître / Parfum conservé temple*
*Plusieurs stades / pénétrer nuage pic*
*Antique bois / nul homme sente*
*Profonde montagne / quel lieu cloche* [1]
*Source bruit / sangloter dressés rochers*
*Soleil teinte / fraîchir verts pins*
*Vers le soir / vide étang méandre*
*Concentrer Chan / dompter venimeux dragon*


Qui connaît le temple du Parfum conservé ?
Un trajet de plusieurs li jusqu'au pic nuageux
Sentier à travers la forêt ancienne : nulle trace
Au cœur du mont, sons de cloche, venant d'où ?

Bruit de source : sanglots de rocs dressés
Teinte de soleil fraîchie entre les pins [2]
Le soir, au creux de l'étang vide, dans la paix
Du Chan, quelqu'un dompte le dragon venimeux [3]

---

1. Vers 3 et 4 : Analysés au chapitre I, à propos de l'emploi de mots vides. Voir
2. Vers 5 et 6 : D'après la traduction mot à mot, on voit que les vers, de par leur
ture syntaxique (un verbe reliant deux substantifs), présentent une ambiguïté : d
vers 5, est-ce la source qui sanglote ou les rochers ? De même, dans le vers 6,
le soleil qui fraîchit, ou les pins ? Cette traduction interprétée a voulu conserver l'i
réciprocité (ou de correspondance).
3. Vers 8 : Chan (Zen en japonais) est la transcription chinoise du terme boudd
*dhyana* qui signifie « méditation-concentration » ; c'est également le nom d'une
chinoise du bouddhisme. Le dragon venimeux représente les passions néfastes.

## Wang Wei
### 酬張少府
À Monsieur le conseiller Zhang

| | | |
|---|---|---|
| 晚年唯好靜 | Tard âge / seulement aimer quiétude |
| 萬事不關心 | Mille choses / ne pas préoccuper cœur |
| 自顧無長策 | Se considérer / manquer longue ressource |
| 空知返舊林 | En vain savoir / retourner ancienne forêt |
| 松風吹解帶 | Pins brise / souffler dénouer ceinture |
| 山月照彈琴 | Mont lune / éclairer jouer cithare |
| 君問窮通理 | Seigneur demander / tout saisir vérité |
| 漁歌入浦深 | Pêcheur chant / pénétrer roseaux profonds |

Sur le tard, je n'aime que la quiétude
Loin de mon esprit la vanité des choses

Dénué de ressources, il me reste la joie
De hanter encore ma forêt ancienne

La brise des pins me dénoue la ceinture
La lune caresse les sons de ma cithare

Quelle est, demandez-vous, l'ultime vérité ?
– Chant de pêcheur, dans les roseaux, qui s'éloigne

孟浩然　**題大禹寺義公山房**　**Meng Hao-ran**

義 公 習 禪 處
結 宇 依 空 林
戶 外 一 峯 秀
階 前 衆 壑 深
夕 陽 連 雨 足
空 翠 落 庭 陰
看 取 蓮 花 淨
方 知 不 染 心

Logis de Yi-gong dans le temple Da-y

*Yi-gong / pratiquer Chan endroit*
*Bâtir logis / côtoyer vide forêt*
*Porte dehors / unique pic gracieux*
*Perron devant / multiples ravins profonds*
*Soleil couchant / relier pluie pied*
*Vide émeraude / tomber cour ombrage*
*Regarder saisir / fleur de lotus pur*
*Alors savoir / ne pas entacher cœur*

Le Maître Juste, pratiquant du Chan
A sa demeure sur un mont boisé
Volets ouverts : le haut pic s'élance
Au bas du seuil se creusent les ravins

A l'heure du couchant nimbé de pluie
L'ombre verte descend sur la cour
Épouser la pureté d'un lotus :
Son âme que nulle boue n'entache

**孟浩然　過故人莊**

| | |
|---|---|
| 故人具雞黍 | |
| 邀我至田家 | |
| 綠樹村邊合 | |
| 青山郭外斜 | |
| 開筵面場圃 | |
| 把酒話桑麻 | |
| 待到重陽日 | |
| 還來就菊花 | |

**Meng Hao-ran**
Chez un vieil ami

*Ancien ami / muni de poulets-millets*
*Inviter moi / aller à champêtre maison*
*Verts arbres / village bordure clôturer*
*Bleu mont / remparts dehors s'incliner*
*Ouvrir banquet / face à cour potager*
*Tenir coupe / parler de mûriers-chanvres*
*Attendre jusqu'à / Double-Neuf jour*
*Encore venir / profiter de chrysanthèmes*

Mon vieil ami m'invite dans sa campagne
Où sont disposés poulets et millets
Paravent d'arbres clôturant le village
Par-delà les remparts s'incline le mont Bleu

La table est mise devant la cour ouverte
Coupe à la main, on cause mûriers et chanvres[1]
C'est entendu : à la fête du Double-Neuf[2]
Je reviendrai pour jouir des chrysanthèmes

---

Causer mûriers et chanvres » est une expression toute faite pour désigner une
:rsation amicale et insouciante entre gens de la campagne.
e d'automne, qui a lieu le neuvième jour du neuvième mois. Traditionnellement,
onte, ce jour-là, sur les hauteurs, pour mieux participer à l'épanouissement de la
e.

孟浩然　耶溪泛舟

落景余清辉
轻桡弄溪渚
澄明爱水物
临泛何容与
白首垂钓翁
新妆浣纱女
相看未相识
脉脉不得语

## Meng Hao-ran
En barque sur la rivière Ye

*Déclinante ombre / rester pure clarté*
*Légère rame / toucher rivière îlots*
*Limpide claire / aimer eau créatures*
*En barque / combien aisé paisible*
*Blanche tête / tenir ligne pêcheur*
*Neuf habit / laver soie femme*
*Se regarder / non encore se connaître*
*Sentiment caché / ne pas pouvoir dire*

Le soleil déclinant envoie un reste de sa clarté
La rame de la barque frôle les îlots dans la rivière
Quelle merveille toutes choses portées par l'eau limpide
Et c'est pur délice que de se perdre parmi elles

Portant cheveux blancs, le vieux pêcheur à la ligne
En habit neuf, la jeune lavandière sur la rive
Leurs regards se croisent – il leur semble se connaître –
Dans le pudique silence que de paroles échangées !

| 李白 | 送友人 | **Li Bo** |
| | | A un ami qui part |

```
青 山 橫 北 郭      Bleu mont / s'étaler nord rempart
白 水 遶 東 城      Blanche eau / entourer est muraille
此 地 一 為 別      Cet endroit / une fois être séparés
孤 蓬 萬 里 征      Orpheline herbe / dix mille stades voyager
浮 雲 遊 子 意      Flottant nuage / errant homme humeur
落 日 故 人 情      Sombrant soleil / ancien ami sentiment [1]
揮 手 自 茲 去      Agiter mains / depuis cet instant aller
蕭 蕭 班 馬 鳴      Xiao-xiao / partants chevaux hennir
```

Mont bleu côtoyant les remparts du nord
Eau claire entourant la muraille à l'est
En ce lieu nous allons nous séparer
Tu seras herbe, sur dix mille li, errante

Nuage flottant : humeur du vagabond
Soleil mourant : appel du vieil ami
Adieu que disent les mains. Ultime instant :
On n'entend que les chevaux qui hennissent

---

[1] vers 5 et 6 : analysés au chapitre I, à propos de la comparaison. Voir p. 51.

| | | | | | |
|---|---|---|---|---|---|
|李白|寻雍尊师隐居| | | | |

群峭碧摩天
逍遥不记年
拨云寻古道
倚树听流泉
花暖青牛卧
松高白鹤眠
语来江色暮
独自下寒烟

**Li Bo**
Cherchant l'ermitage du maître Yong

*Multiples pics / émeraude caresser ciel*
*Insouciants / ne pas se rappeler année*
*Écarter nuage / chercher antique voie*
*Adosser arbre / écouter coulante source*
*Fleurs chaudes / noir buffle s'accroupir*
*Pins hauts / blanche grue s'endormir*
*Parole passer / fleuve couleur crépuscule*
*Solitaire / descendre froide fumée*

Les hauts pics caressent le ciel de leur émeraude
Hors du monde, oublieux des ans qui passent

Écartant les nuages je cherche la sente ancienne
Adossé à un arbre j'écoute chanter la source

Près des fleurs un buffle accroupi se chauffe au soleil
Sur la cime des pins s'est endormie la blanche grue

Paroles dites : le fleuve en bas est crépusculaire
Tout seul je descendrai vers la froide fumée

| 杜甫 | 望嶽 |

**Du Fu**
En contemplant le mont[1]

岱宗夫如何
齊魯青未了
造化鍾神秀
陰陽割昏曉
盪胸生層雲
決眥入歸鳥
會當凌絕頂
一覽眾山小

Dai-zong / alors comment est-ce[2]
Qi-lu / verdure sans fin
Création / concentrer divine grâce
Yin-yang / découper crépuscule-aube
Dilatée poitrine / naître étagés nuages
Tendus yeux / pénétrer rentrants oiseaux
Pour sûr / atteindre extrême sommet
Un regard / multiples monts s'amoindrir

Voici le mont des monts
    ah, comment le dire ?
Dominant Qi-lu, verdure
    à perte de vue
La Création y concentre
    sa grâce divine
L'ubac-adret départage
    aube et crépuscule
Poitrine dilatée
    où naissent les nuages
Œil tendu où s'introduit
    l'oiseau de retour[3]
Que n'atteint-on un jour
    le dernier sommet
D'un regard tous les monts
    soudain amoindris[4] !

...e mont Tai, qui divise la province du Shan-Dong en deux parties : Qi et Lu, est le ...célèbre des cinq monts sacrés de la Chine. Il porte un autre nom, Dai-zong, qui ...rait signifier : le doyen des monts.
...rs 1 : Le poète utilise un ton direct et parlé, pour exprimer son émotion de se trou-...nfin devant le célèbre mont.
...rs 5 et 6 : Notre traduction tente de conserver l'ambiguïté des vers originaux : ...se de l'absence du pronom personnel, on se demande si « poitrine dilatée » et « œil ...u » sont ceux du poète ou de la montagne personnifiée. En réalité, le poète cherche ...ment à suggérer que le grimpeur « fait corps » avec la montagne et vit la vision de ...ontagne de l'intérieur.
...s deux derniers vers se réfèrent à la phrase, dans Mencius : « Lorsque Confucius se ...e sur le sommet du mont Tai, l'univers lui paraît soudain petit. » Ce poème, classé ...ionnellement comme un gu-ti-shi, a été composé en 736, lorsque Du Fu avait ...-quatre ans.

**杜甫** **房兵曹胡馬**

胡馬大宛名
鋒瘦骨峻嶒
竹批雙耳峻
風入四蹄輕
所向無空闊
真堪託死生
驍騰有如此
萬里可橫行

**Du Fu**
Chevaux barbares de l'officier Fang

*Barbares chevaux / Da-yuan renom*
*Tranchants angles / maigres os former*
*Bambous taillés / deux oreilles abruptes*
*Vent pénétrer / quatre pattes légères*
*Où aller / ignorer vide espace*
*Vraiment mériter / confier mort-vie*
*Superbe coursier / y avoir telle espèce*
*Dix mille stades / pouvoir de travers courir*


Cheval de Ferghana, barbare :
Souple ossature aux angles tranchants
Oreilles dressées en bambous taillés
Pattes légères que soulève la brise…
Là où tu vas, rien ne t'arrête
Ma vie te confierais et ma mort !
Haut coursier. Notre rêve partagé
Sur mille li fendre l'espace ouvert

| 杜甫 | 春望 | | | | **Du Fu** |
|---|---|---|---|---|---|
| 國 | 破 | 山 | 河 | 在 | Printemps captif[1] |
| 城 | 春 | 草 | 木 | 深 | |
| 感 | 時 | 花 | 濺 | 淚 | *Pays briser / mont-fleuve demeurer*[2] |
| 恨 | 別 | 鳥 | 驚 | 心 | *Ville printemps / herbes-plantes foisonner* |
| 烽 | 火 | 連 | 三 | 月 | *Regretter temps / fleurs verser larmes* |
| 家 | 書 | 抵 | 萬 | 金 | *Maudire séparation / oiseaux effrayer cœur* |
| 白 | 頭 | 搔 | 更 | 短 | *Feu d'alarme / continuer trois mois* |
| 渾 | 欲 | 不 | 勝 | 簪 | *Famille lettre / valoir dix mille ors* |
| | | | | | *Blancs cheveux / gratter plus rares* |
| | | | | | *A tel point / ne plus supporter épingle* |

Pays brisé
    fleuves et monts demeurent
Ville au printemps
    arbres et plantes foisonnent
Le mal présent
    arrache aux fleurs des larmes
Aux séparés
    l'oiseau libre blesse le cœur[3]
Flammes de guerre
    sans trêve depuis trois mois
Mille onces d'or
    prix d'une lettre de famille
Rongés d'exil
    les cheveux blancs se font rares
Bientôt l'épingle
    ne les retiendra plus[4]

---

Fu composa ce poème dont le titre se traduit littéralement par « Regard au printemps » en 757, lorsqu'il fut retenu à Chang-an, la capitale, par les rebelles, durant la ...ion d'An lu-shan.

1 : Analysé au chapitre II à propos de la césure. Voir p. 62.

3 et 4 : Par leur extrême concision, ils se prêtent à une double interprétation. La ...ction « normale » devait être : « Affligé par ce temps de malheur, je laisse mes ...s tomber sur les fleurs que je contemple ; et, souffrant de la séparation, mon cœur ...ate lorsque je vois des oiseaux libres s'envoler. » Mais tels qu'ils se présentent en ... mot, les deux vers peuvent vouloir signifier que même les fleurs participent au ... humain en versant des larmes et que les oiseaux sont effrayés par ce qui ravage ...mmes. Notre traduction, sorte de compromis, est loin d'en épuiser la richesse. ...age de l'épingle à cheveux qui termine le poème (et qui suggère la nostalgie de la ...se évanouie) contraste, ironiquement, avec celle d'une nature luxuriante au début ...me.

| 杜甫 | **月夜** | **Du Fu** |
|---|---|---|

Nuit de lune [1]

| | | | |
|---|---|---|---|
| 今夜鄜州月 | | | *Cette nuit / Fu-zhou lune* |
| 閨中只獨看 | | | *Gynécée milieu / seule à regarder* |
| 遙憐小兒女 | | | *De loin chérir / jeunes fils-filles* |
| 未解憶長安 | | | *Ne pas savoir / se rappeler Chang-an* [2] |
| 香霧雲鬟濕 | | | *Parfumée brume / nuage-chignon mouiller* |
| 清輝玉臂寒 | | | *Limpide clarté / jade-bras fraîchir* [3] |
| 何時倚虛幌 | | | *Quel moment / s'appuyer contre rideau* |
| 雙照淚痕乾 | | | *A deux éclairer / larmes traces sécher* |

Cette nuit, la lune sur Fu-zhou
Tu seras seule à la contempler
De loin, je pense à nos enfants
Trop jeunes pour se rappeler Longue paix
Chignon de nuage, au parfum de brume
Bras de jade à la pure clarté...
Quelle nuit, près du rideau, la lune
Séchera nos larmes enfin mêlées ?

---

1. Le poète, captif à Chang-an, adressa ce poème à sa femme, qui se trouvait, ave[c]
enfants, à Fu-zhou, au nord du Shen-xi, en dehors de la zone occupée par les re[belles]
2. Vers 4 : Le nom de la capitale des Tang, Chang-an, signifie « longue paix ». Ce[...]
donc un double sens : « Les enfants sont trop petits pour se rappeler Chang-an
avaient vécu » et « les enfants, grandis dans la guerre, ignorent ce qu'est la paix »
3. Vers 5 et 6 : Analysés au chapitre III à propos des images métaphoriques. Voir

杜甫　問官軍收河南河北

劍外忽傳收薊北
初聞涕淚滿衣裳
卻看妻子愁何在
漫卷詩書喜欲狂
白日放歌須縱酒
青春作伴好還鄉
即從巴峽穿巫峽
便下襄陽向洛陽

**Du Fu**
En apprenant que l'armée impériale
a repris le He-nan et le He-bei [1]

*Épée dehors soudain rapporter / récupérer Ji-bei* [2]
*Début entendre flots de larmes / inonder vêtement-habit*
*Cependant regarder femme-enfants / tristesse où demeurer*
*Au hasard enrouler poèmes-écrits / joie à rendre fou*
*Clair jour librement chanter / devoir sans frein boire*
*Vert printemps se tenir compagnie / convenir retourner pays*
*Alors depuis Ba gorges / enfiler Wu gorges*
*Ensuite descendre Xiang-yang / vers Luo-yang* [3]


De la porte de l'Épée viennent les nouvelles :
　　Ji-bei est repris !
Les larmes aussitôt coulent à flots
　　mouillant mes habits
Je regarde alors ma femme, mes enfants
　　où est leur tristesse ?
Fébrile, j'enroule poèmes et écrits
　　la joie me rend fou !
Journée claire : que faire sinon chanter
　　et boire tout son soûl ?
Printemps vert : comme il sera bon
　　de rentrer au pays !
Partons : enfilant les gorges de Ba
　　puis celles de Wu
Nous descendrons le fleuve vers Xiang-yang
　　en route pour Luo-yang !

---

763, se trouvant au Si-chuan, Du Fu apprit que les provinces du Centre et du
Est avaient été reprises par les troupes gouvernementales. C'était la fin de la rébel-
An Lu-shan, commencée huit ans plus tôt.

s 1 : Analysé au chapitre III, à propos d'images suscitées par des noms propres.
, 99.

s 7 et 8 : analysés au chapitre II, à propos du parallélisme. Voir p. 76. Rappelons
ntrairement à la règle du lü-shi qui veut que le dernier distique soit non parallèle,
x vers ici forment pourtant un distique parallèle, comme si le poète cherchait à
ger cet état euphorique décrit par les distiques parallèles précédents. Remarquons
ent le contraste phonique entre les deux vers : dans le vers 7, la série de sons
s » (ji, cong, xia, xia) qui renforcent l'idée d'une oppression, et dans le vers 8, la
e finales de grande aperture -ang qui, dans la tradition poétique chinoise, suggè-
xaltation, la délivrance.

| | | |
|---|---|---|
| 杜甫 | 前出塞之一 | **Du Fu**<br>Ballade des frontières |

```
挽 弓 當 挽 強        Tendre arc / devoir tendre fort
用 箭 當 用 長        User flèche / devoir user longue
射 人 先 射 馬        Viser homme / d'abord viser cheval
擒 賊 先 擒 王        Saisir ennemi / d'abord saisir chef¹
殺 人 亦 有 限        Tuer homme / aussi y avoir limite
列 國 自 有 疆        Tous pays / chacun y avoir frontières
苟 能 制 侵 凌        Seulement pouvoir / dominer envahisseme
豈 在 多 殺 傷        Comment résider / abondamment tuer-bless
```

Quand on tend son arc
　　faut le tendre fort !
Quand on prend sa flèche
　　faut la choisir longue !
Avant d'attaquer
　　visons le cheval
S'il faut des captifs
　　saisissons le chef
Dans la tuerie
　　il y a une limite
A chaque pays
　　ses propres frontières :
Pourvu qu'on repousse
　　les envahisseurs !
A quoi bon alors
　　massacrer sans fin ?

---

1. Du point de vue phonique, notons l'accent « percutant » en chinois de la pr strophe (vers 1-4), dû au jeu alterné des mêmes initiales et des mêmes finales.

## Du Fu
Bai-di[1]

| 白帝 | |
|---|---|
| 白帝城中雲出門 | Bai-di ville dedans / nuages sortir porte |
| 白帝城下雨翻盆 | Bai-di ville dessus / pluie renverser cuvette |
| 高江急峽雷霆鬭 | Haut fleuve rapides gorges / tonnerre-éclair se battre |
| 翠木蒼藤日月昏 | Verts arbres grises lianes / soleil-lune s'assombrir |
| 戎馬不如歸馬逸 | Guerroyants chevaux ne pas valoir / rentrants chevaux aisés |
| 千家今有百家存 | Mille foyers encore y avoir / cent foyers subsister |
| 哀哀寡婦誅求盡 | Affligée-affligée seule femme / impôts-corvées finir |
| 慟哭秋原何處村 | Crier pleurer automne plaine / quel lieu village |

Dans Bai-di, les nuages franchissent les portiques
Sous Bai-di, la pluie tombe à faire crouler le ciel
Haut fleuve, gorge étroite : éclair et tonnerre se combattent
Arbres verts, sombres lianes : soleil et lune s'éclipsent
Chevaux de guerre plus inquiets que chevaux de paix
Sur mille foyers, il n'en reste qu'une centaine
Dépouillée jusqu'aux os, une femme crie sa peine
Dans quel village perdu, sur la plaine d'automne ?

---

[1] Bai-di (Empereur Blanc) : ville haut perchée, dominant les gorges du Yang-zi.

| 杜甫 | 客至 | **Du Fu** |
|---|---|---|
| | | A mon hôte [1] |

舍南舍北皆春水　　Logis sud logis nord / partout printanière eau
但見群鷗日日來　　Toujours voir groupes mouettes / jour-jour venir
花徑不曾緣客掃　　Fleurs sentier ne pas avoir / à cause de hôte balayer
蓬門今始為君開　　Broussailles porte à présent enfin / pour seigneur ouvrir
盤飧市遠無兼味　　Assiette-plats marché loin / sans variée saveur
樽酒家貧只舊醅　　Coupe-vin maison pauvre / seul ancien cru
肯與鄰翁相對飲　　Consentir avec voisin vieux / face à face boire
隔籬呼取盡餘杯　　Par-dessus haie appeler prendre / vider reste de verre

Au sud au nord du logis : les eaux printanières
M'enchante tous les jours l'arrivée des mouettes
Le sentier fleuri n'a point été balayé
La porte de bois, pour vous, enfin, est ouverte

Loin du marché, la saveur des plats est pauvre
Dépourvu, je ne puis offrir que ce vin rude
Acceptez-vous d'en boire avec mon vieux voisin ?
Appelons-le, par la haie, pour en vider le reste !

---

1. Ce poème et le suivant ont été écrits probablement vers 761, à Cheng-Si-chuan), où Du Fu venait de construire sa chaumière. C'est la période la plus he et la plus paisible de sa vie.
« Le vin rude » fait allusion à un vin fait d'après une méthode ancienne et rudime

| 杜甫 | 江村 | **Du Fu** |
|---|---|---|
| | | Village au bord de l'eau |

清江一曲抱村流
長夏江村事事幽
自來自去雙飛燕
相親相近水中鷗
老妻畫紙為棋局
稚子敲針作釣鉤
多病所須唯藥物
微軀此外更何求

*Claire rivière en méandres / entourer village couler*
*Long été rivière village / chose-chose merveille*
*De soi venir de soi aller / couple volantes hirondelles*
*Se chérir se serrer / eau milieu mouettes*
*Vieille épouse dessiner papier / en faire échiquier*
*Jeune fils marteler aiguille / fabriquer pêcher-crochet*
*Souvent malade avoir besoin / seules médicinales plantes*
*Humble corps en dehors / encore quoi rechercher*


Eau claire entourant de ses bras le village
Longs jours d'été où tout n'est que poésie

Sans crainte vont et viennent les couples d'hirondelles
Dans l'étang, les unes contre les autres, les mouettes

Ma vieille épouse dessine un échiquier sur papier
Mon jeune fils fait d'une aiguille un hameçon

Souvent malade, je cherche les plantes qui guérissent
Est-il d'autre désir pour mon humble corps ?

| 杜甫 春夜喜雨 | **Du Fu** |
|---|---|
| 好雨知時節 | Bonne pluie, une nuit de printemps[1] |
| 當春乃發生 | *Bonne pluie / savoir propice saison* |
| 隨風潛入夜 | *Au printemps / alors favoriser vie* |
| 潤物細無聲 | *Suivre vent / furtive pénétrer nuit* |
| 野徑雲俱黑 | *Humecter choses / délicate sans bruit* |
| 江船火獨明 | *Sauvages sentiers / nuages tous noirs* |
| 曉看紅濕處 | *Fleuve bateau / fanal seul clair* |
| 花重錦官城 | *Aube regarder / rouge mouillé lieu* |
|  | *Fleurs alourdies / Brocart-mandarin-ville* |

La bonne pluie tombe à la bonne saison
Amène le printemps, fait éclore la vie
Au gré du vent, se glissant dans la nuit
Silencieuse elle humecte toutes choses

Sentiers broussailleux noyés dans les nuages
Seul, sur le fleuve, le fanal d'une barque
L'aube éclaire le lieu rouge et trempé :
Fleurs alourdies sur Mandarin-en-pourpre !

---

1. Poème composé par Du Fu, à Cheng-du. Alors qu'il se trouvait dans une ba(sur la rivière qui mène à la ville), une nuit de printemps, il assista à l'arrivée de la bienfaisante. Le lendemain, il contempla, ravi, la scène après la pluie : la ville c de fleurs rouges toutes gorgées d'eau. Dans le dernier vers (comme nous l'avons a dans le chapitre III), le poète utilise ingénieusement, pour désigner la ville de Chen une autre appellation de celle-ci : Jin-guan-chang (Mandarin-vêtu-de-brocart) po gérer que lui aussi, lettré en exil, a la joie de s'associer à cette fête printanière. Voir

## 又呈吳郎

**Du Fu**

Second envoi à Wu-lang[1]

堂前撲棗任西鄰
無食無兒一婦人
不為困窮寧有此
只緣恐懼轉須親
即防遠客雖多事
便插疏籬卻甚真
已訴徵求貧到骨
正思戎馬淚盈巾

*Chaumière devant secouer jujubier / laisser ouest voisine*
*Sans nourriture sans enfant / une femme esseulée*
*Si point de misère / pourquoi donc recourir à ceci*
*A cause de honte / d'autant plus être bienveillant*
*Se méfier de hôte étranger / bien que superflu*
*Planter haie même clairsemée / néanmoins trop réel*
*Se plaindre corvées-impôts / dépouillée jusqu'aux os*
*Penser ravages de guerre / larmes mouiller habit*

---

[1] ...us ne proposons pas de traduction interprétée pour ce poème, analysé au chapitre I, ...pos de l'ellipse du pronom personnel. Voir p. 42.

| 杜甫 | 夜歸 | **Du Fu** |
| | | Rentrant nuitamment à la maison |

夜半歸來衝虎過　*Nuit moitié rentrer venir / heurter tigre passer*
山黑家中已臥眠　*Montagne noire maison dedans / déjà s'endormir*
傍見北斗向江低　*A côté voir Grande Ourse / vers fleuve s'abaisser*
仰看明星當空大　*En haut regarder clair astre / en plein ciel s'agrandir*
庭前把燭嗔兩炬　*Cour devant tenir bougie / gronder deux flammes*
峽口驚猿聞一個　*Gorges bouche effrayer singe / entendre un cri*
白頭老罷舞復歌　*Blanche tête vieillir finir / danser encore chanter*
杖藜不睡誰能那　*Tenir canne ne pas dormir / qui pouvoir quoi*


Rentrant à minuit, j'ai échappé aux tigres…
Sous le mont noir, à la maison, tous dorment
La Grande Ourse, au loin, s'incline vers le fleuve
Là-haut, l'Étoile d'or, en plein ciel, s'agrandit

Tremble dans la cour, cette bougie à deux flammes
Je sursaute au cri du singe venu des gorges
Tête blanche, encore en vie, je chante, je danse
Sur ma canne, sans sommeil. Et puis, quoi[1]?

---

1. L'expression « shei neng na » qui termine le poème est une expression parlée une nuance de défi désinvolte. Le poète l'utilise à dessein, pour exprimer cette joie pressible et presque « enfantine » d'avoir échappé à une mort atroce.

| | | | | | |
|---|---|---|---|---|---|
|杜甫|佐還山後寄三首之一|||||**Du Fu**|

| | | | | |
|---|---|---|---|---|
|白|露|黃|粱|熟|
|分|張|素|有|期|
|已|應|舂|得|細|
|頗|覺|寄|來|遲|
|味|豈|同|金|菊|
|香|宜|配|綠|葵|
|老|人|他|日|愛|
|正|想|滑|流|匙|

Poème envoyé à Zuo après son retour à la montagne [1]

*Blanche rosée / jaunes millets mûrs*
*Diviser partager / jadis y avoir promesse*
*Déjà devoir / moudre obtenir fins*
*Passablement sentir / envoyer venir tard*
*Saveur comment / égaler or chrysanthèmes*
*Arômes néanmoins / assortir vertes mauves*
*Vieil homme / autrefois préférer*
*Justement y penser / glisser eau de bouche*

Sous la rosée blanche, les millets sont mûrs
L'ancienne promesse fut de les partager
D'ores et déjà fauchés et moulus fin
Pourquoi tarde-t-on à me les envoyer

Si leur goût ne vaut pas les chrysanthèmes d'or
Leur parfum s'accorde avec le bouillon de mauves
Nourriture qu'aimait jadis le vieil homme
Tiens, à y penser, l'eau me monte à la bouche !

---

poème a été adressé par le poète à l'un de ses cousins qui avait promis de lui
yer des millets. Du Fu a souffert de la faim à diverses périodes de sa vie – un de ses
st mort de faim. Pendant l'exode, pour survivre, il dut se nourrir de fruits sauvages
e graines laissées dans les champs. Vers la fin de sa vie, notamment au Si-chuan, il
de nombreux vers pour chanter les « nourritures terrestres » : échalotes tachées de
, melon à la fraîcheur de cristal, poisson cuit aux aiguilles de pin, etc.

| 杜甫 | 詠懷古跡 | **Du Fu** |
| | | Évocation du passé[1] |

群山萬壑赴荊門
生長明妃尚有村
一去紫臺連朔漠
獨留青塚向黃昏
畫圖省識春風面
環珮空歸月夜魂
千載琵琶作胡語
分明怨恨曲中論

*Multiples monts dix mille-ravins / parvenir à Jing-men*
*Naître grandir Dame Lumineuse / encore y avoir village*
*Une fois quitter Terrasse Pourpre / à même désert blanc*
*Seulement rester Tombeau Vert / face à crépuscule jaune*
*Tableau peint de près reconnaître / brise printanière visage*
*Amulettes de jade en vain retourner / nuit lunaire âme*[2]
*Mille années pi-pa / émettre barbares accents*
*Clair-distinct grief-regret / chant milieu résonner*

---

1. Nous ne proposons pas de traduction interprétée pour ce poème, analysé au chap[itre ...] à propos de la forme du *lü-shi*. Voir p. 77.
2. Vers 5 et 6 : Analysés au chapitre 1 à propos de l'emploi de mots vides à la place [du] verbe. Voir p. 54.

|  |  |
|---|---|
| 江漢 | **Du Fu** |
| 江漢思歸客 | Jiang et Han [1] |
| 乾坤一腐儒 |  |
| 片雲天共遠 | *Jiang-Han / penser retour voyageur* |
| 永夜月同孤 | *Qian-Kun / un démuni lettré* |
| 落日心猶壯 | *Mince nuage / ciel en partage lointain* |
| 秋風病欲蘇 | *Longue nuit / lune ensemble solitaire* [2] |
| 古來存老馬 | *Sombrant soleil / cœur encore vigoureux* |
| 不必取長途 | *Automne vent / maladie presque guérie* |
|  | *Ancien temps / conserver vieux cheval* |
|  | *Pas nécessaire / mériter longue route* |

Sur le Jiang et la Han, l'exilé rêve du retour
– Un lettré démuni perdu au cœur de l'univers

Frêle nuage : toujours plus loin, en compagnie du ciel
Longue nuit : toujours plus seul aux côtés de la lune

Face au soleil couchant, un cœur qui brûle encore
Dans le vent automnal, d'anciens maux presque guéris

Au temps jadis, on ne tuait pas le vieux cheval :
Il avait d'autres dons que de parcourir les routes [3] !

---

: le Yang-zi ; Han : un affluent de celui-ci.
3 et 4 : Analysés au chapitre I à propos de l'emploi des mots vides. Voir p. 54.
7 et 8 : Malgré son âge et sa santé déclinante, le poète ne désespère pas
plir encore une œuvre utile.

| 杜甫 | 旅夜書懷 | **Du Fu** |
|---|---|---|
| 細草微風岸 | | Pensée d'une nuit en voyage[1] |
| 危檣獨夜舟 | | |
| 星垂平野闊 | | Menues herbes / légère brise rive |
| 月湧大江流 | | Vacillant mât / solitaire nuit barque |
| 名豈文章著 | | Étoiles suspendre / plate plaine s'élargir |
| 官應老病休 | | Lune jaillir / grand fleuve s'écouler[2] |
| 飄飄何所似 | | Renom comment / œuvres écrites s'imposer |
| 天地一沙鷗 | | Mandarin devoir / vieux malade se retirer |
| | | Flottant-flottant / à quoi ressembler |
| | | Ciel-terre / une mouette de sable |

Rive aux herbes menues. Brise légère
Barque au mât vacillant, seule dans la nuit
S'ouvre la plaine aux étoiles qui descendent
Surgit la lune, soulevant les flots du fleuve

L'homme laisse-t-il un nom par ses seuls écrits ?
Vieux et malade, que le mandarin s'efface[3] !
Errant, errant, à quoi puis-je ressembler
– Une mouette des sables entre terre et ciel

---

1. Poème écrit par Du Fu vers la fin de sa vie (probablement en 767), alors qu'il geait sur le haut fleuve Yang-zi ; il quitta le Si-chuan à Kui-zhou pour descendre à ling. Au terme de ce voyage, il trouvera la mort, seul sur son bateau.
2. Vers 3 et 4 : Analysés au chapitre 1 à propos de l'ellipse de la préposition ; les i des astres et de la lune représentent certes des éléments saillants du cosmos mais bolisent également la manifestation de l'esprit humain ; car, en Chine, les o immortelles sont comparées au soleil, à la lune et aux astres. Voir p. 47.
3. Malgré le doute et l'amertume exprimés dans les vers 5 et 6, Du Fu est confian puissance de la poésie. Dans un autre poème, il dit avec force :

> Lorsque je chante, je le sais, dieux et démons sont présents
> Que m'importe de mourir de faim et d'être jeté dans un égout !

韦应物　燕居即事

## Wei Ying-wu
Vie recluse

萧条竹林院　　*Humble cour / entourer droits bambous*
风雨丛兰折　　*Vent-pluie / casser orchidées tiges*
幽鸟林上啼　　*Ombrage profond / entendre chantant oiseau*
青苔人迹绝　　*Mousse verte / nulle humaine trace*
燕居日已永　　*Hirondelle séjour / blanche journée durable*
夏木纷成结　　*Été arbres / suspendre mûrs fruits*
几间积群书　　*Table dessus / s'empiler précieux livres*
时来北窗阅　　*Clair volet / parfois feuilleter lire*


Une humble cour entourée de bambous dépouillés
Les orchidées aux tiges cassées après le vent-pluie
Au profond des feuillages chantent les oiseaux
Sur les mousses vertes nulle trace humaine

Au pavillon Hirondelles durable est le jour
Les arbres sont lourds de fruits en été
Sur ma table s'accumulent des livres rares
Je m'y plonge à l'heure claire près d'une croisée

白居易　賦得古原草送別　**Bo Ju-yi**
Herbes sur la plaine antique

離離原上草
一歲一枯榮
野火燒不盡
春風吹又生
遠芳侵古道
晴翠接荒城
又送王孫去
萋萋滿別情

*Tendres-tendres / plaine dessus herbes*
*Chaque année / une fois se faner prospérer*
*Sauvage feu / brûler ne pas exterminer*
*Printanier vent / souffler à nouveau naître*
*Lointaine fragrance / envahir antique voie*
*Claire émeraude / toucher déserte muraille*
*Encore accompagner / seigneur en partance*
*Touffues-touffues / emplies de séparation sentiment*

Herbes tendres à travers toute la plaine
Chaque année se fanent puis prospèrent
Le feu sauvage n'en vient point à bout
Au moindre souffle printanier elles renaissent

Leurs teintes illuminent les ruines anciennes
L'antique voie se parfume de leur senteur
Agitées, et frémissantes de nostalgie
Elles disent adieu au seigneur qui s'en va

| 李商隱 | 無題 | **Li Shang-yin** |
| | | Sans titre |

相見時難別亦難
東風無力百花殘
春蠶到死絲方盡
蠟炬成灰淚始乾
曉鏡但愁雲鬢改
夜吟應覺月光寒
蓬山此去無多路
青鳥殷勤為探看

*Se voir moment difficile / se séparer tout aussi*
*Vent d'est sans force / cent fleurs se faner*
*Vers à soie atteindre mort / soies alors cesser*
*Flamme de bougie devenir cendre / larme alors sécher*
*Matin miroir seulement s'attrister / nuage tempes changer*
*Nuit psalmodie devoir ressentir / lune clarté froidir*
*Mont Peng d'ici aller / sans longue route*
*Oiseau Vert sans relâche / pour explorer-veiller* [1]

Les rencontres – difficiles
    les adieux – plus encore
Le vent d'est a faibli
    les cent fleurs se fanent
Le ver à soie, tant qu'il vit
    déroulera sans cesse son fil
La bougie ne tarira ses pleurs
    que brûlée et réduite en cendres
Miroir du matin où pâlit
    le nuage des cheveux
Chant de la nuit : écho glacé
    dans la fraîcheur lunaire
D'ici jusqu'aux îles immortelles
    la route n'est plus longue
Persévérant Oiseau Vert
    veille sur notre voyage !

ème a été analysé au chapitre III, à propos des images. Voir p. 111.

| 李商隱 | 無題 | **Li Shang-yin** |
|---|---|---|
| | | Sans titre |

鳳尾香羅薄幾重
碧文圓頂夜深縫
扇裁月魄羞難掩
車走雷聲語未通
曾是寂寥金燼暗
斷無消息石榴紅
斑騅只繫垂楊柳
何處西南任好風

*Phénix queue parfumée soie / mince combien couches*
*Émeraude rayures rond dais / nuit tardive coudre*
*Éventail tailler lune âme / honte difficile à cacher*
*Carrosse rouler tonnerre bruit / parole impossible à passer*
*Depuis lors silencieux solitaire / flamme d'or s'assombrir*
*Entre-temps sans nouvelles / fruit de grenadier rougir*
*Cheval pie seul s'attacher / penchés saules pleureurs*
*Quel lieu ouest-sud / se donner bon vent*


Queue de phénix, soie parfumée en maintes couches fin
Rayures d'émeraude, dais rond cousu dans la nuit [1]

L'éventail à l'âme lunaire cache à peine la honte
Le carrosse au fracas de tonnerre étouffe les mots

Longue veillée où s'assombrissent les bougies d'or
Nouvelles interrompues : éclat rouge des grenades

Aux saules pleureurs est attaché le cheval pie :
Brise du sud, en quel lieu, se donnant libre cours [2] ?

---

1. Vers 1 et 2 : Ils décrivent le rideau de lit d'une chambre nuptiale. Tout le poème
probablement à la pensée d'une amante dans sa solitude.
2. Vers 6, 7 et 8 : Certaines images ont une forte connotation sexuelle : « g
rouge », outre l'idée d'un désir éclaté qu'elle suggère, peut désigner le vin de g
rouge servi au repas de mariage ; « saules pleureurs » symbolisent le corps fin
femme. Par ailleurs, l'expression « cueillir une branche de saule » voulait dire visi
courtisane. « Brise du sud » : désir érotique. Cf. les vers de Cao Zhi (192-232) :

> Je voudrais devenir la brise du sud
> Et souffler loin jusque dans ton sein

| | | |
|---|---|---|
| 李商隱 | 馬嵬 | **Li Shang-yin** |
| | | Ma-wei |
| 海外徒聞更九州 | | |
| 他生未卜此生休 | | *Outre-mer apprendre en vain / Neuf Contrées changer* |
| 空聞虎旅傳宵柝 | | *L'autre vie non prédite / cette vie achevée* |
| 無復雞人報曉籌 | | *Pour rien entendre gardes-tigres / battre cloches de bois* |
| 此日六軍同駐馬 | | *Plus jamais voir homme-coq / annoncer point du jour* |
| 當時七夕笑牽牛 | | *Aujourd'hui Six Armées / toutes arrêter chevaux* |
| 如何四紀為天子 | | *L'autre nuit Double-Sept / rire de Bouvier Tisserande* |
| 不及盧家有莫愁 | | *Pourquoi donc quatre décades / être fils du Ciel* |
| | | *Ne pas valoir seigneur Lu / posséder Sans Souci* [1] |

us ne proposons pas de traduction interprétée pour ce poème analysé au chapitre ɪ
ɔos des compléments de temps. Voir p. 49-51.

| | | |
|---|---|---|
| 李商隱 | 錦瑟 | **Li Shang-yin**<br>Cithare ornée de brocart |
| 錦瑟無端五十弦 | | *Cithare ornée pur hasard / avec cinquante cordes* |
| 一弦一柱思華年 | | *Chaque corde chaque chevalet / penser années fleuries* |
| 莊生曉夢迷蝴蝶 | | *Lettré Zhuang rêve matinal / s'égarer papillon* |
| 望帝春心託杜鵑 | | *Empereur Wang cœur printanier / se confier tourterelle* |
| 滄海月明珠有淚 | | *Mer vaste lune claire / perle avoir larme* |
| 藍田日暖玉生烟 | | *Champ Bleu soleil chaud / jade naître fumées* |
| 此情可待成追憶 | | *Cette passion pouvoir durer / devenir poursuite-mémoire* |
| 只是當時已惘然 | | *Seulement instant même / déjà dé-possédé* [1]. |

---

1. Nous ne proposons pas de traduction interprétée pour ce poème analysé aux pitres I et III à propos des images. Voir p. 49 et 112.
Il serait intéressant de faire une lecture de ce poème parallèlement avec cell « El Desdichado » de G. de Nerval.

| 常建 | 破山寺後禪院 | **Chang Jian** |
|---|---|---|
| | | Au monastère de Po-shan |

清晨入古寺
初日照高林
曲徑通幽處
禪房花木深
山光悅鳥性
潭影空人心
萬籟此俱寂
但餘鐘磬音

*Clair matin / pénétrer antique temple*
*Début soleil / éclairer hauts arbres*
*Sinueux sentiers / accéder secret lieu*
*Chan chambre / fleurs-plantes profondes*
*Montagne lumière / s'enchanter oiseau nature*
*Étang ombre / se vider homme cœur* [1]
*Dix mille bruits / ici ensemble silencieux*
*Seulement rester / cloche-pierre sons*

L'aube claire pénètre dans le temple ancien
Le soleil naissant dore la cime des arbres
Une sente sinueuse mène aux lieux reclus
Noyée de plantes, de fleurs, la chambre de Chan

Lumière du mont – s'enchanter – cris d'oiseaux
Ombre de l'étang – s'épurer – cœur de l'homme
Voici que se taisent dix mille bruissements
Seul résonne l'écho de cloche et de pierre

s 5 et 6 : Analysés au chapitre 1 à propos de l'ellipse de la préposition. Voir p. 46.

劉長卿　尋南溪常道士

**Liu Chang-qing**
Cherchant le moine taoïste Chang, de Nan-qi

一路經行處
莓苔見屐痕
白雲依靜渚
芳草閉閒門
過雨看松色
隨山到水源
溪花與禪意
相對亦忘言

*Le long du chemin / traverser maints endroits*
*Lichen-mousse / percevoir sabots traces*
*Blanc nuage / côtoyer paisible îlot*
*Parfumée herbe / enfermer oisive porte*
*Passer pluie / regarder pins couleur*
*Suivre mont / atteindre eau source*
*Ruisseau fleur / accorder Chan esprit*
*Face à face / déjà hors parole* [1]


Le long du chemin, en maints lieux traversés :
Traces de sabots sur le tapis de mousse...

De blancs nuages entourent l'îlot paisible
Derrière les herbes folles, une porte oisive

Contempler, après la pluie, la couleur des pins
Puis atteindre, au-delà du mont, la source

Une fleur dans l'eau éveille l'esprit du Chan
Face à face : déjà hors de la parole

---

1. Le vers 4 a été cité dans l'Introduction pour illustrer le graphisme imagé. Par ailleurs, le poème entier a été analysé au chapitre I à propos de l'ellipse du pronom personnel. Voir p. 19 et 41.
Rappelons que l'expression « hors parole » (qui vient du philosophe Zhuang-zi) a été utilisée, une première fois, par Tao Yuan-ming (365-427), dans son célèbre poème « Libation » :

> [...] Cueillir chrysanthèmes près des haies de l'Est
> Et contempler, ravi, montagne du Sud
> Air du mont, plus pur encore, vers le soir,
> Lorsque, en compagnie, s'en revenir oiseaux
> Au cœur de cela, résider vraie essence :
> Vouloir le dire ? déjà hors parole.

Remarquons que les deux poèmes sont *terminés* par cette expression, comme si les poètes rêvaient de dépasser la parole et d'atteindre le non-être. Cependant, ce dépassement ne peut s'obtenir qu'à travers la parole, puisque, tout le long des poèmes, les poètes cherchaient justement à entrer en communion avec la nature par le truchement des signes. Ainsi, les deux poèmes ne sont pas de nature « descriptive » ; ils sont une expérience de la non-parole par la parole, une « initiation » à la « pure signifiance »

張籍　夜到漁家

**Zhang Ji**
Arrivant la nuit devant le logis d'un pêcheur

| | | | | |
|---|---|---|---|---|
|漁|家|在|江|口|
|湖|水|入|柴|扉|
|行|客|欲|投|宿|
|主|人|猶|未|歸|
|竹|深|村|路|遠|
|月|出|釣|船|稀|
|遙|見|尋|沙|岸|
|春|風|動|草|衣|

Pêcheur logis / se trouver fleuve embouchure
Lac eau / pénétrer broussailles porte
Voyageur de passage / vouloir passer nuit
Maître de maison / non encore rentrer
Bambous profonds / village chemin lointain
Lune surgir / pêcher barques rares
De loin voir / chercher sable berge
Printanier vent / agiter herbe habit

A l'entrée du fleuve, un logis de pêcheur
L'eau du lac effleure la porte de bois
Le voyageur frappe pour la nuit, nulle réponse :
Le maître n'est pas encore de retour

Un sentier se perd au profond des bambous
Surgit la lune, éclairant peu de barques…
Soudain, sous son manteau de jonc mû par la brise
Là-bas, le pêcheur qui cherche la berge de sable

杜荀鶴　　送人遊吳

| | | | |
|---|---|---|---|
|君|到|姑|蘇|見|
|人|家|盡|枕|河|
|古|宮|閑|地|少|
|水|港|小|橋|多|
|夜|市|賣|菱|藕|
|春|船|載|綺|羅|
|遙|知|未|眠|月|
|相|思|在|漁|歌|

**Du Xun-he**

A un ami qui part pour le Wu

*Seigneur parvenir à / Gu-su voir*
*Hommes habitations / toutes border rivière*
*Ancien palais / oisifs lieux rares*
*Eau port / petits ponts nombreux*
*Nuit marché / vendre fruit racine de lotus*
*Printemps bateaux / transporter soies-satins*
*De loin savoir / non dormir lune*
*Mutuelle pensée / se trouver pêcheur chant*

Au sud du fleuve, dans la ville de Gu-su[1]
Les maisons, toutes, sont bordées d'eau
Près de l'ancien palais, peu de lieux délaissés
Dans le quartier du port, que de ponts minuscules…

Au marché de nuit on vend fruits et racines de lotus
Les barques de printemps transportent soies et satins[2]
Loin de toi, sous la même lune qui veille
Je te rejoindrai dans le chant d'un pêcheur

---

1. Gu-su, actuellement Su-zhou, se trouve au cœur de la région de Jiang-nan (le Su fleuve), caractérisée par son climat doux, son paysage luxuriant et ses mœurs raffi D'après un dicton, Su-zhou, avec Hang-zhou (toutes deux des villes d'eau) seraier reflets du paradis sur terre.
2. Promeneurs vêtus de satins.

| | | |
|---|---|---|
| 溫庭筠 | 商山早行 | **Wen Ting-yun**<br>Départ à l'aube sur le mont Shang |

```
晨 起 動 征 鐸        Aube se lever / agiter expédition clochettes
客 行 悲 故 鄉        Voyageurs marcher / regretter pays natal
雞 聲 茅 店 月        Coq chant / chaumes auberge lune
人 跡 板 橋 霜        Homme traces / planche pont givre
槲 葉 落 山 路        Feuilles de hu / tomber montagne route
枳 花 明 驛 墻        Fleurs de zhi / briller relais mur
因 思 杜 陵 夢        A cause de penser / Du-ling rêve
鳧 雁 滿 廻 塘        Oies sauvages / emplir méandres étang
```

Départ avant l'aube : les clochettes qui tintent
Ravivent la nostalgie des voyageurs
Gîte de chaume sous la lune : chant d'un coq
Pont de bois couvert de givre : traces de pas[1]

Tombent les feuilles sur la route de montagne
Quelques fleurs éclairent les murs du relais
Rêvant encore au pays de Du-ling
Les oies sauvages, près de l'étang, s'attardent[2]

---

[vers] 3 et 4 : Analysés au chapitre 1 à propos de l'omission du verbe. Voir p. 53.
[vers] 7 et 8 : Ces deux vers entretiennent une ambiguïté. Si, d'après la traduction mot [à mot] on a l'impression que ce sont les oies sauvages qui auraient rêvé de Du-ling, on [compr]end cependant qu'en réalité c'est le poète lui-même qui a été réveillé de son rêve [de Du]-ling par le départ matinal et qui regarde avec nostalgie les oies sauvages qui s'at[tardent] sur l'étang. Du-ling est un site célèbre près de la capitale Chang-an où avait vécu [le poèt]e.

| 温庭筠　利州南渡 | **Wen Ting-yun** |
|---|---|
| | Embarcadère du Sud, à Li-zhou[1] |
| 澹然空水對斜暉 | *Mouvante étendue vacante eau / face à oblique lumière* |
| 曲島蒼茫接翠微 | *En méandre îlots estompés / rejoindre verdure lointaine* |
| 波上馬嘶看棹去 | *Vagues dessus chevaux hennir / regarder rames s'éloigner* |
| 柳邊人歇待船歸 | *Saules côté hommes rester / attendre barque revenir* |
| 數叢沙草群鷗散 | *Quelques touffes sable-herbes / multiples mouettes se disperser* |
| 萬頃江田一鷺飛 | *Dix mille hectares fleuve-champs / unique aigrette s'envoler* |
| 誰解乘舟尋范蠡 | *Qui savoir conduire barque / rechercher Fan Li* |
| 五湖煙水獨忘機 | *Cinq Lacs brume-eau / seul à oublier enjeu* |

Mue par la brise une eau s'étale face au couchant
Éparpillant les îlots parmi les lointaines verdures
Là-bas sur l'onde, cris de chevaux ponctués de coups de rames
Ici sous les saules, attente insouciante du retour de la barque

Bancs de sable, touffes d'herbe, mille mouettes se dispersent
Champs et rizières à l'infini, une seule aigrette s'envole
Enfin partir ! Sur la trace du vieil errant, Fan Li[2]
Se perdre dans l'oubli parmi les brumes des Cinq Lacs[3] !

---

1. Dans le Si-chuan, au bord de la rivière Jia-ling.
2. Fan Li : ministre du royaume de Yue, à l'époque des Royaumes Combattants. avoir aidé son roi Gou-jian à prendre sa revanche sur le royaume de Wu, il quitt lument le pouvoir et mena une vie d'errance, en compagnie de sa favorite.
3. Cinq Lacs : dans la région du lac Tai.

# Gu-ti-shi
(« poésie à l'ancienne »)

| 李白 | 月下獨酌 | | | | Li Bo |
|---|---|---|---|---|---|
| 花 | 間 | 一 | 壺 | 酒 | Buvant seul sous la lune |
| 獨 | 酌 | 無 | 相 | 親 | |
| 舉 | 杯 | 邀 | 明 | 月 | |
| 對 | 影 | 成 | 三 | 人 | |
| 月 | 既 | 不 | 解 | 飲 | |
| 影 | 徒 | 隨 | 我 | 身 | |
| 暫 | 伴 | 月 | 將 | 影 | |
| 行 | 樂 | 須 | 及 | 春 | |
| 我 | 歌 | 月 | 徘 | 徊 | |
| 我 | 舞 | 影 | 零 | 亂 | |
| 醒 | 時 | 同 | 交 | 歡 | |
| 醉 | 後 | 各 | 分 | 散 | |
| 永 | 結 | 無 | 情 | 遊 | |
| 相 | 期 | 邈 | 雲 | 漢 | |

*Fleurs milieu / un pichet vin*
*Seul boire / ne pas avoir compagnie*
*Lever coupe / inviter claire lune*
*Face à ombre / former trois personnes*
*Lune puisque / ne pas savoir boire*
*Ombre en vain / suivre mon corps*
*Un moment accompagner / lune et ombre*
*Prendre plaisir / devoir à même printemps*
*Moi chanter / lune aller-venir*
*Moi danser / ombre en désordre*
*Réveil moment / ensemble partager joie*
*Ivresse après / chacun se séparer*
*A jamais nouer / sans sentiment randonnée*
*Se promettre / lointain nuage-fleuve* [1]

Parmi les fleurs un pichet de vin
Seul à boire sans un compagnon
Levant ma coupe, je salue la lune :
Avec mon ombre, nous sommes trois
La lune pourtant ne sait point boire
C'est en vain que l'ombre me suit
Honorons cependant ombre et lune :
La joie ne dure qu'un printemps !
Je chante et la lune musarde
Je danse et mon ombre s'ébat
Éveillés, nous jouissons l'un de l'autre
Et ivres, chacun va son chemin…
Retrouvailles sur la Voie lactée :
A jamais, randonnée sans attaches !

---

…poème a été analysé au chapitre I à propos de l'ellipse du pronom personnel. …43.
…pelons la légende selon laquelle Li Bo serait mort noyé en voulant boire la lune …au ; citons ce chant de lui :

> Singes blancs en automne
> Dansants, légers comme neige :
> Monter d'un bond dans les branches,
> Et boire dans l'eau la lune.

| 李白 | 宣州謝朓樓餞別校書叔雲 | **Li Bo** |
| --- | --- | --- |
| | 棄我去者昨日之日不可留 | Au pavillon de Xie Tiao[1] : banquet d'adieu pour le réviseur Yun, mon oncle |
| | 亂我心者今日之日多煩憂 | |
| | 長風萬里送秋雁 | *Ce qui me rejette / jour d'hier ne pas pouvoir retenir* |
| | 對此可以酣高樓 | *Ce qui me trouble / jour d'hui nombreux tourments* |
| | 蓬萊文章建安骨 | *Long vent dix mille stades / escorter automne oies* |
| | 中間小謝又清發 | *Face à ceci être capable / s'enivrer haut pavillon* |
| | 俱懷逸興壯思飛 | *Peng-lai textes composés / Jian-an os* |
| | 欲上青天攬明月 | *Au milieu Petit Xie / de plus pureté éclore* |
| | 抽刀斷水水更流 | *Tous porter superbe esprit / forte pensée s'envoler* |
| | 舉杯澆愁愁更愁 | *Vouloir gravir bleu ciel / remuer claire lune* |
| | 人生在世不得意 | *Tirer épée rompre eau / eau plus encore couler* |
| | 明朝散髮弄扁舟 | *Lever coupe arroser chagrin / chagrin plus encore chag* |
| | | *Vie humaine au monde / ne pas être satisfaite* |
| | | *Demain éparpiller cheveux / manier petite barque* |

Le jour d'hier m'abandonne, jour que je ne puis retenir
Le jour d'hui me tourmente, jour trop chargé d'angoisses
Sur dix mille li, le vent escorte les oies sauvages
Face à l'ouvert, enivrons-nous dans le haut pavillon !
Comment oublier les nobles esprits, les génies de Jian-an[2]
Et le poète Xie Tiao dont le pur chant hante ce lieu ?
Hommes libres, superbes, aux rêves sans limites :
Monter jusqu'au firmament, caresser soleil et lune !

Tirer l'épée, couper l'eau du fleuve : elle coule de plus belle
Remplir la coupe, y noyer les chagrins : ils remontent, plus
Rien qui réponde à nos désirs en ce bas monde
A l'aube, cheveux au vent, en barque, nous voguerons !

---

1. Le poète Xie Tiao (Ve s.) avait construit ce pavillon lorsqu'il était gouvern Xuan-zhou, au An-hui.
2. L'ère Jian-an (196-219) est, à la fin des Han, une des époques fécondes de la chinoise.

李白　古風二首之一

**Li Bo**
Air ancien [1]

西　上　蓮　花　山
迢　迢　見　明　星
素　手　把　芙　蓉
虛　步　躡　太　清
霓　裳　曳　廣　帶
飄　拂　升　天　行
邀　我　登　雲　臺
高　揖　衛　叔　卿
恍　恍　與　之　去
駕　鴻　凌　紫　冥
俯　視　洛　陽　川
茫　茫　走　胡　兵
流　血　塗　野　草
豺　狼　盡　冠　纓

*Ouest gravir / mont du Lotus*
*Lointain lointain / voir brillante étoile*
*Blanche main / tenir fleur de lotus*
*Aériens pas / fouler Grand Vide*
*Robe arc-en-ciel / traîner larges rubans*
*Flottant frôlant / monter ciel marcher*
*Inviter moi / gravir terrasse de nuage*
*Haut saluer / Wei Shu-qing*
*Vague-vague / en compagnie aller*
*Conduire oie / atteindre pourpre obscur*
*Se pencher regarder / Luo-yang rivière*
*Vaste-vaste / marcher Barbares soldats*
*Couler sang / barbouiller sauvages herbes*
*Chacals-loups / tous coiffes-glands* [2]

A l'Ouest, ascension du mont Sacré :
M'attire l'Étoile brillante, au loin
Une fleur de lotus dans sa main blanche
aérienne, elle foule le Grand Vide
Sa robe arc-en-ciel aux larges ceintures
Flotte au vent frôlant les marches célestes
Elle m'invite, sur la terrasse des Nuées
A saluer l'immortel Wei Shu-qing
Éperdu, ravi, je la suis dans sa course
Sur le dos d'un cygne. Voici la Voûte pourpre
Regardant vers le bas : les eaux de Luo-yang
Troupes barbares aux files interminables
L'herbe sauvage, regorgeant de sang, fume encore :
Loups et chacals portent des coiffes d'hommes !

Bo composa plusieurs poèmes sur le thème de randonnées en rêve (dans des lieux
sés par les taoïstes) dont le plus célèbre est « Adieu au mont de la Mère Céleste ».
s 11-14 : Malgré son évasion, le poète ne peut pas oublier la terre ravagée par la
e, où règne la tyrannie.

李白　　長干行

妾髮初覆額
折花門前劇
郎騎竹馬來
遶床弄青梅
同居長干里
兩小無嫌猜
十四為君婦
羞顏未嘗開
低頭向暗壁
千喚不一回
十五始展眉
願同塵與灰
常存抱柱信
豈上望夫臺
十六君遠行
瞿塘灩澦堆
五月不可觸
猿聲天上哀
門前遲行跡
一一生綠苔
苔深不能掃
落葉秋風早
八月蝴蝶來
雙飛西園草
感此傷妾心
坐愁紅顏老
早晚下三巴
預將書報家
相迎不道遠
直到長風沙

## Li Bo
Ballade de Chang-gan [1]

Moi cheveux / début couvrir front
Cueillir fleurs / porte devant jouer
Toi monter / bambou cheval venir
Autour lit / manier vertes prunes
Ensemble habiter / Chang-gan-li
Deux petits / sans soupçon-secret
Quatorze ans / devenir seigneur femme
Timide face / ne jamais s'ouvrir
Baisser tête / vers sombre mur
Mille appels / sans une réponse
Quinze ans / alors dégager sourcils
Vouloir partager / poussière et cendre
Toujours garder / serrer-pilier-serment
Qu'importe monter / guetter-mari-terrasse
Seize ans / seigneur loin voyager
Qu-tang / Yan-yu récifs
Cinquième mois / ne pas devoir toucher
Singes cris / ciel dessus désolés
Porte devant / tardives marcher traces
Une à une / naître vertes mousses
Mousses profondes / ne pas pouvoir balayer
Tombantes feuilles / automne vent tôt
Huitième mois / papillons s'approcher
Par paire voler / ouest jardin herbes
Regretter ceci / blesser moi cœur
Attendre s'attrister / rose visage vieillir
Tôt-tard / descendre San-ba
Par avance / lettre annoncer famille
Aller au-devant / sans route lointaine
Droit atteindre / Chang-feng-sha

---

1. Chang-gan : dans le Jiang-su, proche de Nankin.

Les mèches commençaient à m'ombrer le front
Devant la grande porte je cueillais des fleurs
Sur un cheval de bambou tu venais vers moi
Autour d'un lit de pierre on jouait aux prunes vertes
Habitant tous deux le village de Chang-gan
Tous deux, à l'âge tendre, innocents, candides…
A quatorze ans, je devenais ton épouse
Rougissante, timide, pas un seul sourire
Yeux baissés, je me cachais à l'ombre du mur
Cent fois tu m'appelais, je ne répondais pas !
A quinze ans, je me suis enfin déridée
Unie à toi comme poussières et cendres
Jurant fidélité, comme l'« Homme au Pilier[1] »
Que m'importait de monter au « mont du Guet[2] »
Quand j'eus seize ans, tu es parti très loin
Aux gorges Qu-tang où se dresse le Yan-yu
En mai, qui peut l'affronter sans périr ?
Les cris des singes déchirent le ciel !

Devant la maison, d'anciennes traces de pas
Une à une recouvertes de mousse épaisse
Si épaisse qu'on renonce à la balayer
Et ces feuilles tombées d'un automne précoce…
Huitième mois : les papillons d'or voltigent
Deux par deux dans l'herbe du jardin d'ouest
Le temps fuit : qui n'aurait le cœur serré
En voyant si vite se faner la beauté ?
Que vienne le jour où tu descendras San-ba
Par avance fais-nous parvenir la nouvelle !
Aller vers toi, y a-t-il distance qui compte ?
D'une traite j'irai aux Sables-du-long-vent[3] !

ersonnage légendaire qui attendit en vain sa bien-aimée sous un pont et qui préféra
 dans l'eau montante, cramponné à l'un des piliers, plutôt que de quitter le lieu.
usieurs montagnes de Chine portent ce nom, en souvenir d'une femme abandonnée
gravissait tous les jours la montagne pour y guetter le retour de son mari.
uée au bord du fleuve, à plusieurs jours de voyage de Chang-gan.
ng-zi, depuis le Jiang-su, en aval, jusqu'au Si-chuan, en amont, est navigable. Tout
g du fleuve se trouvent des ports qui favorisent le commerce des marchands voya-
. Un des thèmes de la poésie des Tang a trait aux voyages de ces marchands et au
 de leurs femmes, souvent délaissées durant de longs mois. (Voir, sur le même
, le quatrain de Li Yi : « Chanson du Sud du fleuve », p. 148.)

李白　沐浴子　**Li Bo**
沐芳莫彈冠　Lavé et parfumé
浴蘭莫振衣
處世忌太潔　*Se laver fragrance / ne pas tapoter coiffe*
至人貴藏暉　*Se baigner orchidée / ne pas secouer habit*
滄浪有釣叟　*Être dans le monde / éviter trop se nettoyer*
吾與爾同歸　*Homme accompli / privilégier cacher lumière*
　　　　　　*Flots bleus / y avoir vieux pêcheur*
　　　　　　*Moi et toi / en compagnie retourner*

Si tu te parfumes
　　ne frotte pas ta coiffe
Et si tu te baignes
　　ne secoue pas ta robe
Sache-le bien : le monde
　　hait ce qui est pur
L'homme à l'esprit noble
　　cachera son éclat
Au bord de la rivière
　　est le vieux pêcheur[1] :
« Toi, moi, à la source
　　nous retournerons ! »

---

1. La figure du pêcheur représente souvent le détachement et la pureté préservée. A(llu)sion ici à la rencontre entre Qu Yuan (le grand poète de l'époque des Royaumes (com)battants) et le pêcheur. Qu Yuan, errant au bord du fleuve, expliqua à un pêche(ur la) raison de son exil : « Tout le monde est corrompu, je veux rester pur ; tout le mond(e est) ivre, je veux rester lucide… » Le pêcheur, avant de s'éloigner, chanta : « Claire est (l'eau) de la rivière, j'y laverai mes turbans ; mais si l'eau est boueuse, j'y laverai mes pied(s… »)

| | | **Du Fu** |
|---|---|---|
| 杜甫 | 悲陳陶 | Lamentation sur Chen-tao[1] |

```
孟冬十郡良家子      Dixième mois dix contrées / bon peuple fils
血作陳陶澤中水      Sang devenir Chen-tao / marais dedans eau
野曠天清無戰聲      Plaine vaste ciel clair / plus rien combat bruit
四萬義軍同日死      Quarante mille volontaires / même jour mourir
群胡歸來血洗箭      Groupes Barbares revenir / sang laver flèches
仍唱胡歌飲都市      Encore chanter Barbares chant / boire ville marché
都人回面向北啼      Ville gens se tourner / vers nord pleurer
日夜更望官軍至      Jour-nuit toujours guetter / officielle armée arriver
```

Le sang des jeunes venus des dix contrées
Emplit les froids marécages de Chen-tao
Longue plaine, ciel désert, les cris se sont tus :
Quarante mille volontaires péris en un jour

Les Tartares reviennent, flèches toutes saignantes
Ils boivent en hurlant sur la place du marché
Le peuple, vers le nord, les yeux brûlés de larmes
Jour et nuit, guette l'arrivée de l'armée

---

Chen-tao, en 756, eut lieu une bataille désastreuse pour l'armée chinoise, durant la [rébell]ion d'An Lu-shan.

| 杜甫 | 夢李白二首之一 | Du Fu |
|---|---|---|
| | | En rêvant de Li Bo [1] |

| | | | | |
|---|---|---|---|---|
| 死 | 別 | 已 | 吞 | 聲 |
| 生 | 別 | 常 | 惻 | 惻 |
| 江 | 南 | 瘴 | 癘 | 地 |
| 逐 | 客 | 無 | 消 | 息 |
| 故 | 人 | 入 | 我 | 夢 |
| 明 | 我 | 長 | 相 | 憶 |
| 恐 | 非 | 平 | 生 | 魂 |
| 路 | 遠 | 不 | 可 | 測 |
| 魂 | 來 | 楓 | 林 | 青 |
| 魂 | 返 | 關 | 塞 | 黑 |
| 君 | 今 | 在 | 羅 | 網 |
| 何 | 以 | 有 | 羽 | 翼 |
| 落 | 月 | 滿 | 屋 | 梁 |
| 猶 | 疑 | 照 | 顏 | 色 |
| 水 | 深 | 波 | 浪 | 闊 |
| 無 | 使 | 蛟 | 龍 | 得 |

*Mort séparer / déjà ravaler son*
*Vie séparer / toujours désolé-désolé*
*Fleuve sud / miasme-peste lieu*
*Banni homme / ne pas avoir nouvelles*
*Ancien ami / pénétrer mien rêve*
*Comprendre moi / souvent me souvenir*
*Craindre ne pas être / vraie vie âme*
*Route lointaine / ne pas pouvoir mesurer*
*Âme venir / érables forêt verte*
*Âme partir / passe-frontière noire*
*Seigneur à présent / être captif rets*
*Comment donc / y avoir ailes*
*Tombante lune / éclairer visage teinte*
*Eau profonde / flots-vagues immenses*
*Ne point laisser / dragons d'eau saisir*

---

1. On a connaissance d'au moins deux rencontres entre Du Fu et Li Bo, durant quelles les deux poètes ont noué une amitié profonde. En 757 (ou 758), penda révolte d'An Lu-shan, Li Bo, impliqué dans l'affaire du prince Lin, fut condamné à m puis au bannissement à Ye-lang, dans une région malsaine (infestée de malaria peste) du Yun-nan. Du Fu, se trouvant alors au Si-chuan, craignait pour la vie de ami. Ce poème figure parmi la dizaine de poèmes dans lesquels Du Fu exprime, son amitié et son admiration pour Li Bo, sa douleur de voir que le monde haïsse à le génie et que les démons jaloux guettent la chute de l'homme valeureux.
Vers 13 et 14 : Du Fu, réveillé de son rêve, voit encore la silhouette de son ami, éc' par la lune.

La mort me ravit un ami : je ravale mes sanglots
Si la vie m'en sépare, je le pleure sans cesse
Sud du fleuve : terre infestée de fièvres, de pestes
L'homme exilé n'envoie plus de nouvelles…

Tu es apparu dans mon rêve
Sachant combien je pense à toi !
L'âme est-elle vraiment vivante ?
Si longue la route, pleine de périls…

L'ombre surgit : sycomores verts
L'ombre repart : passes obscurcies
Oiseau pris dans un rets sans faille
Comment t'es-tu donc envolé ?

La lune errant entre les poutres
Éclaire encore une silhouette…
Sur le fleuve aux vagues puissantes
Prends bien garde aux monstres marins !

**杜甫　彭衙行**

**Du Fu**
Ballade de Peng-ya

| | | | | |
|---|---|---|---|---|
|憶|昔|避|賊|初|
|北|走|經|險|艱|
|夜|深|彭|衙|道|
|月|照|深|水|山|
|盡|室|久|徒|步|
|逢|人|多|厚|顏|
|參|差|谷|鳥|吟|
|不|見|遊|子|還|
|痴|女|饑|咬|我|
|啼|畏|虎|狼|聞|
|懷|中|掩|其|口|
|反|側|聲|愈|嗔|
|小|兒|強|解|事|
|故|索|苦|李|餐|
|一|旬|半|雷|雨|

*Se rappeler / fuir Barbares début*
*Au nord marcher / traverser danger-obstacle*
*Nuit profonde / Peng-ya route*
*Lune brillante / Eau-pâle montagne*
*Entière famille / longtemps à pied*
*Rencontrer gens / souvent sans honte*
*Pêle-mêle / vallée oiseaux crier*
*Ne pas voir / errants de retour*
*Ignorante fille / de faim me mordre*
*Pleurer craindre / tigres loups entendre*
*Poitrine milieu / fermer sa bouche*
*Se débattre / voix plus véhémente*
*Jeune fils / se croire avoir raison*
*Toujours réclamer / amères prunes se nourrir*
*Dix jours / moitié tonnerre pluie*

A l'arrivée des Tartares, nous fuyions
Vers le nord, affrontant mille dangers
Nuit profonde sur la route de Peng-ya
La lune brillait sur les monts d'Eau pâle
Tous hagards, après une si longue marche
Oublieux de honte face aux gens rencontrés
Croassement des corbeaux au fond des ravins
Pas une âme allant en sens inverse…
De faim, ma plus jeune fille me mordait
Ses pleurs auraient pu éveiller tigres et loups
En vain l'étouffais-je contre ma poitrine
Se débattant, elle criait de plus belle !
Mon fils pourtant avait l'âge de raison
Il réclamait à croquer des prunes amères
Sur dix jours, cinq frappés d'orages

| | | | | Boue-fange / mutuellement se tenir |
|---|---|---|---|---|
|泥|濘|相|攜|攀| Déjà démunis / contre pluie outils |
|濘|無|挈|雨|備| Sente glissante / habit encore glacial |
|既|滑|衣|又|寒| Parfois / traverser longue distance |
|徑|時|經|契|潤| Entiers jours / quelques stades limités |
|有|日|數|闊|問| Sauvages fruits / en lieu de vivres |
|竟|果|充|里|糧| Basses branches / en guise d'abris |
|野|杖|成|屋|樵| Tôt marcher / rochers dessus eau |
|草|行|石|上|水| Tard dormir / ciel bordure fumée |
|早|宿|天|邊|煙| Brève halte / Lu-zi passe |
|幕|留|同|家|窪| Ancien ami / y avoir Sun Zai |
|少|出|崖|子|關| Haute bonté / frôler couches nuages |
|欲|人|有|孫|宰| Accueillir visiteurs / déjà jour noirci |
|故|義|薄|曾|雲| Accrocher lampes / ouvrir double porte |
|高|客|已|噓|黑| Chauffer eau / laver mes pieds |
|延|燈|啟|重|門| |
|張| | | | |

Main dans la main, sans rien qui protège
Nous traînions nos pas dans la boue
Sentiers glissants, ténèbres glaciales
Souffrants, épuisés, nous parcourions
Moins de dix lieues en une journée
Fruits sauvages : nos seuls aliments
Branches basses : notre unique abri
Tôt le matin, heurtant les pierres sous l'eau
Tard le soir, cherchant une fumée à l'horizon
Après un arrêt au val des Logis
Nous allions affronter la passe des Roseaux
Fidèle entre tous, mon ami Sun Zai :
Sa haute bonté atteignait les nues
Au creux de la nuit il nous accueillit
On ralluma les lampes, on rouvrit les portes

|  |  |  |  |  | |
|---|---|---|---|---|---|
| 煖 | 剪 | 況 | 我 | 足 | Couper papiers / rappeler mon âme |
| 剪 | 紙 | 招 | 我 | 魂 | Dès lors / sortir femme enfants |
| 從 | 此 | 出 | 妻 | 牢 | Se regarder / larmes couler à flots |
| 相 | 視 | 涕 | 闘 | 睡 | Nombreux petits / profondément endormis |
| 泉 | 雖 | 瀾 | 煖 | 餐 | Appeler se lever / ingurgiter assiette-mets |
| 唉 | 起 | 霑 | 盤 | 子 | Jurer vouloir / avec sage-lettré |
| 誓 | 將 | 與 | 夫 | 昆 | A jamais nouer / liens de frères |
| 永 | 結 | 為 | 弟 | 堂 | Alors vider / où s'asseoir salle |
| 遠 | 空 | 所 | 坐 | 歡 | En paix vivre / offrir moi joie |
| 安 | 居 | 本 | 我 | 際 | Qui consentir / obstacle-épreuve moment |
| 誰 | 肯 | 艱 | 心 | 肝 | Sans réserves / révéler cœur-foie |
| 别 | 逡 | 露 | 月 | 周 | Séparer depuis / année mois cycle |
| 胡 | 來 | 鵠 | 仍 | 惠 | Barbares du Nord / toujours causer calamités |
| 何 | 當 | 有 | 構 | 翎 | Comment espérer / y avoir ailes-plumes |
| 飛 | 去 | 墮 | 禍 | 前 | Voler partir / tomber toi devant |

On apporta de l'eau chaude pour les pieds
Et découpa des papiers pour les âmes errantes
Émue jusqu'aux larmes, la femme de Sun
Suivie de ses enfants venait vers nous
Je réveillai les miens, écrasés de sommeil
Nous mangeâmes, de bon cœur, le reste des plats
« En souvenir de cette nuit, nous dit Sun
Jurons d'être frères pour l'éternité »
On aménagea la salle où nous étions assis
Pour qu'à l'aise nous puissions y vivre
Qui eût pu, en ces temps de malheur
M'ouvrir ainsi, sans réserve, son cœur
Un an déjà : depuis notre séparation
Les Barbares ravagent toujours nos terres
Mon désir ? Avoir des ailes puissantes
M'envoler et m'abattre devant toi !

## Du Fu
### Ballade du phénix rouge[1]

朱鳳行
君不見瀟湘之山衡山高
山巔朱鳳聲嗷嗷
側身長顧求其曹
翅垂口噤心甚勞
下愍百鳥在羅網
黃雀最小猶難逃
願分竹實及螻蟻
盡使鴟梟相怒號

Ne voyez-vous pas Xiao-Xiang montagnes / mont Heng haut
Mont sommet phénix rouge / cris poignants-poignants
Se tourner longuement scruter / en quête de semblables
Ailes rabattues bouche cousue / cœur en peine
En bas avoir pitié cent oiseaux / être emprisonnés
Moineaux plus petits / déjà improbable échappée
Vouloir partager fruits rares / jusque avec fourmis
Entièrement laisser rapaces / de colère vociférer

Regardez, dominant les monts du Xiang, le mont Heng !
Sur la cime, un phénix rouge aux cris déchirants
Longuement il scrute autour, cherchant ses semblables
Épuisé par la douleur, ailes rabattues, il se tait...
Tant de ses frères, en bas, sont pris dans les rets
Qui pourrait s'en libérer ? Pas même le petit moineau !
Son seul désir : partager ses fruits avec les humbles
Dût-il déchaîner la colère de tous les rapaces !

Fu est hanté par l'image du phénix, oiseau légendaire chargé de croyance reli-
. Dans un long poème, intitulé « Terrasse du phénix », il se compare lui-même à
eau qui, par sa chair et son sang, soulagerait la souffrance du monde :

> Je veux m'ouvrir le cœur et laisser couler le sang
> Donnant ainsi à manger et à boire aux délaissés.
> Mon cœur sera fruit de bambou qui assouvit
> Sans qu'on n'ait plus à chercher d'autres nourritures ;
> Mon sang sera fontaine de vin qui désaltère
> Plus que les sources près desquelles on se réfugie...

杜甫　　石壕吏　　**Du Fu**

Le recruteur de Shi-hao[1]

| | | |
|---|---|---|
| 村人走看怒苦詞戌至死生矣人孫去裙裏 | 壕捉墻門何何致城書戰偷已無下未完婦役炊絕咽途別 | 石夜踰出一一前郵附新且長更乳母無力吏河備語泣登老 | 暮有老投老吏翁婦呼啼婦聽三一二存死室惟有出老請猶夜如天獨 |

Soir descendre / Shi hao village
Y avoir officier / nuitamment saisir gens
Vieil homme / escalader mur partir
Vieille femme / sortir porte regarder
Officier crier / une combien colère
Femme pleurer / une combien amertume
Écouter femme / avancer adresser parole
Trois garçons / Ye-cheng défense
Un garçon / joindre missive arriver
Deux garçons / nouvellement combattre mourir
Vivant celui / en attendant voler vie
Mort celui / pour toujours ainsi
Pièce dedans / de plus sans personne
Seulement y avoir / sein dessous petit-fils
Y avoir petit-fils / mère non encore partir
Sortir-entrer / sans entière jupe
Vieille femme / force bien que faible
Prier suivre / officier nuitamment retourner
Vite répondre / He-yang corvée
Déjà pouvoir / préparer matin repas
Nuit tardive / paroles sans cesser
Comme entendre / pleurer secrets sanglots
Jour poindre / monter future route
Soleil avec / vieil homme se séparer

---

1. Ce poème a été analysé au chapitre II, pour illustrer la forme du *gu-ti-shi* (« l'ancienne »), par rapport à celle du *lü-shi* (« style régulier »). Voir p. 82.

Je passe la nuit au village de Shi-hao
Un recruteur vient s'emparer des gens
Passant par le mur, le vieillard s'enfuit
Sa vieille épouse va ouvrir la porte
Cris de l'officier, combien coléreux
Pleurs de la femme, si pleins d'amertume
Elle parle enfin. Je prête l'oreille :
« Mes trois enfants sont partis pour Ye-cheng
L'un d'eux a fait parvenir une lettre
Ses frères viennent de mourir au combat
Le survivant tentera de survivre
Les morts hélas, jamais ne reviendront
Dans la maison il n'y a plus personne
A part le petit qu'on allaite encore
C'est pour lui que sa mère est restée
Pas une jupe entière pour se présenter…

Moi, je suis vieille, j'ai l'air faible
Je demande à vous suivre. Déjà
Aux corvées de He-yang, je pourrai
Préparer le repas du matin ! »
Au milieu de la nuit les bruits cessent
On entend comme un sanglot caché
Le jour point, je reprends ma route :
Au vieillard, seul, j'ai pu dire adieu

## 杜甫　觀公孫大娘弟子舞劍器行　Du Fu

Danse à l'épée exécutée par une disciple de Gong-sun la Grande [1]

| | |
|---|---|
| 昔有佳人公孫氏 | Jadis y avoir beauté / Gong-sun clan |
| 一舞劍器動四方 | Dès que danser épée / émouvoir quatre orients |
| 觀者如山色沮喪 | Spectateurs formant montagne / mine stupéfaite |
| 天地為之久低昂 | Ciel-terre en conséquence / longuement s'abaisser |
| 㸌如羿射九日落 | Étincelante tel Archer Yi / tomber neuf soleils |
| 矯如群帝驂龍翔 | Superbe tels immortels / chevauchant dragons voler |
| 來如雷霆收震怒 | Venir tel éclair-tonnerre / amasser violent courroux |
| 罷如江海凝清光 | Cesser tel fleuve-mer / condenser pure clarté |
| 絳脣珠袖兩寂寞 | Lèvre rouge manche perlée / toutes deux délaissées |
| 晚有弟子傳芬芳 | Tard posséder disciple / se trouver à Empereur-blanc |
| 臨潁美人在白帝 | A merveille danser musique / esprit tout exalté |
| 妙舞此曲神揚揚 | Avec moi question-réponse / ainsi révéler origine |
| 與余問答既有以 | Regretter temps rappeler événements / augmenter tristesses |
| 感時撫事增惋傷 | Ex-empereur dames de cour / huit mille personnes |
| 先帝侍女八千人 | Gong-sun épée-danse / d'emblée place première |
| 公孫劍器初第一 | Cinquante années écoulées / comme retourner main |
| 五十年間似反掌 | Vent-poussière sans limites / enténébrer royale maison |
| 風塵澒洞昏王室 | Poiriers jardin disciples / se disperser comme fumée |
| 梨園弟子散如煙 | Femme musicienne fanée beauté / refléter froid soleil |
| 女樂餘姿映寒日 | Millet d'Or tumulus sud / arbres déjà entourer |
| 金粟堆南木已拱 | Qu-tang pierre muraille / herbes xiao-se |
| 瞿塘石城草蕭瑟 | Riche banquet presser instruments / chant à nouveau finir |
| 玳筵急管曲復終 | Joie extrémité tristesse surgir / lune à l'est sortir |
| 樂極哀來月東出 | Vieil homme ne pas savoir / vers où s'en aller |
| 老夫不知其所往 | Pieds cals déserte montagne / tourner chagrin vite |
| 足繭荒山轉愁疾 | |

1. Ce poème comporte une préface dans laquelle le poète relate les circonstances [qui] l'ont incité à l'écrire. En 767, à Kui-zhou, Du Fu assista à une danse à l'épée exéc[utée] par Li-shi-er-niang, de Lin-ying. Ayant appris de celle-ci qu'elle était une discipl[e de] Gong-sun la Grande, il se souvint qu'encore enfant (en 717) il avait eu le rare bon[heur] d'admirer la performance de la célèbre danseuse. A travers le destin de Gong-sun [et celui de la dynastie], il retrouve le sien propre. La dernière image du poème [le vieillard titubant seul dans la montagne – contraste ironiquement avec la danse fu[lgu]rante décrite au début.
Dans la même préface, le poète indique que le grand calligraphe Zhang Xu (675-?), s'inspirant de la danse de Gong-sun, trouva le secret de l'art calligraphique ; ceci [pour] montrer la fascination qu'exerça la danseuse sur ses contemporains, pour suggérer l'idée importante de l'esthétique chinoise de la correspondance entre les arts.

Qui ne connaissait Gong-sun-la-Grande, beauté de jadis ?
L'épée en main, quand elle dansait, le monde était bouleversé
Les foules s'amassaient autour, pâles de stupeur
Ciel et terre s'abaissaient, en signe de révérence
Superbe : seigneurs célestes chevauchant dragons ailés
Éclatante : neuf soleils tombant sous le tir de Hou Yi
Un bond en avant : éclair-tonnerre chargé de courroux
Un brusque arrêt : océan serein en sa pure clarté

Sombrèrent dans l'oubli lèvres roses, manches brodées
Tard une disciple en fait revivre la fragrance
Venue de Lin-ying – à la cité d'Empereur Blanc
Elle danse à merveille au rythme d'un chant
Lorsqu'elle révèle les racines de son art
Resurgit en moi le regret des temps anciens
Huit mille dames dans la suite de l'Empereur Brillant
Gong-sun, par sa danse, s'affirma d'emblée première
Cinquante années s'envolèrent en un tour de main
Les guerres sans fin ravagèrent la maison royale
Dispersés les disciples du Jardin des Poiriers
Face au couchant l'ombre fanée d'une courtisane
Sur le mont aux Grains d'Or les arbres ont grandi
Là aux gorges de Qu-tang, l'herbe frissonne au vent
Fête scintillante : la joyeuse musique prend fin
Au plaisir succède la douleur sous la lune
Un vieil homme, pieds durcis, ne sachant où aller
Promène son tourment dans la montagne déserte

**錢起** 雨中望海上懷
鬱林觀中道侶

山觀海頭雨
懸沐動煙樹
只疑蒼茫裏
鬱島欲飛去
大塊怒天吳
驚潮蕩雲路
眞儻盈想
一葦不可渡
惆悵赤城期
願假輕鴻馭

## Qian Qi
### Contemplant du haut d'un mont la mer sous la pluie et pensant aux moines du monastère Yu-lin

*Montagne contempler / mer crête pluie*
*Suspendues écumes / ébranler fumées arbres*
*Seulement douter / immensité dedans*
*Sombre île / au point de s'envoler*
*Vaste cosmos / en colère céleste démon*
*Menaçante vague / pulvériser nuages route*
*Hommes vrais / dignes remplir pensée*
*Simple esquif / ne pas pouvoir traverser*
*Regretter / rouges murailles promesse*
*Vouloir emprunter / légère oie conduire*

Pluie sur la mer :
    Les écumes ébranlent les arbres embrumés
Au cœur du chaos
    Le sombre archipel est prêt à s'envoler…
Voies des nuages :
    Soudain démantelées par les vagues déchaînées
Pensées tendues :
    Vers le lointain des hommes véritables
Trop frêle, l'esquif :
    Comment donc réussir la traversée ?
Désir ardent
    D'atteindre l'île aux Murailles pourpres
Oiseau géant
    Comme j'épouse ton vol fulgurant !

| | 遊子吟 | **Meng Jiao** |
|---|---|---|
| | 慈母手中線 | Chanson du fils qui part en voyage |
| | 遊子身上衣 | |
| | 臨行密密縫 | *Aimante mère / main dedans fils* |
| | 意恐遲遲歸 | *Errant fils / corps dessus habit* |
| | 誰言寸草心 | *Proche départ / serré-serré coudre* |
| | 報得三春暉 | *Esprit craindre / tardif-tardif rentrer* |
| | | *Qui dire / pouce herbe cœur* |
| | | *Répondre à / trois printemps lumière* |

Le fil entre les doigts de la mère qui coud
Sera habit sur le fils qui part en voyage
Plus proche est le départ plus serré est le point
Et plus serré encore un cœur qui craint l'absence
Comment croire que la couleur d'un brin d'herbe
Puisse compenser la chaude lumière du printemps[1]?

---

mière du printemps = amour maternel.

| 白居易 | 賣炭翁 | **Bo Ju-yi** |
|---|---|---|
| | | Le vieux charbonnier |

```
賣 炭 翁
伐 薪 燒 炭 南 山 中
滿 面 塵 灰 煙 火 色
兩 鬢 蒼 蒼 十 指 黑
賣 炭 得 錢 何 所 營
身 上 衣 裳 口 中 食
可 憐 身 上 衣 正 單
心 憂 炭 賤 願 天 寒
夜 來 城 上 一 尺 雪
曉 駕 炭 車 輾 冰 轍
牛 困 人 饑 日 已 高
市 南 門 外 泥 中 歇
翩 翩 兩 騎 來 是 誰
黃 衣 使 者 白 衫 兒
手 把 文 書 口 稱 敕
回 車 叱 牛 牽 向 北
一 車 炭 重 千 餘 斤
官 使 驅 將 惜 不 得
半 匹 紅 紗 一 丈 綾
繫 向 牛 頭 充 炭 值
```

Vendre charbon vieillard
Couper bois brûler charbon / mont du Sud dedans
Plein visage poussières-cendres / fumée flamme couleur
Deux tempes grisonnantes-grisonnantes / dix doigts noirs
Vendre charbon obtenir argent / quel but viser
Corps dessus vêtements / bouche dedans aliments
Quelle pitié corps dessus / habit justement mince
Se soucier charbon sans valeur / souhaiter ciel froid
Nuit passée ville dessus / un pied neige
Aube conduire charbon charrette / rouler glaciale ornière
Bœuf fatigué homme affamé / soleil déjà haut
Marché sud porte dehors / boue milieu se reposer
Fringants-fringants deux cavaliers / venir être qui
Jaune habit messager / blanche chemise jeune
Main tenir écrit texte / bouche proclamer ordre
Retourner charrette huer bœuf / tirer vers nord
Une charretée charbon poids / mille plus livres
Officiers chasser emporter / regretter sans obtenir
Moitié pièce rouge soie / dix pieds satin
Attacher sur bœuf tête / pour charbon prix

Vieux charbonnier, au mont du Sud
Coupe du bois et puis le brûle…
Visage couleur de feu, de suie
Mains noircies, tempes grisonnantes
A quoi lui servirait le peu d'argent gagné
Un corps à couvrir, une bouche à nourrir
Quelle pitié ! si mince déjà son vêtement
Il souhaite un temps plus froid encore !
Cette nuit la neige enfin est tombée sur la ville
Dès l'aube, il pousse son chariot sur la route
A midi, le bœuf est las et l'homme affamé
Porte du sud : tous deux se reposent dans la boue
Qui sont ces cavaliers qui arrivent fringants ?
Un messager en jaune suivi d'un jeune en blanc[1]
Un papier à la main : « Par ordre impérial ! »
Huant le bœuf, ils tournent le chariot vers le nord
Une charretée de charbon – plus de mille livres –
Prise par les gens du palais : à qui se plaindre ?
Une demi-pièce de gaze, dix pieds de soie légère[2]
Attachés au bœuf : voilà le prix qu'ils te paient !

...nts de réquisition du palais impérial.
...emnité dérisoire dont le charbonnier ne saura que faire. A noter aussi le contraste
...es étoffes brillantes et le visage noirci du charbonnier.

柳宗元　　漁翁

漁翁夜傍西巖宿
曉汲清湘燃楚竹
煙消日出不見人
欸乃一聲山水綠
廻看天際下中流
巖上無心雲相逐

**Liu Zong-yuan**
Le vieux pêcheur

*Vieux pêcheur nuit côtoyer / ouest falaise dormir*
*Aube puiser clair Xiang / brûler Chu bambou*
*Fumée se dissiper soleil sortir / ne pas voir homme*
*Ai-nai un son / montagne-eau verte*
*Se retourner regarder ciel bord / descendre centre courant*
*Falaise dessus sans souci / nuages se poursuivre*

Le vieux pêcheur passe la nuit sous les falaises de l'Ouest
A l'aube, brûlant des bambous, il chauffe l'eau du Xiang
Quand la fumée se dissipe, au soleil naissant, il disparaît
Seul l'écho de son chant éveille fleuve et mont d'émeraude
Soudain, au bord du ciel, on le voit descendre le courant
Au-dessus des falaises, insouciants, voguent sans fin les nuag

## Li He

**秋來**

Voici l'automne

| | |
|---|---|
| 桐風驚心壯士苦 | *Platane vent effrayer cœur / homme brave s'affliger* |
| 衰燈絡緯泣寒素 | *Affaiblie lampe bruit de rouet / pleurer glacée soie* |
| 誰看青簡一編書 | *Qui lire verts bambous / ensemble reliés livre* |
| 不遣花蟲粉空蠹 | *Ne pas laisser vers rongeurs / poudrer vides trous* |
| 思牽今夜腸應直 | *Pensées nouées cette nuit / entrailles devoir se tendre* |
| 雨吟香魂弔書客 | *Pluie psalmodier parfumée âme / consoler écrire homme* |
| 秋墳鬼唱鮑家詩 | *Tombe d'automne fantôme chanter / Bao Zhao poèmes* |
| 恨血千年土中碧 | *Rancœur sang mille ans / terre milieu jade* |

nt de platanes : tressaille le cœur. L'homme mûr est affligé
us la pâleur d'une lampe les rouets[1] chantent leur soie transie
ui pourrait lire ce livre en bambous verts[2] sans laisser
s vers semer leurs poudres au travers des pages ?
tte nuit, rongées de tourments, se dresseront mes entrailles
e âme embaumée, sous la pluie, viendra consoler le poète
r la tombe d'automne les fantômes chantent les vers de Bao
n sang de colère, mille ans après, sera jade sous la terre[3] !

ouet » : nom métaphorique pour grillon.
nt l'invention du papier au deuxième siècle, les livres étaient écrits sur des mor-
de bambous reliés.
Zhao : poète du Ve siècle, qui avait composé un poème intitulé « Lamentation
n cimetière » dont voici un extrait :

> Riches et pauvres, tous connaîtront le même sort ;
> Que leurs désirs soient comblés ou frustrés.
> La rosée, en tombant, hâte la fin de l'aube,
> Les vagues se précipitent vers la nuit éternelle

## Li He 公無出門

« Ne sortez pas, seigneur ! »

| | |
|---|---|
| 天迷迷 | Ciel caché-caché |
| 地密密 | Terre serrée-serrée |
| 熊虺食人魂 | Serpent à neuf têtes / manger homme âme |
| 雪霜斷人骨 | Neiges-givres / rompre hommes os |
| 嗾犬狺狺相索索 | Lâcher chiens yan-yan / venir chercher chercher |
| 舐掌偏宜佩蘭客 | Lécher pattes surtout priser / portant orchidée homme |
| 帝遣乘軒災自滅 | Dieu envoyer monter char / fléau tout seul cesser |
| 玉星點劍黃金軛 | Jade étoiles orner épée / jaune or joug |
| 我雖跨馬不得還 | Moi bien que à cheval / ne pas pouvoir revenir |
| 歷陽湖波大如山 | Li-yang lac vagues / grosses comme montagnes |
| 毒虬相視振金環 | Venimeux dragons aux aguets / secouer anneau d'or |
| 狻猊㨃吐拏攫欄 | Lions griffons fabuleux / cracher mâchoire bave |
| 鮑焦一世披草眠 | Bao Jiao entière vie / endosser herbes dormir |
| 顏回廿九鬢毛斑 | Yan Hui vingt-neuf / tempes poils blancs |
| 顏回非血衰 | Yan Hui / non pas sang corrompu |
| 鮑焦不違天 | Bao Jiao / ne point offenser ciel |
| 天畏遭啣齧 | Ciel avoir peur / subir mordre ronger |
| 所以致之然 | Ce pourquoi / en être ainsi |
| 分明猶可懼 | En clair toujours craindre / seigneur ne pas croire |
| 公看蹣壁書問天 | Seigneur voir gronder mur / écrire Questionner Ciel |

Ciel impénétrable
Terre insaisissable
Le serpent à neuf têtes[1] nous dévore l'âme
Givres et neiges rongent nos os
Les chiens lâchés sur nous reniflent, aboient
Et lèchent les pattes
Attirés par la chair de l'homme aux orchidées[2]
Lorsque Dieu enverra son char – joug en or, sabre étoilé de jade –
Viendra la fin des calamités
J'avance à cheval sur le chemin sans retour
Plus hauts que les montagnes, les flots submergent Li-yang[3]
Les dragons venimeux, secouant leurs anneaux, me fixent du regard
Lions et griffons crachent leur bave…
Bao Jiao[4] a couché sur l'herbe toute sa vie
Yan Hui, à vingt-neuf ans, avait les cheveux jaunis…
Non que Yan Hui[5] eût le sang corrompu
Ni que Bao Jiao eût offensé le Ciel
Mais le Ciel craignait les dents tranchantes
Leur fut donc réservé ce sort
Si vous doutez encore de l'évidence
Souvenez-vous de l'homme qui délirait devant le mur
Inscrivant ses Questions au Ciel[6] !

---

Serpent à neuf têtes. Cf. Zhao-hun dans les « Chants de Chu ».
Homme aux orchidées (= homme vertueux) : cf. *ibid*.
Li-yang, district dans le An-hui qui se transforma en lac en une nuit. Cf. Huai nan-zi.
Bao Jiao, ermite des Zhou qui s'imposa de telles règles de conduite qu'il mourait de faim.
Yan Hui, le disciple favori de Confucius. Comme Yan Hui, Li He eut les cheveux blancs très tôt et mourut jeune.
Qu Yuan (340-? av. J.-C.) a composé ses « Questions au Ciel » en s'inspirant des fresques qu'il avait vues dans le temple ancestral des rois de Chu.

## 李賀　苦晝短

飛光飛光
勸爾一杯酒
吾不識青天高
黃地厚
惟見月寒日暖
來煎人壽
食熊則肥
食蛙則瘦
神君何在
太一安有
天東有若木
下置啣燭龍
吾將斬龍足
嚼龍肉
使之朝不得迴
夜不得伏
自然老者不死
少者不哭
何為服黃金
吞白玉
誰是任公子
雲中騎白驢
劉徹茂陵多滯骨
嬴政梓棺費鮑魚

## Li He
### Lamentation sur la brièveté du jour

Volante lumière volante lumière
Conseiller toi une coupe vin
Moi ne pas connaître bleu ciel haut
Jaune terre épaisse
Seulement voir lune froide soleil chaud
Venir frire homme vie
Manger ours alors gros
Manger grenouilles alors maigres
Divine Dame où se trouver
Suprême Un comment y avoir
Ciel à l'est y avoir Arbre Ruo
Dessous mettre tenir bougie dragon
Moi devoir couper dragon pattes
Mâcher dragon chair
Pour que jour ne pas pouvoir retourner
Nuit ne pas pouvoir demeurer
Naturellement vieux ne plus mourir
Jeunes ne plus pleurer
Pourquoi donc absorber jaune or
Avaler blanc jade
Qui être Ren Gong-zi
Nuages milieu chevaucher blanc mulet
Liu Che Mao-ling abonder tas d'os
Ying Zheng catalpa cercueil gaspiller abalone

Lumière volante, lumière...
Vidons cette coupe de vin !
Nous ignorons la hauteur du ciel
Et la profondeur de la terre
Ce que nous voyons : lune froide et soleil chaud
Rongeant sans fin les corps humains
Croquer des pattes d'ours fait grossir
Manger des grenouilles, c'est le contraire...
Où est la Dame Divine
Où le Suprême Un
A l'est se dresse l'Arbre immortel
Sous terre vit le dragon, torche à la bouche
Tranchons ses pattes
Mâchons sa chair
Plus jamais le jour ne reviendra
Ni ne se reposera la nuit
Les vieillards ne mourront plus
Ni les jeunes ne pleureront
A quoi sert de se gaver d'or
Ou se nourrir de jade blanc
Ren Gong-zi, qui donc le connaît
Chevauchant un mulet, parmi les nuages
Liu Che, dans sa tombe de Mao-ling : os entassés
Ying Zheng, dans son coffre de catalpa : putride
Que d'abalones gaspillées[1] !

termes véhéments, le poète crie sa rage contre la brièveté de la vie. Il se propose
er le dragon (tireur du char solaire), après quoi l'homme retrouvera la plénitude et
ix. Il raille cependant les chercheurs d'immortalité engagés dans de fausses voies,
ue Liu Che (empereur Wu-di des Han) et Ying Zheng (premier empereur des Qin).
ernier est mort lors d'un voyage : les ministres qui l'accompagnaient, désireux de
r le secret jusqu'à leur retour à la capitale, ont fait suivre le carrosse royal de four-
remplis d'abalones séchées, afin de masquer l'odeur du cadavre en décomposition.

## 李賀　　　秦王飲酒　　　Li He
Libation du roi des Qin

| | |
|---|---|
| 秦王騎虎遊八極 | Qin roi chevaucher tigre / visiter Huit Pôles |
| 劍光照空天自碧 | Épée lumière éclairer vide / ciel en soi bleu |
| 羲和敲日玻璃聲 | Xi Ho frapper soleil / verre-cristal bruit |
| 劫灰飛盡古今平 | Kalpas cendres voler cesser / passé-présent paix |
| 龍頭瀉酒邀酒星 | Dragon tête verser liqueur / inviter Étoile de vin |
| 金槽琵琶夜根根 | Dorées rainures pi-pa / nuit sonore-sonore |
| 洞庭雨腳來吹笙 | Dong-ting pluie pieds / venir souffler pipeau |
| 酒酣喝月使倒行 | Vin ivre haranguer lune / faire à rebours marcher |
| 銀雲櫛櫛瑤殿明 | Argentés nuages denses-denses / jaspe salle briller |
| 宮門掌事報一更 | palais portail garde de service / annoncer première veille |
| 花樓玉鳳聲嬌獰 | Fleurie tour jade phénix / voix suaves aiguës |
| 海綃紅文香淺清 | Marine soie rouges rayures / parfum clair pur |
| 黃鵝跌舞千年觥 | Jaunes oies chuter danser / mille ans coupe |
| 仙人燭樹蠟煙輕 | Immortels bougies-arbres / cire fumée légère |
| 清琴醉眼淚泓泓 | Émeraude-luth ivres yeux / larmes à flots |

Le roi des Qin, chevauchant un tigre, parcourt les Huits Pôle
L'éclat de son épée ouvre l'espace, fend le bleu du ciel
Frappé par Xi Ho[1], le soleil résonne du bruit de verre cassé
Les cendres des kalpas[2] se dispersent. Le temps retrouve sa pa
Tête de dragon : source de nectar attirant l'Étoile du vin
Les échos des cithares d'or font vibrer la nuit…
Arrive la pluie du lac Dong-ting, au rythme des pipeaux
Hurlant d'ivresse, le roi ordonne à la lune de rebrousser chem
Sous les nuages d'argent, scintille la salle de jaspes
Le gardien, à la porte du palais, annonce la première veille
D'une voix suave, chantent les phénix de la Tour fleurie
– Pur parfum de la soie marine toute striée de rouge
Les Oies jaunes[3], au pas de danse, sombrant dans la coupe milléna
Près des arbres-bougies, les Immortels s'envolent en fumée
La déesse Luth d'Émeraude a les yeux inondés de larmes

---

1. Xi Ho : conducteur du chariot solaire
2. Kalpas : dans le bouddhisme, unité de mesure pour un cycle cosmique. A la fi
chaque kalpas, l'univers est réduit en cendres.
3. D'après le texte, qui comporte une variante, on peut traduire soit par « Oies jaun
soit par « belles femmes vêtues de jaune ».

李賀　春坊正字劍子歌

先輩匣中三尺水
曾入吳潭斬龍子
隙月斜明刮露寒
練帶平鋪吹不起
蛟胎皮老蒺藜刺
鸊鵜淬花白鷳尾
直是荊軻一片心
莫教照見春坊字
挼絲團金懸麗毄
神光欲截藍田玉
提出西方白帝驚
嗷嗷鬼母秋郊哭

## Li He

Chanson de l'épée du collateur au Bureau du printemps [1]

*Aîné coffre dedans / trois pieds eau*
*Jadis entrer lac Wu / tuer dragon fils*
*Lune cachée reflet oblique / polir rosées glacées*
*Écharpe de satin étalée / souffler ne pas soulever*
*Peau de requin vieillie / ronces-ajoncs épines*
*Oiseau de mer fleurs trempées / blanc faisan queue*
*Simplement être Jing Ko / morceau entier cœur*
*Ne pas laisser éclairer / Office du printemps caractères*
*Soie nouée en turbine / suspendre poignée*
*Divin éclat vouloir fendre / Champ Bleu jade*
*Tirer sortir de l'ouest / Empereur Blanc s'effrayer*
*Ao-ao démone mère / plaine d'automne pleurer*


Coffre de l'aîné : y dort une eau longue de trois pieds
Jadis elle plongea dans le lac Wu pour tuer le dragon
Filet de lune, reflet oblique polissant de froides rosées
Écharpe de satin étalée que ne ride point le vent
Peau de requin vieillie, toute hérissée d'épines
Oiseau de mer, onguent fleuri, blanche queue de faisan
Cette épée, le cœur même du chevalier Jing Ko [2]
Cachera toujours les caractères de l'Office du printemps
Sur sa poignée : fils de soie noués et or turbiné
Éclat magique qui pourfendrait le jade du Champ Bleu
A sa vue, l'Empereur Blanc de l'Ouest est terrassé
Et sa mère, la Démone, gémit sur la plaine d'automne [3]


He avait un cousin qui travaillait en qualité de collateur au Bureau du printemps
e de secrétariat au service d'un prince).
ng Ko, un « chevalier errant » de l'époque des Royaumes combattants qui s'illustra
n acte de bravoure en tentant d'assassiner l'empereur des Qin.
Bang, le fondateur de la dynastie des Han, tua une fois sur son chemin un serpent
. Le soir même, une vieille femme apparut dans son rêve, pleurant et se lamentant
qu'on avait tué son fils, l'Empereur Blanc de l'Ouest.

| 李賀 | 李憑箜篌引 | **Li He** |
|---|---|---|
| | | Le kong-hou[1] de Li Ping |
| 吳絲蜀桐張高秋 | | Soie de Wu platane de Shu / dresser automne haut |
| 空白凝雲頹不流 | | Ciel vide nuages figés / tombant non pas flottants |
| 江娥啼竹素女愁 | | Déesse du fleuve pleurer bambous / Filles Blanches s'affliger |
| 李憑中國彈箜篌 | | Li Ping milieu du Pays / jouer kong-hou |
| 崑山玉碎鳳凰叫 | | Mont Kun jades se briser / couple de phénix s'appeler |
| 芙蓉泣露香蘭笑 | | Fleurs de lotus verser rosée / orchidée parfumée rire |
| 十二門前融冷光 | | Douze portiques par-devant / fondre lumière froide |
| 二十三絲動紫皇 | | Vingt-trois cordes de soie / émouvoir Empereur Pourpre |
| 女媧煉石補天處 | | Nü-wa affiner pierres / réparer céleste voûte |
| 石破天驚逗秋雨 | | Pierres fendues ciel éclaté / ramener pluie automnale |
| 夢入神山教神嫗 | | Rêver pénétrer mont Magie / initier le chamane |
| 老魚跳波瘦蛟舞 | | Poissons vieillis sauter vagues / maigre dragon danser |
| 吳質不眠倚桂樹 | | Wu Zhi ne pas dormir / s'appuyer contre cannelier |
| 露腳斜飛濕寒兔 | | Rosée ailée obliquement voler / mouiller lièvre transi[2] |

1. Luth vertical.
2. Nous ne proposons pas de traduction interprétée pour ce poème qui a été ana[...] chapitre III, pour montrer le fonctionnement des images symboliques. Voir p.

# Ci
(« poésie chantée »)

| 白居易 | 花非花 | **Bo Ju-yi** |
| --- | --- | --- |
| | 花非花 | Hua-fei-hua |
| | 霧非霧 | |
| | 夜半來 | *Fleur non fleur* |
| | 天明去 | *Brume non brume* |
| | 來如春夢不多時 | *Minuit arriver* |
| | 去似朝雲無覓處 | *Aurore s'en aller* |
| | | *Venir comme printemps rêve ne point durer* |
| | | *Aller tel matin nuage sans trouver lieu* |

Fleur. Est-ce une fleur ?
Brume. Est-ce la brume ?
Arrivant à minuit
S'en allant avant l'aube
Elle est là : douceur d'un printemps éphémère
Elle est partie : nuée du matin, nulle trace

李白　　菩薩蠻　　**Li Bo**
平林漠漠煙如織　　Pu-sa-man
寒山一帶傷心碧
暝色入高樓
有人樓上愁

*Plate forêt lointaine fondue / brume comme brodée*
*Froid mont une ceinture / crève-cœur émeraude*
*Crépuscule couleur / pénétrer pavillon*
*Y avoir personne / tour dessus s'attrister*

玉階空佇立
宿鳥歸飛急
何處是歸程
長亭更短亭

*Jade perron / en vain attendre debout*
*Nichés oiseaux / revenir voler pressés*
*Quel lieu / se trouver retour chemin*
*Longs kiosques / encore brefs kiosques*


Ruban d'arbres, tissé de brumes diffuses
Ceinture de montagnes à l'émeraude nostalgie
Le soir pénètre le pavillon :
Quelqu'un s'attriste, là-haut

Vaine attente sur le perron
Les oiseaux se hâtent au retour
Est-il donc voie de retour pour les humains ?
Tant de kiosques le long des routes, de loin en loin…

| 莊 | 謁金門 | **Wei Zhuang** |
| | 春雨足 | Ye-yin-men |
| | 染就一溪新綠 | |
| | 柳外飛來雙羽玉 | *Printemps pluie suffisante* |
| | 弄晴相對浴 | *Teindre toute une rivière nouveau vert* |
| | | *Saules dehors voler venir paire de jades ailés* |
| | | *Jouer de lumière face à face se baigner* |
| | 樓外翠簾高軸 | |
| | 倚遍闌干幾曲 | *Pavillon dehors bleu rideau haut rouleau* |
| | 雲淡水平煙樹簇 | *S'appuyer contre balustrade combien méandres* |
| | 寸心千里目 | *Nuages légers eau étale fumée arbres mêlés* |
| | | *Un pouce cœur mille stades vue* |

Pluie de printemps, abondante
Les berges sont teintes en vert tendre
Frôlant les saules arrive un couple de hérons
Bains et ébats dans la lumière nue…

Rideaux d'azur haut enroulés
Balustrade aux méandres sans fin
Nuages épars, eaux étales, arbres à la brume mêlés
Cœur minuscule, pensée infinie

韋莊　　菩薩蠻　　**Wei Zhuang**
　　　　　　　　　　Pu-sa-man

人人盡說江南好
遊人只合江南老
春水碧於天
畫船聽雨眠

壚邊人似月
皓腕凝霜雪
未老莫還鄉
還鄉須斷腸

*Hommes tous célébrer / Jiang-nan*[1] *beauté*
*Voyageur seul convenir / Jiang-nan vieillir*
*Eaux printanières / vertes plus que ciel*
*Bateau peint / écouter pluie s'endormir*[2]

*Fourneau côté / personne comme lune*
*Blanc poignet / se figer givre-neige*
*Avant vieillesse / ne pas retourner pays*
*Retourner pays / devoir briser entrailles*


Qui donc ne rêve du Jiang-nan ?
　　Voir le Jiang-nan et mourir !
Eau printanière plus bleue que le ciel
　　Au fond d'une barque peinte :
　　　　écouter la pluie et s'endormir

Près du chauffe-vin, une beauté à la clarté lunaire
　　Ses bras : blancheur et tendresse de neige
Ne quitte point le Sud avant la vieillesse
　　S'arrachant au Jiang-nan
　　　　on s'arrache les entrailles


---

1. Le poète est originaire du Nord ; à la suite de tant d'autres poètes, il décou‑
charmes du Jiang-nan (« Sud du fleuve »).
2. Vers 3 et 4 : Analysés au chapitre 1 à propos de l'ellipse du pronom pers‑
Voir p. 45. « Bateau peint » = sorte de bateau de plaisance richement décoré.

## Wen Ting-yun
### Geng-lou-zi

| 更漏子 | |
|---|---|
| 柳絲長 | Saules tiges longues |
| 春雨細 | Printemps pluie fine |
| 花外漏聲逗遞 | Fleurs dehors sons de clepsydre lointains |
| 驚塞雁 | Effrayer frontière oies |
| 起城烏 | Ébranler muraille corneilles |
| 畫屏金鷓鴣 | Peint paravent dorés perdrix couple |
| | |
| 香霧薄 | Parfumée brume légère |
| 透簾幕 | Pénétrer rideau gaze |
| 惆悵謝家池閣 | Regretter Xie maison étang-pavillon |
| 紅燭背 | Rouge bougie tourner |
| 繡簾垂 | Brodé rideau baisser |
| 夢長君不知 | Rêve long seigneur ne point savoir |

Longues tiges de saules
Fine pluie de printemps
Par-delà les fleurs, lointains échos de la clepsydre
Effrayées : oies sauvages hors des passes
Envolées : corneilles sur les remparts
Surgi du paravent peint, un couple de perdrix d'or [1]

Brume parfumée
Infiltrée dans la gaze
Pavillon sur l'eau où rôdent les plaisirs d'antan
Tourne la bougie rouge
Le rideau brodé est baissé
Long rêve de toi : tu ne le sais pas !

...aux gravés sur le paravent, symbole d'un bonheur inaccessible à la femme restée

# Notices biographiques

**[B]o Ju-yi** (772-846). Originaire du Shen-xi. Après son titre de jin-shi\*, il [c]ommence une carrière de haut fonctionnaire, entrecoupée de disgrâces [p]assagères. Après avoir été gouverneur de Hang-zhou, puis de Su-zhou [8]22-826), il occupa, vers la fin de sa vie, un poste important à Lo-yang [8]31-833). Poète précoce, il est l'auteur des deux longs poèmes les plus [p]opulaires des Tang : *Ballade de pi-pa* et *Chant de l'éternel regret* (le pre[m]ier a été traduit partiellement par Lo Ta-kang, dans son *Homme [d']abord, poète ensuite*, le second a été traduit dans l'*Anthologie de la poésie [ch]inoise classique*). A part ces poèmes narratifs, il composa, sous l'in[flu]ence de Zhang Ji, de nombreux poèmes réalistes ou satiriques, dans le [st]yle du « nouveau *yue-fu* ». Le reste de son œuvre est un ensemble de [po]ésies lyriques, remarquables par leur ton parlé, leur style empreint de [sim]plicité et leurs images vivantes et subtiles. Très connu au Japon et en [O]ccident (notamment grâce à la traduction en anglais d'Arthur Waley), [il] compte parmi les plus grands poètes chinois.

**[C]ang Jian** (708-765?). Adepte du taoïsme. Malgré le titre de jin-shi [qu']il avait obtenu, il se retira du monde et mena une vie d'ermite.

**[Ch]en Tao** (IXᵉ s.). On connaît peu de chose de lui, sinon qu'il vécut pro[ba]blement retiré dans les montagnes du Jiang-xi, d'où il était originaire. [Trè]s versé dans le taoïsme et le bouddhisme, il se serait intéressé égale[me]nt à l'alchimie et à l'astronomie.

**[Che]n Zi-ang** (656-698 ou 661-702). Admiré pour son style élégant et [pa]r l'élévation de sa pensée, il fut considéré comme le meilleur poète [des] Tang, avant Li Po. L'impératrice Wu en fit son conseiller intime.

**[Cui] Hao** (704?-754). Originaire de Bian-zhou, dans le Ho-nan. Jin-shi [en] 726. Aimant le jeu, le vin et les belles femmes, il avait l'esprit trop [libr]e pour être un fonctionnaire scrupuleux et obéissant.

**[Du] Fu** (712-770). Du Fu et Li Bo – que la tradition désigne comme les [deu]x plus grands poètes chinois – furent contemporains. Ils eurent l'oc[casi]on de se rencontrer (744-745) et de nouer une amitié à laquelle

---

\* [De]gré supérieur des titres (correspondant au doctorat ou à l'agrégation) obtenus à la [suite] des examens officiels.

Du Fu resta attaché toute sa vie (témoins les nombreux poèmes qu'il adressa à son ami). Pourtant, on peut difficilement imaginer natures et destins plus différents. Face à la fougue et à la spontanéité de Li Bo, profondément épris de la liberté taoïste, Du Fu, sans être privé d'un sens aigu de l'humour, fut essentiellement grave, tourmenté et soucieux de s'engager selon l'idéal confucianiste. Alors que Li Bo défia l'ordre établi avec désinvolture et connut tour à tour honneur exceptionnel et bannissement, Du Fu, durant de longues années, chercha en vain à passer les examens officiels. Ses échecs successifs transformèrent son caractère. Durant la rébellion de An Lu-shan, il connut, en outre, les affres de l'exode, de la captivité et de la misère (l'un de ses enfants meurt de faim). Si, après la rébellion, il put goûter, au Si-chuan, une période de paix relative, celle-ci ne fut que de courte durée ; poussé par la nécessité de nourrir sa famille, il reprit sa vie d'errance et mourut seul, dans une barque, sur le fleuve Yang-zi. Par rapport à Li Bo, qui rechercha avant tout la joie dans l'ivresse, dans la communion avec la nature et le cosmos, Du Fu ouvre un espace thématique plus complexe, où sont présents les drames humains. La différence entre les deux poètes se reflète dans leur langage même : Li Bo est surtout à l'aise dans le *gu-ti* (« poésie à l'ancienne »), à l'allure plus libre et plus spontanée, tandis que Du Fu est incontestablement le grand maître du *lü-shi* (« poésie régulière »), où il poussa l'art verbal et les recherches formelles à un degré rarement atteint. (Rappelons cependant que Du Fu composa, notamment pendant et après la rébellion de An Lu-shan, une série de longs poèmes « à l'ancienne », réalistes ou autobiographiques, devenus célèbres.) Ces deux figures exceptionnelles, apparemment opposées, mais en réalité complémentaires, incarnent les deux pôles de la sensibilité poétique chinoise.

*Du Mu* (803-852). Jin-shi en 823, il mena une brillante carrière de fonctionnaire et occupa, vers la fin de sa vie, un poste important au Grand Secrétariat. En dépit d'une pensée politique élevée et de sa volonté pour la réforme, il assista, impuissant, à la décadence de la dynastie. Dans poésie au ton tantôt amer, tantôt désabusé, il chante les tourments et nostalgie d'un âge d'or révolu. Aussi à l'aise dans les quatrains (qui rendirent célèbre) que dans des poèmes de plus ample dimension, il l'un des plus célèbres poètes de la fin des Tang. Son talent lui valut surnom de « Du le Second » – en souvenir du grand Du Fu.

*Du Xun-he* (846-904). Originaire du An-hui. Il obtient son jin-shi vers quarantaine. Sa poésie, de caractère réaliste, était fort appréciée en s temps.

*Jia Dao* (779-843). Né près de l'actuelle Pékin. D'abord moine bouddhiste ; encouragé par Han Yu, il se présenta aux examens officiels et échoua à plusieurs reprises. Son nom est souvent associé à celui Meng Jiao, son contemporain.

*Jin Chang-xu* (VIIIᵉ s. ?). On sait seulement qu'il vécut un temps à Ha zhou, dans le Zhe-jiang.

Li Bo (701-762). Il est considéré, aux côtés de Du Fu, comme le plus grand poète chinois. Par sa liberté d'esprit et son extravagance, par son génie poétique, il fut l'une des figures les plus exceptionnelles qui aient traversé l'histoire littéraire chinoise. Le poète He Zhi-Zhang, lorsqu'il le vit pour la première fois, l'appela l'« Immortel banni sur terre ». Grand buveur, cultivant l'esprit chevaleresque, puis adepte du taoïsme, Li Bo se refusa à suivre la voie normale des mandarins et mena essentiellement une vie de bohème et de vagabondage. A vingt-cinq ans, il quitta le Si-chuan, sa province natale, pour voyager dans diverses provinces du Sud et du Nord (son mariage avec une jeune fille de grande famille le retint pendant un temps au bord du lac Dong-ting). En 742, présenté à la Cour, il jouit d'une faveur inouïe ; mais ses audaces et la haine de ses adversaires minèrent bientôt son crédit. Impliqué, durant la rébellion de An Lu-shan, dans l'affaire du prince Lin, il fut condamné au bannissement à Ye-lang, dans le Yun-nan, puis gracié avant qu'il ne fût arrivé à destination. Selon la légende, il serait mort noyé, une nuit d'ivresse, en tentant de saisir le reflet de la lune, dans le fleuve Yang-zi.

... Duan (743-782 ?).

... He (790-816). Génie précoce, de santé fragile et de caractère névrotique, il mourut à 26 ans. Voir la présentation de sa poésie au chaptre III, p. 106-107.

... Shang-yin (813-858). Originaire de Ho-nei, dans le Ho-nan. Malgré son talent et son succès aux examens officiels (en 837), sa carrière fut contrariée par les rivalités des clans au pouvoir. Le plus célèbre poète lyrique de la fin des Tang. Ses poèmes d'amour comptent parmi les plus beaux de la poésie chinoise.

... Yi (748-827). Originaire de Gu-zang, dans le Gan-su. Jin-shi en 770, il occupa des fonctions militaires. Les musiciens se plaisaient à chanter ses quatrains heptasyllabiques, devenus célèbres.

... Chang-qing (709-785 ?). Originaire du Ho-bei. Jin-shi en 733, il occupa plusieurs postes importants, civils et militaires. Un calomniateur fit jeter en prison, mais ses amis obtinrent sa réhabilitation.

... Yu-xi (772-842). Haut fonctionnaire et poète raffiné. Grand ami de ... Ju-yi. Il connut plusieurs fois la disgrâce à cause de ses poèmes satiriques Par ailleurs, il s'inspira beaucoup des chants populaires des ... ons où il fut exilé.

... Zong-yuan (773-819). Il partage avec Han Yu l'honneur d'avoir ... vé la prose chinoise. A la différence de son ami, qui tenta d'instaurer ... hodoxie confucianiste, il défendit le bouddhisme. Il se préoccupa ... problèmes politiques et sociaux. Sa carrière fut brisée par l'échec de ... nspiration de Wang Shou-wen, où il fut impliqué. Il mourut loin de ... rovince natale (Shan-xi), à Liu-zhou, dans le Guang-xi, à l'extrême ... de la Chine.

*Lu Lun* (748-800?). Originaire de Ho-zhong, dans le Shan-xi. Il connut bien la vie de frontière, pour avoir exercé des fonctions militaires.

*Meng Hao-ran* (689-740). Échoue aux examens officiels et mène une vie d'ermite, notamment dans sa retraite du mont Lu-men, dans le Hu-bei. Grand ami de Wang Wei et de Li Bo ; ce dernier lui adressa un *lu-shi* plein de louanges.

*Meng Jiao* (751-814). Membre éminent du cercle de Han Yu, dont fait également partie le poète Jia Dao.

*Qian Qi* (722-780?). Jin-shi en 752. L'un des « Dix génies » de l'ère Da-li (766-799).

*Tang Wen-ru* (fin du VIIIe s.).

*Wang Bo* (649-676). Un des « Quatre géants du début des Tang ». Son talent fut remarqué par l'empereur Gao-zong ; mais une satire trop audacieuse des mœurs de la Cour lui attira la disgrâce. Il vécut alors au Si-chuan, s'adonnant au vin et à la poésie. Le meurtre d'un esclave faillit lui coûter la vie mais il bénéficia d'une amnistie.

*Wang Chang-ling* (698-765?). Membre éminent d'un groupe de poètes dont firent partie Gao Shi et Wang Zhi-huan. Il était trop négligent pour être à l'aise dans le fonctionnariat où il fit pourtant une brillante carrière. Certains de ses poèmes (quatrains et ballades), évoquant des scènes de frontière, le rendirent célèbre. Il périt de mort violente, durant la rébellion de An Lu-shan.

*Wang Han* (687-726).

*Wang Jia* (IXe s.). Originaire de Ho-zhong, dans le Shan-xi. Jin-shi en 890. Ami de Si-kong Tu (837-908), le célèbre critique littéraire.

*Wang Jian* (768-830?). Gouverneur de Shen-zhou, dans le Ho-nan, province natale, il connut par la suite la disgrâce, pour avoir critiqué famille impériale. Ami de Han Yu et de Zhang Ji.

*Wang Wei* (701-761). L'un des artistes les plus doués de la dynastie. excella aussi bien dans la poésie que dans la peinture et la musique. Jin-shi en 721, il commença une carrière qui s'annonçait brillante (l'empereur Xuan-zong le nomma secrétaire d'État) ; et, en effet, elle eût é parfaite sans la rébellion de An Lu-shan, durant laquelle Wang Wei contraint de servir les rebelles, ce qui lui valut, la paix revenue, un b séjour en prison. Adepte du bouddhisme chan, ce fut un méditatif r finé. Il porta la peinture et la poésie à un haut degré de vision intérieu Il passa sa vieillesse à composer des poèmes et à peindre, en compag de ses amis (entre autres, Pei Di), dans sa villa de Wang-chuan, au p du mont Zhong-nan.

*Wang Zhi-huan* (695- ?). Originaire de Ping-zhou, dans le Shan Membre d'un célèbre groupe de poètes qui comprenait Wang Cha ling et Gao Shi, il excella dans les poèmes courts, que les courtisa aimaient à chanter.

*Wei Zhuang* (851-910).

*Wei Ying-wu* (736?-830?). Originaire de Jing-zhao, près de la capitale Chang-an. Il fut d'abord officier de la garde impériale, puis fonctionnaire civil en province. Son dernier poste fut celui de gouverneur de Su-zhou, où il accueillit de nombreux poètes connus. Épris de pureté, on raconte qu'il ne prenait place qu'après avoir brûlé de l'encens et fait balayé le sol autour de son siège. On décèle dans sa poésie l'influence de Tao Qian (365?-427) et de Wang Wei.

*Wen Ting-yun* (818-872?). Originaire de Tai-yuan, dans le Shan-xi. Sa poésie est souvent associée à celle de Li Shang-yin, pour représenter le style raffiné, tout en nuances et en détails allusifs, de la fin des Tang. De caractère frivole, il fréquentait volontiers les courtisanes ; grâce à cette fréquentation, il s'initia au genre *ci* (« poésie chantée ») et devint le chef de file de l'école Hua-jian, qui préfigura l'épanouissement de ce genre à l'époque des Song.

*Zhang Hu* (792-852?).

*Zhang Ji* (768-830). Jin-shi en 799, Zhang Ji, qui souffrait de maux d'yeux, semble avoir mené une vie modeste et pauvre. Il dut son succès littéraire à la protection de Han Yu (grand prosateur et poète), qui admirait son talent. Sa poésie, où domine le style *yue-fu* (chant populaire), dénonce l'injustice sociale. Bo Ju-yi subit son influence.

*Zhang Jiu-ling* (678-740). Très estimé en son temps comme poète, il fut aussi un homme d'État important durant le règne de Xuan-zong (713-56). Il devint premier ministre en 736 et tenta vainement de mettre en garde l'empereur contre les intrigants. Il dut céder la place à Li Lin-fu dont le règne dictatorial entraîna l'empire dans le désastre. La forte personnalité de Zhang favorisa l'épanouissement de la poésie durant l'époque heureuse qui précéda la rébellion d'An Lu-shan.

# Bibliographie

## Poétique générale

BARTHES (R.), *Le Degré zéro de l'écriture,* Paris, éd. du Seuil, 1953.
— *Essais critiques,* Paris, éd. du Seuil, 1964.
BENVENISTE (É.), *Problèmes de linguistique générale,* Paris, Gallimard, 1966.
*Change,* n° 6, Paris, Seghers et Laffont.
COHEN (J.), *Structure du langage poétique,* Paris, Flammarion, 1966.
DELAS (D.) et Filliolet (J.), *Linguistique et Poétique,* Paris, Larousse, 1973.
FÓNAGY (I.), « Le langage poétique : forme et fonction », in *Problèmes du langage,* Paris, Gallimard, 1966.
GENETTE (G.), *Figures III,* Paris, éd. du Seuil, 1972.
GREIMAS (A.-J.), *Du sens,* Paris, éd. du Seuil, 1970.
HENRI (A.), *Métonymie et Métaphore,* Paris, Klincksieck, 1971.
JAKOBSON (R.), *Essais de linguistique générale,* Paris, éd. de Minuit, 1963.
— *Questions de poétique,* Paris, éd. du Seuil, 1973.
KRISTEVA (J.), *Semiotikè, recherches pour une sémanalyse,* Paris, éd. du Seuil, 1969.
— *La Révolution du langage poétique,* Paris, éd. du Seuil, 1974.
LEVIN (S.R.), « Poetry and grammaticalness », in *Proceedings of the Ninth International Congress of Linguistics,* La Haye, 1964.
MARD (J.-Cl.), « Une situation particulière », in *Notes sur la foi,* Paris, Gallimard, 1973.
RICŒUR (P.), *La Métaphore vive,* Paris, éd. du Seuil, 1975.
RIFFATERRE (M.), *Essais de stylistique structurale,* Paris, Flammarion, 1971.
RUWET (N.), *Langage, musique, poésie,* Paris, éd. du Seuil, 1972.
— « Parallélisme et déviations en poésie », in *Langue, Discours, Société. Pour Émile Benveniste,* Paris, éd. du Seuil, 1975.
TODOROV (T.), « Poétique », in *Qu'est-ce que le structuralisme,* Paris, éd. du Seuil, 1968.

*Poétique chinoise* *

*Anthologie de la poésie chinoise classique,* Paris, Gallimard, 1962.
CAMMANN (S.), « Types of Symbols in Chinese Art », in *Studies in Chinese Thought,* Chicago, The University of Chicago Press, 1967.
CHENG (F.), *Analyse formelle de l'œuvre poétique d'un auteur des Tang Zhang Ruo-xu,* Paris, Mouton, 1970.
–, *Entre source et nuage, la poésie chinoise réinventée,* Paris, Albin Michel, 1990.
COOPER (A.), *Li Po and Tu Fu,* Londres, Penguins Classics, 1973.
HERVEY SAINT-DENYS (marquis de), *Poésie de l'époque des Thang,* Paris, Amyot.
DEMIÉVILLE (P.), « Introduction », in *Anthologie de la poésie chinoise classique,* Paris, Gallimard, 1962.
–, *Choix d'études sinologiques,* Leiden, Brill, 1973.
DIENY (J.-P.), *Aux origines de la poésie classique en Chine,* Leiden, Brill, 1968.
–, *Dix-Neuf Poèmes anciens,* Paris, Champ Libre, 1974.
DONATH (A.), *Bo Dschu-i : Gedichte,* Wiesbaden, Tusel Verlag, 1960.
DOWNER (G.B.) et Graham (A.C.), « Tone Patterns in Chinese Poetry », in *Bulletin of the School of Oriental and African Studies,* n° 26.
FANG (A.), « Rhyme Prose on Literature : the Wen-fu of Lu Chi », in *Studies in Chinese Literature,* Cambridge, Harvard University Press, 19..
FRODSHAM (J.D.), *The Murmuring Stream : the Life and Works of Hsieh Ling-yun,* Kuala Lumpur, University of Malaya Press, 1967.
–, *Poems of Li Ho,* Oxford, Clarendon Press, 1972.
GRAHAM (A.C.), *Poems of Late Tang,* Londres, Penguins Books, 19..
HAWKS (D.), *Ch'u Tzu,* Oxford, Clarendon Press, 1959.
–, *A little primer of Tu Fu,* Oxford, Clarendon Press, 1967.
HERVOUET (Y.), *Un poète de cour sous les Han : Sseu ma Siang-jou,* P., PUF, 1964.
–, Articles sur Sseu-ma Siang-jou, Sou Che et sur le Fu, in *Encyclopædia Universalis.*
HIGHTOWER (J.R.), « Some characteristics of Parallel Prose », in *Studies in Chinese Literature,* Cambridge, Harvard University Press, 1966.
–, *The poetry of T'ao Ch'ien,* Oxford, Clarendon Press, 1970.
HU PIN-CH'ING, *Li Ch'ing-chao,* New York, Twayne Publishers, 1966.
HUNG (W.), *Tu Fu, China's greatest poet,* New York, Russell & Russell, 1969.
HUGHES (E.R.), *Two Chinese Poets, Vignettes of Han Life and Thought,* Princeton University Press, 1960.
JAKOBSON (R.), « Le dessin prosodique dans le vers régulier chinois », *Change,* n° 2, 1969.

---

* Cet ouvrage étant destiné également à un public non sinologue, nous nous contentons d'indiquer les ouvrages accessibles à un lecteur occidental.

ALTENMARK (M.) et CHENG (F.), « Littérature chinoise », in *Encyclopédie de la Pléiade,* Paris, Gallimard.

RISTEVA (J.), « La contradiction et ses aspects chez un auteur des Tang », in *Tel Quel,* n° 48/49, Paris, éd. du Seuil.

N YU-TANG, *The Chinese Theory of Art,* New York, Putnam.

J (J.), *The Art of Chinese Poetry,* Chicago, The University of Chicago Press, 1962.

*The Poetry of Li Shang-yin,* Chicago, The University of Chicago Press, 1969.

*Major Lyricists of the Northern Sung,* Princeton University Press, 1974.

TA-KANG, *Homme d'abord, poète ensuite,* Paris, La Baconnière, 1949.

(M.), *Roseaux sur les murs : les poètes occidentalistes chinois, 1919-1949,* Paris, Gallimard, 1971.

I (T.L.) et KAO (Y.D.), « Tu Fu's, Autumn Meditations : an Exercise in Linguistic Criticism », in *Unicam,* n° 1, Princeton, Princeton University Press.

PANEAU (J.), *Le Clodo du dharma, 25 poèmes de Han Shan,* Paris, Centre de publication Asie orientale, Université Paris VII, 1975.

BINSON (G.W.), *Poems by Wang Wei,* Londres, Penguins Classics, 1973.

(C.), « Le vain travail de traduire la poésie chinoise », in *Change,* n° 19, Paris, Seghers & Laffont.

KMANS (P.), *Les « Propos sur la peinture » de Shitao,* Bruxelles, Institut belge des hautes études chinoises, 1970.

IAFER (E.H.), *The Divine Woman,* University of California Press, 1973.

(V.), *The Literary Mind and the Carving of Dragons* (traduction du Wen-hsin tiao-long de Liu Hsieh), Taipei, Chung-hua, 1970.

DIER-NICOLAS (N.), *Art et Sagesse en Chine : Mi Fou (1051-1107),* aris, PUF, 1963.

*e Houa Che de Mi Fou ou le Carnet d'un connaisseur d'art à l'époque des ong du Nord,* Paris, Bibliothèque de l'Institut des hautes études chinoises, vol. XV, PUF.

L'homme et le monde dans la peinture chinoise », *Revue philosophique de la France et de l'étranger,* 1964.

-LIM YIP, *Chinese Poetry,* University of California Press, 1976.

EY (A.), *The Life and Times of Po chü-i,* Londres, G. Allen & Unwin, 1951.

*hinese Poems,* Londres, G. Allen & Unwin, 1971.

G LI, *Han-yu shih-kao,* Pékin, 1959.

*an-yü shih-lü hsueh,* Changhai, 1962.

SON (B.), *Su Tung-p'o,* New York, Columbia University Press, 1965.

*inese Lyrism,* New York, Columbia University Press, 1971.

*e old Man who does as he pleases : Poems and Prose by Lu Yu,* ew York, Columbia University Press, 1973.

# Table

## PREMIÈRE PARTIE

Introduction ........................................... 11

Vide-Plein : les éléments lexicaux et syntaxiques .... 37

Ying-Yang : les formes et les prosodies ............ 59

Homme-Terre-Ciel : les images ................. 85

## SECONDE PARTIE
## Anthologie des poèmes des Tang

Jue-ju ............................................. 127

Lü-shi ............................................. 193

Gu-ti-shi .......................................... 237

Ci ................................................. 269

Notices biographiques ........................... 277

Bibliographie ..................................... 283

RÉALISATION : PAO ÉDITIONS DU SEUIL
IMPRESSION : MAURY-EUROLIVRES À MANCHECOURT (02-2006)
DÉPÔT LÉGAL : OCTOBRE 1996 – N° 29928-3 – 06/02/119373